E C O N O M I C S

アメリカの高校生が学ぶ

ゲーリー E.クレイトン◎著
大和証券商品企画部◎訳
大和総研教育事業部◎監訳

経済学

Principles 原理から実践へ and Practices

WAVE出版

アメリカの高校生が学ぶ経済学

―原理から実践へ―

ECONOMICS Principles and Practices

はじめに

本書は、アメリカで高校生が使っている経済学のテキストの抄訳である。アメリカでは、経済学の教育が小学校入学の頃から始められ、次第に高度な内容を高校までに学んでいくという。そのため分かりやすく経済学を教えるための工夫が積み重ねられ、蓄えられているようだ。それを日本の読者にも紹介したいと考え、本書を訳出することとした。

日本の大学生向けの入門レベルやより高度な内容の経済学の本については、これまでにも多数の良書が翻訳されているが、初学者にとってはいささか難解なものと感じられた読者も多かったのではなかろうか。本書は、そのような初学者にも分かりやすく経済学の基礎部分を理解していただくことに主眼を置いたものであり、今までの経済学書とは全く違った切り口で基本概念を詳説しているという点で際立っている。

「貯蓄から投資へ」と金融の大変革期を迎え、私たちは自己責任に基づく意思決定を求められる機会が大幅に増加し、その決定において経済学の考え方が参考となることは多い。証券市場は経済を映す鏡とよく言われるが、経済状況を把握し、専門家のアドバイスを参考にしながら投資判断を下すには、経済学の原理をある程度理解しておく必要がある。また、社会の不確実性が高まる状況下、投資に限らず自己責任に基づく意思決定を迫られる場面でも経済学の考え方は参考となるだろう。

本書は、難しい数式を一切使わず身近な例を引きながら分かりやすく、経済学を解説している。アメリカ最大の非営利の経済教育組織である全米経済教育協議会（NCEE）が策定した経済教育のフレームワークの内容を含んだ包括的で信頼に足る内容となっている。経済を学びはじめた学生、社会人を含む多くの方々に役立てていただきたい。本書によって経済学を身近に感じ、さまざまな場面で本書の考え方を実践に結びつけていただければ幸いである。

原著は、626ページにおよぶ大著であるため、紙幅の関係上、日本の読者にはそれほど重要でないと思われるアメリカ固有の制度などに関する記述などは割愛して訳出している。また、翻訳にあたっては、細心の注意を払うよう努めたが、勉強不足や理解が不十分な点についてはご叱正いただければ幸いである。

2005年9月

大和証券株式会社
専務取締役 商品本部長 石橋 俊朗

目次

第1部　経済の基本概念
FUNDAMENTAL ECONOMIC CONCEPTS

第1章　経済学とは何か
What is Economics?

第2章　経済システムと意思決定
Economic Systems and Decision Making

我が国は、高校生に重要な経済問題を理解する基本的スキルを教えなければならない。…高校卒業までに経済学の充実した教育を受けなければ、ほとんどの成人は、経済の機能や富の創造過程における自らの役割を学ぶ機会がまったく与えられなかったことになる。

—ウイリアム・B.・ウォルスタッド 経済学教授1988年12月28日

PREVIEW
経済学の考え方を日常生活に適用する

トレード・オフ

資源は希少である。時間も希少である。なすべきことが山のようにあるのに、どれから取り掛かればよいかわからないことがある。いろいろな選択肢から、何かを選び出さなければならない。…ところで、どれを選択すべきなのだろうか。信じられないかもしれないが、経済学を学ぶとトレード・オフや意思決定に関する「思考法」が身につき、優れた意思決定を行う素地が育まれる。

消費者主権

「どうして誰もこういう商品を生産しないのだろうか」とか「この商品を考えたのは誰なのか」と誰かに尋ねたことはないだろうか。これは、「何を作るか」を決めるのは誰かと聞いているのに等しい。政府だろうか。企業だろうか。それともそれ以外のグループだろうか。政府や企業と答えても間違いではないが、双方を合わせたよりも大きな影響力を有するグループがある。それは、あなたを含む消費者にほかならない。

第1章　経済学とは何か

What is Economics?

1. 希少性と経済学

この世には、真実とは異なり一見「ただ」と思われるものが多くある。例えば、レストランで友人に「一食無料ランチ券」でおごってもらうと、「ただ」の食事をごちそうになったと思うかもしれない。その場では、代金を支払っていないが、誰かが農民に肥料代金を、トラック運転手に運送代金を、料理人に調理代金を、ウエイターやウエイトレスにチップを支払わねばならない。その「誰か」とは誰なのか？ 驚くかもしれないが、その誰かとはあなたかもしれないのだ。

「ただで手に入るものなどない」

レストランが誰かに「無料」ランチを提供する場合、その費用は通常、レストランが提供する料理の価格に埋もれている。「無料」ランチを提供するのは、売上げを上げるためであることがある。ランチを食べた人がその企業からサービスや商品を購入するようになれば、ランチの費用はすべてでないにしてもいくらかが回収されるだろう。

その人が何も購入しなければ、誰か他の人が高い料金を支払うことで、無料ランチの費用は回収される。無料ランチ券の配布を増やすと、企業が提供している商品の価格は上がる。結局、誰かが常に無料ランチの代金を支払っているのだ。

残念なことだが、この世に無料のものなどまずないと思ってよい。なぜなら、誰かが生産物に対する対価を支払わなければならないからだ。つまり、「ただで手に入るものなどない」のだ。これは、基本的経済問題を理解する重要な鍵の1つである。

根本的経済問題

すべての社会が直面する根本的経済問題は**希少性(scarcity)**——人々が欲するも

のすべてを作り出すのに十分な資源を社会が持っていない状態――だ。大方の予想に反して、希少性は資金の不足が原因で起こるわけではない。

すべての人が突然、想像以上に裕福になったとしよう。大金持になっても、欲しいものの多くは手に入らない事態に陥る。大金を手にしても、勤労意欲を維持できる人がいるだろうか？ たいていの人が住居、ボート、自動車、休暇などに資金を費やそうとするだろう。店の主人は当初、商品が売れて満足だろうが、徐々にその仕入は難しくなっていく。働いている人が少ないので、工場から注文通りの在庫を取り寄せることはほぼ不可能になるからだ。在庫はまもなく底をつき、店先から商品がなくなってしまう。

すべての人の所得が大幅に増加したとしても、希少性という経済問題は解消されないだろう。むしろ悪影響の方が大きい――経済活動全体が停止し、お金は実質的に無価値になる。希少性という問題は資金不足からではなく、人々が欲するすべてのものを作るのに必要な資源が不足するので生じる。

［図1-1］希少性

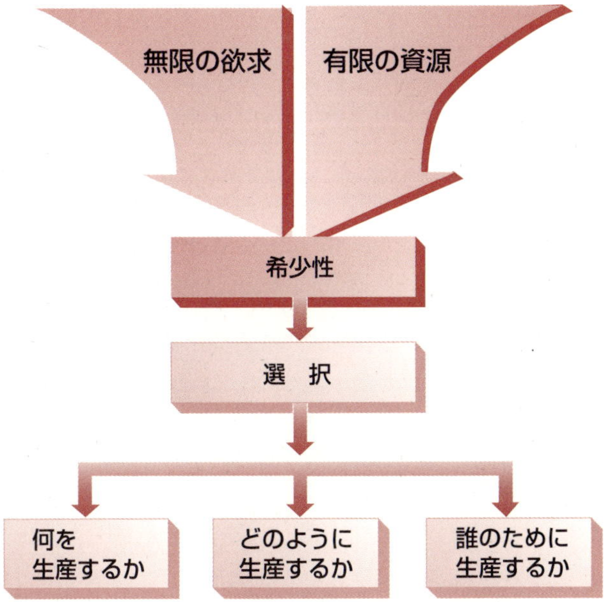

希少性は消費者と生産者に資源の有効活用を迫る根本的経済問題だ。希少性の原因が資金不足でないのは、なぜだろうか。

生産要素

人々がすべての欲求やニーズを満たすことができないのは、生産資源が希少であるからだ。この生産資源、すなわち**生産要素(factors of production)**は、土地、資本、労働力、起業家である。生産要素は、社会が財やサービスを生産し、分配するのに必要なものだ。

土地

経済学で**土地(land)**とは、人為によらない天然資源のことを指す。砂漠、肥沃な土地、森林、鉱床、家畜類、日光、農作物の栽培に必要な気候などが「土地」にあたる。

利用できる天然資源は限られているので、土地の供給には限界があると考えられている。地球上の全人口が食べていけるだけの農場はなく、誰もが楽しむのに十分な広さの砂浜のビーチもなく、拡大するエネルギー・ニーズを際限なく満たす原油や鉱物もない。

［図1-2］生産要素

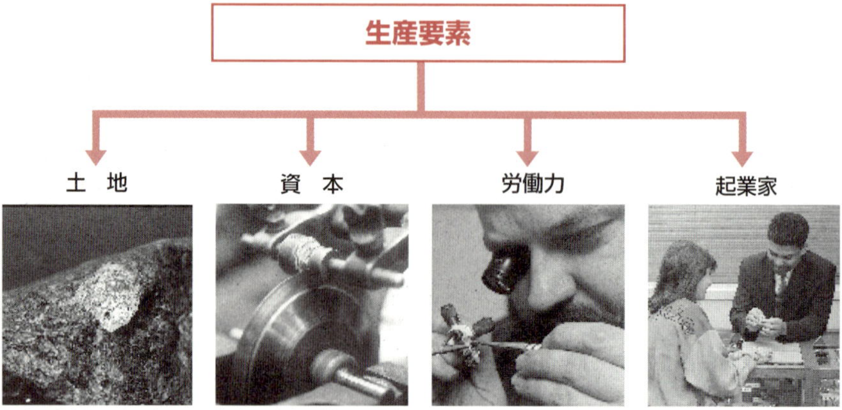

土地は「自然の恵み」、つまり人間の努力で作り出すことができない天然資源である。

資本は生産に使われる道具、設備、工場など。資本は生産の結果作られたものである。

労働力はあらゆる努力を行う能力と技術を持った人間で、起業家は含まれない。

起業家は新しい事業を立ち上げ、商品を市場に送り出す人。

経済の生産要素は、土地、資本、労働力、起業家である。4つの生産要素すべてが、生産には必要である。宝石が店頭に並ぶのに必要な4つの生産要素は何か。

資本

2つめの生産要素は**資本(capital)**――財やサービスの生産に用いられる道具、設備、工場など――である。資本は資本財とも呼ばれ、**金融資本(financial capital)**――生産に必要な道具・設備を買うための資金――とは区別される。

資本の特徴は、生産の結果できたものだという点にある。例えば、ブルドーザーは建設に用いられる資本財であるが、これはもともと他の資本財を使って製造されたものでもある。ブルドーザーと同様に、小売店のレジも資本財で、工場で生産され、財やサービスの売上げを記録するために用いられる。

労働力

第3の生産要素は**労働力(labor)**で、あらゆる努力を行う、能力と技術を持った人々のことをいう。起業家を除いた人すべてが労働力である。起業家は生産で特別な役割を担っているので、他の労働者とは区別して扱われている。

土地とは異なり、労働力という資源は規模が時間の経過と共に変わる。人口増加、移民、飢饉、戦争、疫病などの要因が、従来、労働力の質と量に劇的な影響を与えてきた。

起業家

経済に大きな変化を起こす革新者であるという理由で、特別な存在になっている労働者がいる。それは**起業家(entrepreneur)**と呼ばれる人たちだ。起業家は利益を求めリスクを引き受ける。

起業家は、新規事業を立ち上げたり新製品を市場に送り込んだりする能力を持っているので、アメリカ経済の原動力であるといわれることが多い。起業家のイニシアチブが、土地、労働力、資本を結合させて新たな製品を生み出す。

3つの基本問題

人々のニーズに応えるためには、経済の3つの基本問題に答えなければならない。その結果、限られた資源の使い途は決まる。

何を作るか

第1の問題は、**何を**作るのかということである。社会は資源のほとんどを軍需品の生産に振り向けるべきか、それとも、衣食住に関するものの生産に振り向けるべきだろうか。例えば、住宅を建設することにしたとしよう。限られた資源を、低所得者向け、中所得者向け、高所得者向けのうちどの住宅に利用すればいいのだろうか。住宅はそれぞれどれくらい必要だろうか。社会全体では人々が欲するものすべてを手に入れることはできないので、**何を**作るかを決めなければならないのだ。

どのように作るか

第2の問題は、**どのように**作るのかだ。工場のオーナーは、大規模な設備を用いて労働者があまり必要でない大量生産方式を採用すべきだろうか、それとも、小規模な設備で労働力を大量動員する生産方式を採るべきだろうか。失業者が多くいる地域であれば、後者の方がよいだろう。一方、機械設備が容易に手に入る地域なら大量生産方式によって生産費用が削減できることが多い。費用がかからないほど、商品が安くなるので、その商品を手に入れることができる人が増える。

誰のために作るか

第3の問題は、**誰のために**作るのかだ。**何をどのように**作るかが決まったら、生産物は誰かに分配されなければならない。社会が住宅を建設すると決めた場合、それは一般労働者、知的労働者、政府労働者のうち誰に分配されるべきだろうか。あるいは、別のグループに分配された方がよいのかもしれない。誰が決定を下すのか。結局は、すべての人に十分な住宅がないならば、誰が供給を受けるのかについて選択が行われる。

何を、どのように、誰のために作るのかという問題は、どんな社会にとっても容易に解決できる問題ではない。しかし、選択肢も限られている。希少性という経済の根本問題を解消するほどの資源がない以上は、この3つの基本問題に答えなければならない。答えはそれぞれの社会によって異なったものとなる。

経済学の意義と視野

経済学(economics)は、比較的希少な資源を注意深く用いて、一見限りがない、競合する欲求を満たそうとする人間の営みを研究する。希少性という基本問題を採り上げるときに、人間の行動を取り扱うため、経済学は社会科学であるともいえる。

記述

経済学では、経済活動を記述する。例えば、あなたは**国内総生産(GDP)**という言葉をたびたび耳にするだろう。GDPとは、1年間に国内で生産された最終財・サービスの貨幣価値の合計である。GDPは一国の総生産額を示す最も包括的な指標であり、その国の経済的健全性の重要な測定基準である。経済学は、何が生産され、誰がどれくらい所得を得たかといった問題や、失業、インフレーション、国際貿易、景気と失業の関係、政府支出と税金の影響といった問題も扱っている。しかし、記述は経済学の全体像の一部に過ぎない。というのも、記述を行うだけでは、「なぜ」や「どのように」という重要な問題に答えることができないからだ。

分析

上記の問題に回答を与えるために、経済学者は経済活動の分析にも焦点を当てなければならない。例えば、どうして値段が高いものがあれば、低いものもあるのか。なぜ所得格差があるのか。租税は、勤労意欲、貯蓄意欲にどのような影響を与えているのか、といった問題を分析することになる。

説明

経済学では、経済活動を説明することも重視している。なぜ、あることが起こるのかが理解できたら、その知識を他人に伝えることは有用であり、必要なことでさえある。こうして、経済学の研究は、世の中で何が起こっているかをよりよく理解する一助となっている。

予測

最後に、経済学は予測も行う。ある地域が、資金を集めて医療施設を作ろうとしているとする。その資金は、寄付で集められるべきだろうか。所得税や資産税、また、その他の手段はどうか。経済学は、異なる選択肢の影響を予測するために用いられるが、最終判断は住民に任されている。

経済学には、4つの主要な要素──記述、分析、説明、予測──がある。経済学では、事態の現状や傾向と、そうなった理由を研究する。経済学者は原子物理学者に喩えられる。原子物理学者は、原子爆弾の製造方法や威力を説明することができるからだ。しかし、科学者としては、戦争で原爆が使われるべきかどうかの判断は期待されていない。その判断は国民が行うのだ。

経済学者も、従うべき経済上の決断を下さない。民主社会で決断の責任は、市民全員が負っている。経済学を学習しても、経済問題について倫理的な判断ができるようにはならないが、経済問題に対する理解を深め、意思決定者として以前より賢明になることはできるだろう。

REVIEW 1−1　希少性と経済学

用語とポイント

1. 以下の用語を定義しなさい。
希少性、生産要素、土地、資本、金融資本、労働力、起業家、経済学

2. 基本的経済問題について説明しなさい。

3. 生産要素について説明しなさい。

4. すべての社会が解決しなければならない3つの基本的経済問題をあげなさい。

5. 経済学の視野に含まれる4つの要素をあげなさい。

クリティカル・シンキング

6. あなたが毎日見ている一見「無料」のものの例をあげなさい。誰がどうやってそれに対価を支払っているかを説明し、それが実際にはただではない理由を述べなさい。

経済概念の応用 **希少性**

7. 希少性は、あなたの生活にどんな影響を与えているだろうか。欲求を満たすだけの資源がないために、手に入れることができなかったものの例をいくつかあげなさい。

2. トレード・オフと機会費用

何を選択するかの判断は難しい。それでも、欲求とニーズを満たすために個人、企業、政府機関などは決断をしなければならない。優れた意思決定者になるには、問題点を見極め、それぞれの選択肢が持っている便益を慎重に検討して代替案を分析する方法を知らねばならない。

選択のトレード・オフ

人は欲しいものすべてを手にすることはできないので、選択肢の中から1つを選び出すという**トレード・オフ(trade－offs)**を迫られることになる。選択を行うのは容易ではないが、[図1-3]の表は、選択の1つの方法を示している。この表は新聞配達員、ジェシーの選択をまとめたものである。彼は、小遣いとしての50ドルの使い途を考えている。

ジェシーは魅力のある選択肢──サッカーボール、ジーンズ、カセット・プレーヤー、CD、コンサート・チケット──をいくつか思いついた。同時に、それぞれの

[図1-3] ジェシーの意思決定図

選択肢	基準				
	$50以下か	耐久性は	両親は同意するか	将来の支出は不必要か	いつでも使える
CD	はい	はい	はい	はい	いいえ
コンサート・チケット	はい	いいえ	いいえ	いいえ	いいえ
カセット・プレーヤー	はい	はい	はい	いいえ	はい
サッカーボール	はい	はい	はい	はい	いいえ
ジーンズ	はい	はい	はい	はい	はい

意思決定図は、選択をしなければならないときに、選択肢を一覧にし、評価するのにすぐれた方法である。
経済学者が費用というときに何を意味しているだろうか。

選択肢には、長所と短所があることに気がついた。耐久性が他のものより優れているものもあれば、親の同意を必要とするものもある。追加費用が必要になるものもあるが、かからないものもある──カセット・プレーヤーには電池が必要だし、コンサートに行くなら両親の車を使わなければならない。

分析のため、ジェシーは選択肢と判断基準を一覧表にする。次に、「はい」、「いいえ」で、それぞれの選択肢を評価していく。結局、ジェシーは、判断基準を最も満たしていることを理由に、ジーンズを買うことにした。

意思決定図を使うことは、経済問題を分析するのに効果的な方法だ。この方法を用いる場合、関連する多くの選択肢を列挙し、選択肢を評価するための判断基準も明確にしなければならない。最終的には、その基準に沿って、それぞれの選択肢を評価することになる。

機会費用

費用は一般に金銭価値として捉えられる。しかし、経済学では、費用の意味が、単に財やサービスの値段というだけにとどまらないことが多い。むしろ、経済学では、それを**機会費用(opportunity cost)**という観点からより広義に捉えているのだ。機会費用とは、ある選択をしたときに、もしその選択をせず別の選択をしたら得られたであろう便益のことである。

ジェシーがジーンズの購入を決めたときの機会費用は、選択しなかった中で最善の選択肢──サッカーボールあるいはカセット・プレーヤ──の便益である。5,000ドルで中古車を買ったと仮定しよう。車の購入の機会費用は、車を買ったお金で買えたはずのステレオ、アパート、休暇、などの商品やレジャーの価値である。

時間にさえ機会費用がある。午前中仕事をすれば、50ドル稼ぐチャンスがあったのだが、目覚まし時計が故障していたため寝過ごしてしまったとする。この朝寝坊の機会費用は50ドルである。

経済学で費用が話題に上るときには、諦めた選択肢について検討が行われる。したがって、経済的選択をするということには、選択肢の中から何かを選ぶのは当然のこととして、すべての選択肢の便益を認識し評価することも含まれているのだ。

生産可能性フロンティア

機会費用という概念を説明するために経済学者がよく使うモデルは、**生産可能性フロンティア(production possibilities frontier)**だ。これは、ある経済ですべての生産資源が完全に利用されたときに、生産できる財やサービスのすべての組み合わせを表す曲線である。アルファと呼ばれる架空の国が、銃とバターの2種類の財を作る古典的な例を紹介する。現在の生産能力で、アルファ国は年間、銃50丁とバター800単位を生産できる。[図1-4]のグラフAのa点がこの生産水準を表している。

アルファ国は自国の防衛に十分な銃を保有していないと判断したとすると、資源をバターから銃の製造にシフトさせるだろう。そうすれば、バターの生産量は400単位に減少し、銃は100丁作れるようになる。グラフAのb点がこの組み合わせを表している。50丁の銃を追加で製造するために、400単位のバターが製造されなかった。

a点とb点は、さまざまな組み合わせから2つの点だけを表している。バターがもっと必要なときには、資源をシフトしてグラフAのc点で生産することもできる。[図1-4]の緩やかな曲線の生産可能性フロンティアは、a点、b点、c点のような多くの組み合わせを表現している。

また、アルファ国は、グラフBのa'点の組み合わせでも生産することができる。この場合は、すべての資源は完全に利用されていない。例えば、バター業界の労働者

[図1-4]　生産可能性フロンティア

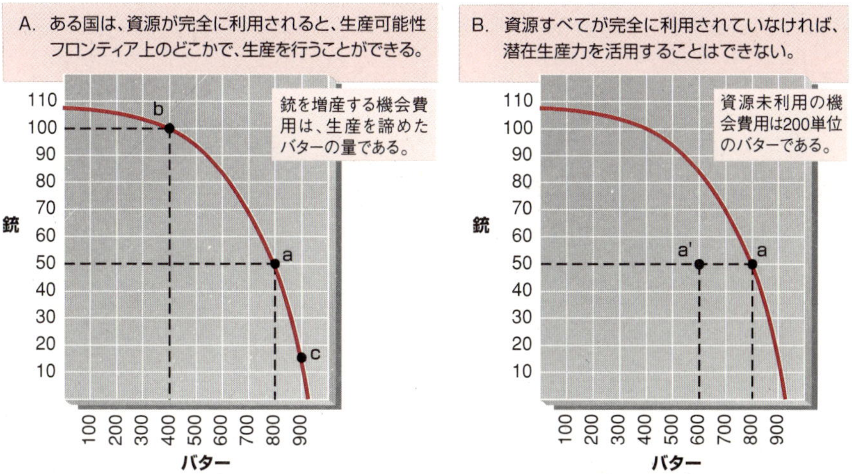
A. ある国は、資源が完全に利用されると、生産可能性フロンティア上のどこかで、生産を行うことができる。
銃を増産する機会費用は、生産を諦めたバターの量である。
銃
バター
b
a
c
B. 資源すべてが完全に利用されていなければ、潜在生産力を活用することはできない。
資源未利用の機会費用は200単位のバターである。
銃
バター
a'
a
110 100 90 80 70 60 50 40 30 20 10
100 200 300 400 500 600 700 800 900

生産可能性フロンティアは、すべての生産要素が完全に利用されたときに、生産可能な財やサービスの最大量を表している。自由経済では、何を生産するかという問題を決めるのは誰か。

がストを行い、バターの生産が600単位に落ち込んでいるのかもしれない。このケースでは、ストの機会費用は、資源が使われなかったために製造されなかった200単位のバターである。

存在するが稼働していない工場のような遊休資源があると、a'点で生産が行われる。労働者は年に4週間ある休暇を取ったのかもしれない。利用されていない資源があれば、生産可能性フロンティア上で生産は行われない――「完全操業に達することができない」――ということもある。

生産可能性フロンティアは、経済学が経済を説明するために用いる多くのツールの1つに過ぎない。2つの商品だけを検討すると説明が容易になるが、実際には生産される財やサービスが2つということはない。たとえそうだとしても、現実の問題を分析するには[図1-4]のような単純なモデルで十分なこともある。

REVIEW　1−2　トレード・オフと機会費用

用語とポイント

1. 以下の用語を定義しなさい。
トレード・オフ、機会費用、生産可能性フロンティア

2. 意思決定図の行と列は、トレード・オフや機会費用とどのように関係しているか述べなさい。

3. 資源がある財から別の財の生産へシフトすることと、機会費用はどのように関係するか説明しなさい。

クリティカル・シンキング

4. 意思決定図を用いて選択肢を評価する利点を説明しなさい。

経済概念の応用　トレード・オフ

5. 今日の夕方の過ごし方として考えつくものをいくつかあげなさい。それぞれの機会費用は何かを説明しなさい。

3. 基本的経済概念

経済学には、他の社会科学すべてと同様に特有の専門用語がある。経済学を理解するには、いくつかの重要語を理解しておくことが必要だ。幸い、経済用語の多くは一般に用いられているので、すでによく知っている方も多いだろう。

ニーズと欲求

よく耳にするが、それが基本的経済概念だとは気づかない用語もある。ニーズと欲求はその好例だ。

ニーズ

ニーズ(need)は生存のために必要不可欠なものだ。衣食住は基本的ニーズである。コミュニケーション、愛情、知識、希望、達成感といったより高いレベルのニーズもある。このニーズは各人の性質を表している。

欲求

欲求(want)はニーズを満たす手段である。例えば、食物は生存と関連したニーズの1つだ。食物というニーズを満たすために、ある人はピザ、ハンバーガーなどの好きな料理を食べたいと思うだろう。どんな食物でも、栄養摂取という基本的ニーズは満たされる。高価なものもあれば、安価なものもある。重要なのは、欲求は、ニーズより具体的なものを指す言葉であるということだ。

財、サービス、消費者

日光や空気といったものは、豊富に存在するため無償だと考えられている。これらを自分だけのものと主張することはよもやできないし、価格もついていない。重要性が高いため、それなしでは生命を維持できない。それでも、無償で手に入るので、経済学で問題となるほど希少なものではない。

経済学は、**経済生産物(economic products)**――有用で、比較的希少で、譲渡可能な財とサービス――を問題とする。経済生産物は経済学的な意味で希少だ。つまり、個人のニーズと欲求を満たすのに十分な量を得ることは誰にもできないということである。この特徴のため、経済生産物には価値がある。

財

財とサービスという用語で、人々が望むものの多くが表される。**財(good)**は、本、自動車、CDプレーヤーなどの手に触れることができるものをいう。**消費財(consumer good)**は個人が最終的に消費する財だ。財を作ったりサービスを提供したりするため作られた財を、**資本財(capital good)**という。工場の溶接ロボット、パン屋のオーブン、高校にあるコンピュータなどが資本財と呼ばれる。

定期的に利用して3年以上使うことができる財は**耐久財(durable good)**である。耐久財にはロボット溶接機のような資本財と、自動車のような消費財がある。**非耐久財(nondurable good)**は、定期的に利用して3年未満しか使えない財。非耐久財の例は、食品、ノート、ほとんどの衣料品などだ。

サービス

経済生産物のもう1つのタイプは**サービス(service)**、つまり、誰かのためになされる役務である。サービスには散髪、家の修理、コンサートのような娯楽などがある。医師、弁護士、教師が行う仕事もサービスに含まれる。サービスは、形がないので実際に手で触ることのできないという点で、財とは異なる。

消費者

消費者(consumers)とは、ニーズや欲求を満たすために財やサービスを利用する人である。**消費(consumption)**――欲求やニーズを満たすために財やサービスを

［図1-5］財とサービス

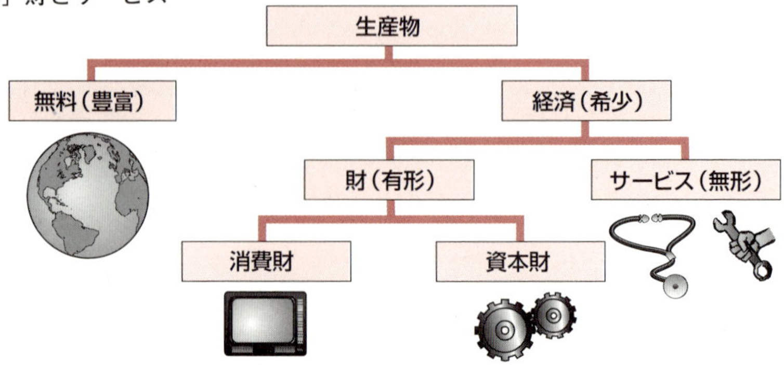

経済学は、希少性の問題を扱う社会科学である。したがって、経済学では、経済生産物、つまり、希少な生産物を研究している。無料の生産物と経済生産物では何が異なるか。

使う行為──は、消費者によって行われる。

消費には極端なものもある。**誇示的消費(conspicuous consumption)**──他人に見せびらかすために財やサービスを消費すること──はよく見られるものだ。ある人が高価な宝石を身につけ、派手な車に乗っているとする。こういう人は、この財を使うことを楽しんでいるのは明らかだが、その享楽の少なくとも一部は、贅沢な趣味を他人に見せびらかすことに起因している。

価値、効用、富

経済学で**価値(value)**とは、金銭で表すことができるもののことを指す。例えば、コイン、アンティークの人形、野球選手のカード、電車の模型コレクションなどの貴重なものを持っているという人がいるとする。価値は、誰かがその品物に対して支払う価格によって決まる。そもそも、あるものが価値を持つのは、なぜだろうか。また、あるものが他より価値があるのは、なぜだろうか。これらの問いに答えるために、初期の経済学が直面した問題について見ておく。

価値の逆説

初期の経済学は、水のような必需品があまり貨幣価値を持たない一方で、ダイアモンドのような非必需品の中にはより高い価値を持つものもあるという問題に取り組んでいた。これは、ダイアモンドと水の逆説、または、**価値の逆説(paradox of value)**として知られている。この問題への答えが価値の本質を表している。

当初は、必需品の多くにはあまり価値がないのに、それ以外のものに価値が高いものがあることが逆説的だと考えられた。やがて、希少性のあるなしが価値を決めると考えられるようになる。例えば、水は多くの場所で豊富に存在しているため、あってもわずかな価値しかない。一方、ダイアモンドはどこにでもあるわけではないので価値がある。したがって、価値を有するものは、幾分希少でなければならないと考えられるようになった。しかし、希少性だけでは、価値は生まれない。

効用

あるものが価値を持つためには、**効用(utility)**、つまり、有用な満足感を提供する作用も必要だ。効用は、あるものの重さや高さとは異なり、一定でも、計測できるものでもない。それどころか、ある財やサービスの効用は人によって変わるものだ。家庭用コンピュータから大きな満足を得る人がいれば、そうでない人もいよう。

ロックコンサートを楽しむ人がいれば、そうでない人もいる。ある財またはサービスはあらゆる人に対して効用がある必要はなく、一部の人にとってだけ効用があればよい。

したがって、あるものが価値を持つためには、希少性と効用が必要だ。これが、価値の逆説に対する答えである。ダイアモンドは希少かつ効用がある――したがって貨幣価値で表しうる価値を持っている。水は効用を持っているが、高い価値を持つほど希少ではないことが多い。

富

次の概念は**富(wealth)**である。富とは、形があり、希少で、有用で、ある人から別の人に移転可能な生産物が蓄積されたものだ。財の多くは富であるが、サービスは富ではない。なぜなら、サービスには形がないからだ。

一国の富は、あるときに、有用で、希少で、譲渡可能で、手に触れることができる財の蓄積である。天然資源、工場、店舗、家、ホテル、劇場、家具、衣類、本、ビデオゲーム機そしてフットボールでさえも国富に含まれる。

生産性

生産要素――土地、労働力、資本、起業家――があれば、財やサービスを創造する**生産(production)**が可能になる。教育というサービスを生産するのでさえ、生産要素が必要だ。学校で用いられる黒板、机、AV機器は資本である。教師、理事、職員のサービスである労働力も必要となる。校舎や机を作るために鉄鉱石、御影石、木材、もちろん学校の敷地といった土地も必要だ。すべての生産要素が揃わなければ、教育というサービスを提供するのはほぼ不可能である。

生産性(productivity)とは生産資源を利用する効率性である。投入量を変えずに生産量が増加すると、生産性は上昇する。投入量を減らしても生産量が変わらなければ、生産性は上昇している。

生産性は、労働力の側面から論じられることが多いが、生産要素すべてと関係している。したがって、事業主は最も効率的な資本財を購入しようとし、農業者は収穫のために最も肥沃な土地を利用しようとする。相対的に資源が希少な世界では、生産性は重要な問題だ。

労働の特化

特化によって生産性が上昇することは多い。経済学で**特化(specialization)**とは、生産要素がそれぞれ最も生産性の高い分野で用いられることである。例えば、大工としては優秀だが、他の分野では人並みの人間が、家を建てたいと考えているとする。その大工が、他人の助けを一切借りず家を完成できるとしても、基礎、配管、配線に特化した人を雇った方が賢明だろう。大工は、誰か他の人のために働いて資金を稼ぎ、その資金を使って専門の労働者を雇えば、費用を節約することさえできるかもしれない。

分業(division of labor)という特化は、労働者が限られた工程に集中して職務を遂行することだ。2、3種類の作業を毎日繰り返し行う労働者は、何百種類もの作業を毎日行う従業員よりも、効率性が高まる可能性が高い。

特化が許される生産要素は、労働だけではない。複合産業ロボットは1つ、2つの単純な組立工程を実行するためだけに作られることが多い。国や地方でさえ特化している。アイダホ州がポテト、アイオワ州がトウモロコシ、テキサス州が石油、綿、畜牛というようにだ。

人的資本

最後に、企業は**人的資本(human capital)**、すなわち、人間の技術、能力、健康、モチベーションを合わせたものに投資すると、生産性が向上する傾向がある。政府や企業が教育、医療保障、従業員のモチベーションアップに投資すると、一定の労働量で生産量は増加するだろう。雇用者は通常、品質の改善や利益の増加などのメリットが得られる。労働者は、昇給したり、以前よりよい職業につけたり、仕事と休暇からの満足感が高まったりすることで便益を得る。

経済的相互依存

アメリカ経済では**経済的相互依存(economic interdependence)**が顕著に浸透している。つまり、国内や海外で起こった出来事が、他の地域に経済的影響をおよぼすようになっている。世界のある地域の天候不順がアメリカの砂糖価格に影響を与え、砂糖の価格の変化がスナック菓子の値段と砂糖の代替品の需要に影響をおよぼす。このように相互依存が進んでいるため、経済全体がどうつながっているかを理解しておく必要がある。

経済活動の循環

経済学で**市場(market)**とは、買い手と売り手が経済生産物を容易に交換できる場所や機能である。市場は局地的、地域的、国家的、世界的なものであるかもしれない。しかし、経済活動は循環しているという点は、すべての市場に共通している。

経済はどのように循環しているのであろうか。個人は、**要素市場(factor markets)**──生産資源が売買される市場──で所得を得る。この市場で、起業家は報酬を支払って労働者を雇用し、土地は賃料を見返りに貸し出される。資金は、利子を介して貸し出され、利益を得るために投資される。所得を得た個人は、**生産物市場(product markets)**──生産者が財やサービスを消費者に提供する市場──で所得を支出する。

同様に、企業は財やサービスを個人に提供する生産物市場で収入を得る。この資

［図1-6］経済活動の循環

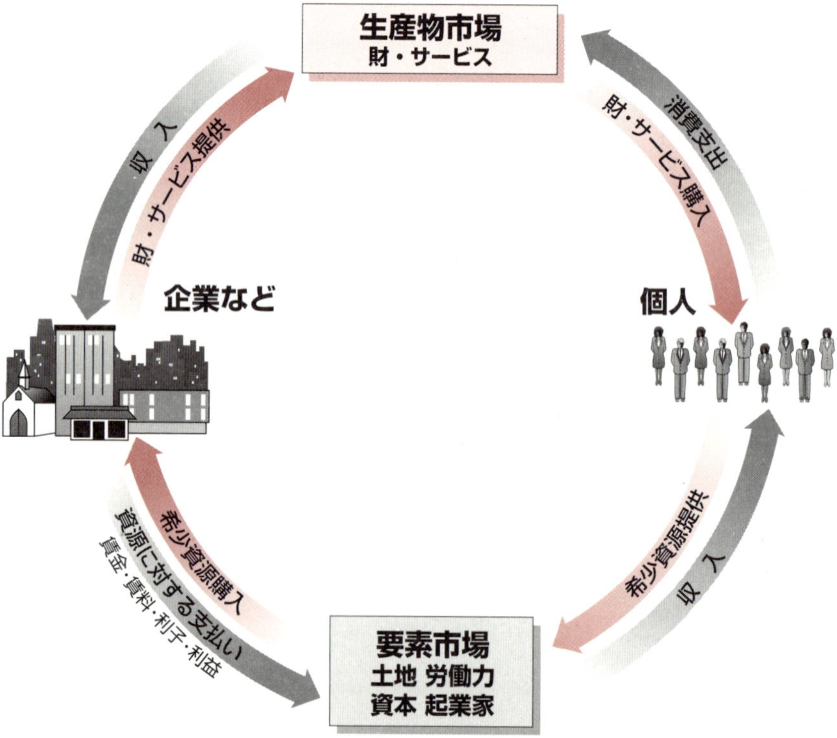

循環表は経済の相互依存の高さを示すために用いられる。この表では、資金と財・サービスなどの生産要素とは反対方向に流れている。個人は経済活動の循環でどのような役割を担っているのだろうか。

金で、要素市場で調達した土地、労働力、資本に対する報酬を支払う。この資源を使って、生産物市場で販売する生産物を再び産出する。

[図1-6]は、市場、資金、資源、企業、消費者をつなげる経済活動の循環を示している。この図では、お金は外側をまわり、財、サービス、生産要素への支払いを示している。財、サービス、生産要素は、お金とは反対方向に流れている。

将来へ投資する

生活水準(standard of living)——必需品や生活を快適にする贅沢品の所有に基づく生活の質——は、多くのアメリカ人にとって関心の的だ。どうすれば将来の生活水準を向上させることができるのだろうか。

お金を銀行に蓄えたり、人的資源に投資して技能を修得したりすると、将来の生活を豊かにすることができることを我々は知っている。[図1-7]にあるように、教育に対する投資には十分な見返りがある。しかし、この手の投資は、将来の生活水準の向上のために今日の犠牲が要求されている。

企業、政府などの組織も個人と似た選択に直面している。健康を増進し、生産性を向上させる設備資本やプロジェクトに今日投資すると、将来の生産は増加し、経済成長が促進される。経済成長が加速すると、将来手にすることができる財やサービスが増加し、その結果生活水準は向上する。つまり、我々は現在と将来の消費のトレード・オフに直面しているということなのだ。

[図1-7] 教育と所得の関係

教育	平均年収 男性	女性
中学卒業未満	$20,153	$15,150
中学卒業から高校卒業未満	$25,283	$17,313
高校卒業またはそれと同等の者	$32,521	$21,893
大学未卒業者	$38,491	$25,889
短大卒業者	$39,873	$28,403
大学卒業者	$52,354	$36,555
大学院(修士号取得)	$70,859	$44,471
大学院(専門職業学位)	$112,873	$90,711
大学院(博士号取得)	$86,436	$62,169

出所:米商務省統計局

正規の教育は、人的資本に投資する1つの方法である。この教育は、雇用者と被雇用者にどのような利益をもたらすか。

道標

経済学を学んでわかることは、人々が希少性にどう対処するのかということだけではない。所得はどうやって獲得され、消費されるのか、経済は日々どう運営されるのかということに関しても洞察を得る。経済学の学習によって、**自由企業経済(free enterprise economy)**──政府ではなく消費者と民間企業が、何を、どのように、誰のためにという決定の大部分を行う経済制度──の理解を深めることもできる。

さらに、アメリカ経済を機能させている重要な概念である私有財産、競争、需要と供給、価格システム、経済的インセンティブに関する実践的知識も習得できる。同時に、失業、景気循環、インフレーション、生産性、経済成長などの問題も論じられる。アメリカ経済での企業、労働力、政府の役割、そしてアメリカ経済と世界経済との関係も検討される。

経済学の学習によって、優れた意思決定者となることができる。経済問題は選挙運動で取り上げられることが多いので、有権者は問題点を理解してから、どの候補者に投票するかを決めなければならない。増税と政府支出の増加を主張する候補者か、減税と政府支出の削減を主張する候補者のどちらかを選ばなければならないこともある。輸入制限を主張する候補者や自由貿易を主張する候補者もいるだろう。

経済学がすべての問題に対して明確な答えを提供するわけではないが、問題点の理解を深めるのには役立つ。したがって、十分に考えた上で投票を行うことができるだろう。

経済学の教科書ではトピックは整理されているが、現実世界はそのように整然としているわけではない。社会はいつもダイナミックに変化している。毎日さまざまな出来事が起こっており、経済は絶えず変化している。さらに、野心、強み、欲求、運勢は個人によって異なる。人によって意見も異なるため、決して解決されない問題もあるだろう。

どの道をたどるとしても、平坦で易しい道はない。実際、経済の世界は複雑で、将来は平坦ではない。しかし、経済学を勉強することは、我々を取り巻く政治的、社会的要因の多くを理解するのに大変重要である。

REVIEW 1－3 基本的経済概念

用語とポイント

1. 以下の用語を定義しなさい。
ニーズ、欲求、経済生産物、財、消費財、資本財、耐久財、非耐久財、サービス、消費者、消費、誇示的消費、価値、価値の逆説、効用、富、生産、生産性、特化、分業、人的資本、経済的相互依存、市場、要素市場、生産物市場、生活水準、自由企業経済

2. あるものが価値を持つ条件を述べなさい。

3. 富の例を3つあげなさい。

4. 生産性の重要性を説明しなさい。

クリティカル・シンキング

5. 教育は人的資本の生産性とどう関係しているか。

経済概念の応用　生産

6. 見慣れた商品を例に、その生産に生産要素がどう使われているか説明しなさい。

コラム　教育と所得の関係

「将来へ投資する」でアメリカにおける教育と所得の関係はわかりました。日本の場合はどうでしょうか。厚生労働省の「賃金構造基本統計調査」を元に学歴別年収を推計すると以下のようになりました。アメリカと同様、中学卒より高校卒のほうが、高校卒より大学卒のほうが年収が高くなっています。日本においても教育に対する投資には見返りがあると考えてよさそうです。

日本の学歴別年収・退職金（男性）

（万円）

最終学歴	年収（平成16年、50歳〜54歳）	退職金（平成15年、定年退職）
中学卒	511	1987
高校卒	599	2212
短大卒	670	―
大学卒	855	2793

注1：年収は残業等含む
注2：高校卒の退職金は事務・技術系と生産労働者の平均
注3：短大卒は高専含む
出所：厚生労働省調査を元に大和総研推計

第2章 経済システムと意思決定

Economic Systems and Decision Making

1. 経済システム

どの社会の生存も、衣食住を提供する能力にかかっている。社会は希少性に直面しているので、**何を、どのようにして、誰のために**生産するかを決めなければならない。

すべての社会には他の共通点もある。つまり、どんな社会も、**経済(economy)**または**経済システム(economic system)**――人々の欲求とニーズを満たすための組織化された供給方法――を持っている。この供給方法の違いによって経済システムが決まる。経済システムには主に3種類ある――伝統経済、指令経済、市場経済である。

伝統経済

我々の行動には習慣や慣習に起因しているものが多い。例えば、アメリカ人の多くは、なぜ感謝祭に七面鳥を食べるのだろうか。なぜ、新婦は結婚式で花束を放り上げるのだろうか。なぜ、初対面の人と握手をしたり、レストランでチップを置いたりすることが多いのだろうか。これらの習慣はある世代から次の世代へ受け継がれ、伝統になっている。

伝統経済(traditional economy)の社会では、希少資源の分配などのほぼすべての経済活動は、儀礼、習慣、慣習に由来している。習慣や慣習によって、社会的行動の多くも決定されている。個人は、自分の希望に基づいて自由に決定を下すことができない。それどころか、彼らの役割は、年長者や祖先の慣習によって決められている。彼らは、どんな財やサービスを、どのように生産し、どのように分配するかということも定められている。

伝統経済の例として、19世紀のカナダ北部のイヌイット族が挙げられる。厳しい気候の中で生き延びる方法、道具の製造方法、魚を捕る方法、猟を行う方法をイヌイット族の父母は子供達に何世代にも亘って教えてきた。また、その子供達も次の世代にこの技能を伝える。

イヌイット族は、猟を行ったときその成果を他の家族と分け合うのが伝統である。セイウチや熊が獲れたら、猟師達は獲物を集団の中で均等に分ける。獲物を獲るのに最も貢献した猟師が初めに自分の分を取り、貢献度の高い人から順に分け前を取っていくという具合である。後には、猟集団のメンバーは他の猟集団の家族とも獲物を分け合うようになった。

イヌイット族の猟師は、獲物全部を自分のものにする権利ではなく、狩りで獲物を仕留めた名誉と村民からの尊敬を得た。この分け合いの伝統と、熟練した猟師が集団に存在する限り、村は長く厳しい冬をしのぐことができた。この慣習は、イヌイット族が何千年もの間生存できた理由の1つだった。

長所

伝統経済の強さは、自分が演じるべき役割を誰もが知っていることだ。**何を生産するか**ということに関して、不確実性はあまりない。猟師の家に生まれれば、その子供は猟をする。農家に生まれれば、農業をする。同様に、子供は親から習った通りに生産活動を行うので、**どのように生産するか**ということについても不確実性は存在しない。最後に、**誰のために**という問題は、社会の慣習と伝統に従って決められる。人生は一般的に、安定的で、予測可能で、継続的である。

短所

伝統経済の短所は、新しい考え方や方法をなかなか受け入れない傾向があることだ。伝統社会では、他人と異なった行動をとったり、ルールを破ったりする人を罰することさえある。進歩がないので、他の経済社会よりも生活水準が低いことが多い。

指令経済

指令経済(command economy)では、中央の当局者が、**何を、どのように、誰のために**生産するかという決定のほとんどを行うよう運営されている。経済的な決定は政府が行うので、国民はリーダーが決めた選択を忠実に実行することが求められる。北朝鮮、キューバは指令経済で運営されている。近年まで、東ヨーロッパの旧共産圏の国々、旧ソ連も指令経済を採用していた。

例えば、旧ソ連では重要な経済決定は政府が行っていた。中央計画委員会がソ連経済のほぼすべての方向性を決めており、そこで主要産業への必要物資、生産目標、生産割当は決められていた。中央計画委員会が重工業分野の成長を望めば、消費財からそのセクターへ資源を振り向け、国防を強化したければ、軍事施設や軍需品の生産に資源を配分していた。

長所

指令経済の長所は、比較的短期間で方向性を一変させることができることだ。旧ソ連は、わずか数十年で農業社会から主要工業国に成長した。消費財の生産よりも重工業と工業の発展とに集中して取り組んだことで、これを成し遂げた。

この期間、中央計画委員会は資源を大規模にシフトさせた。消費財はないがしろにされたといっても過言でなく、土木工事現場で男性労働者が不足すれば、政府は女性につるはしとスコップを持たせて肉体労働をさせた。

短所

重大な短所が指令経済にはある。第1の短所は、指令経済が消費者の欲求を満たすようなシステムではないことだ。ソ連の経済発展のケースでは、国民は何世代にも亘って車、家電製品のような消費財や適当な住居をなしで済ませるように強いられた。国家や将来の世代のために犠牲になるようにといわれていた。

第2の短所は、この制度は人々が懸命に働くインセンティブを欠いていることだ。指令経済では、労働者が他の人とは異なる技術や責任を持っていても、多くの場合受けとる賃金に差がない。さらに、仕事の質が低くても、めったに失業しない。その結果、多くの人は設定された生産割当を満たすためだけにしか働かなくなった。

これによって、思いもよらない結果が生じた。旧ソ連で、あるとき、中央計画委員会は電気モーターの1年の生産目標を重量で設定した。割当を達成する最も簡単な方法はモーターに重りを加えることだということに、労働者はすぐに気がついた。その結果、ソ連の労働者は世界で最も重い電気モーターを作った。同じ理由で、世界で最も重いシャンデリアも製造し、重過ぎて天井から落ちてしまうものもあった。

第3の短所は、指令経済は巨大な意思決定機構を作り出すことだ。システムを運営するためには多数の事務員、計画者、その他の監督者が必要になる。多くの人々に意見を求め、大量の文書を処理した後でやっと、決定が下されるということがほとんどだ。これらの過程が意思決定のスピードを遅らせ、生産コストを上昇させている。

第4の短所は、比較的重要でない日々の問題に対処する柔軟性を持っていないことだ。わずかな調整であっても、巨大な官僚機構の承認が必要になる。結果として、指令経済には1つの危機が突然別の危機を作り出す傾向がある──旧ソ連のように完全に崩壊してしまうこともある。

最後の短所は、新しくユニークな考えを持った人が指令経済の下で成功するのは難しいということだ。独創性に対して報いがあることは希である。個人一人ひとりに期待されているのは、中央の計画者が決めた経済的決定に従って工場、官庁、農場での仕事をこなすことである。

市場経済

市場経済(market economy)では、**何を、どのようにして、誰のために**という問題を解決するために、個人も企業も自己の利益を最優先して行動する。経済用語で、市場とは、財やサービスを交換するために買い手と売り手が接触するためのメカニズムである。市場は農民市、蚤の市のような特定の場所であるかもしれない。地域の掲示板に張られた芝刈りサービスの電話番号のリストも、市場として機能している。買い手と売り手が接触するというメカニズムが存在する限り、マーケットはどこにでも存在し得るのだ。

市場経済では、人々の決定は、選挙の投票のような役割を担っている。消費者がある生産物を買うときには、その生産物に対して貨幣で「投票」をしていることになる。「投票」が開票された後で、生産者は人々が何を欲していたかわかる。生産者は消費者が購入すると思われる財とサービスをいつも探しているので、消費者は**何を**生産するかという決定に重要な役割を果たしている。

長所

市場経済には、伝統経済や指令経済よりも優れている点がある。市場経済の長所の第1番めは、市場経済は変化に自然に対応できることだ。例えば、1970年代のガソリン不足の間、消費者は燃費の悪い大型車の需要を減らし、燃費のよい小型車の需要を増やした。自動車会社は今まで通り車を売りたかったので、生産資源を大型車から小型車へ移した。

ガソリン価格が1985年に頂点に達し、1986年に下落に転じたとき、この傾向はゆっくりと反転し始めた。消費者は再び大型車に購入意欲を示し始めたので、自動車会社は、以前より燃費が向上した大型車を作り始めた。こういう変化は、市場経済では徐々に起こることが多い。伝統経済とは異なって、変化は禁止も、妨害されてもいない。指令経済とも異なり、官僚が変化を遅らせたり、急に第三者がそれを押し付けたりすることもない。

市場経済の第2番めの長所は、個人の自由度が高いことだ。生産者は売れると思うものを自由に作ってよい。最も効率的な生産方法を選ぶことで、**どのようにして、**という問題を解決することもできる。一方、消費者は自分の好きな財やサービスにお金を使うことができる。また一方では、個人はいつどこで働きたいとか、自分自身の教育と訓練に一層投資すべきかどうかといったことを自由に決めることができる。

第3番めの長所は、政府の介入度合いが比較的小さいことだ。政府は、国防、環境保護のような一定の重要問題以外は、介入しないようにしているので、買い手と売り手は自分のしたいように売買を行うことができる。競争が存在する限り、市場経済は自律調整していく傾向がある。

第4番めの長所は、意思決定が分散していることだ。文字どおり何十億――何兆とまではいかないが――もの決定が日々下されている。全体として見れば、これらの決定によって、希少な資源は消費者が好むように利用されている。個人それぞれがこの決定をしているので、誰もが経済運営に参加していることになる。

市場経済の第5番めの長所は、消費者が、信じられないほど多様な財やサービスを手に入れることができる点である。買い手が存在していれば、どんな生産物でも生産される可能性があるし、将来生産されることになるだろう。最近では、インターネットの本屋からケーブルテレビの24時間マンガ放送までいろいろなものがある。つまり、ある商品が頭に浮かび、生産可能で、消費者が喜んで買うなら、それは生産される。

第6番めの長所は、消費者の満足度が高いことだ。市場経済では多様な生産物があるため、ほとんどすべての人が自分の欲求を満たすことができる。さらに、ある集団の選択によって他の集団の欲求が満たされなくなるということにはならない。例えば、51%の人が青いシャツを望み、49%の人が白いシャツを望んだとしても、両グループの人が自分の欲しいものを手に入れることができる。選挙とは異なり、少数者は多数者の選択に従う必要はない。

短所

市場経済の短所の1つは、**誰のために**という問題だ。一般に市場経済での報酬は、最も生産性の高い資源に支払われる。この分配システムは土地や資本の場合は優れているが、労働力に関しては問題がある。社会には、若すぎるとか、年を取りすぎているとか、病気とかの理由で、自立できない者もいる。これらの人は、政府や民間団体の支援がなければ、純粋な市場経済で生きていくことは難しいだろう。

さらに、市場はあるべき姿で機能しないことがある。市場は3つの条件を満たしたとき、最もよく機能する。第1に、市場は適度に競争的でなければならない。つまり、同じ価格で最高品質の商品を提供できる生産者が生き残れるように、お互いに競争できなければならない。第2に、資源は、ある活動から別の活動へ概ね自由

［図2-1］経済システム比較

	伝統	指令	市場
長所	・地域社会のすべてのメンバーに対する一定の経済的役割を設定 ・安定的で、予想可能で、継続的な生活	・短期間で劇的な変化を起こすことが可能	・変化への自然な適応 ・自由度の高さ ・政府介入の少なさ ・意思決定の分散化 ・財やサービスの多様性 ・消費者の満足度の高さ
短所	・新しい考え方や方法の排除 ・停滞と進歩の欠如	・消費者の欲求やニーズを満たすことができない ・労働に対する有効なインセンティブの欠如 ・資源を消費する巨大な官僚組織が必要であること ・ささいな、日常の変化を扱う柔軟性の乏しさ ・新しい、人とは異なる考え方が排除され、個性発揮の余地少ない	・生産性の高い資源に集中する報酬。若年者、老人、病人には働けない者もいる ・市場の機能不全に備えなければならない

あらゆる社会には経済システム、何を、どのように、誰のためにという問題に答える仕組みがある。社会に最も適したシステムかどうかは、経済システムが人々の欲求やニーズを満たし、経済的目的を達成する能力にかかっている。市場経済が機能するためにどんな条件が満たされなければならないだろうか。

に移動できなければならない。例えば、労働者が別の場所でよい職を見つけられたなら、職を自由に変えることができる必要がある。同様に、生産者には、最良の方法で生産を行う自由が必要だ。第3に、消費者が選択肢を検討し、賢明な選択をできるように、情報へ十分にアクセスできる必要がある。これらの条件の1つでも満たされないなら、市場は失敗してしまう。

REVIEW　2–1　経済システム

用語とポイント

1. 以下の用語を定義しなさい。
経済、経済システム、伝統経済、指令経済、市場経済

2. 伝統経済の長所と短所を説明しなさい。

3. 指令経済の長所と短所を説明しなさい。

4. 市場経済の長所を6つあげなさい。

クリティカル・シンキング

5. 何を、どのように、誰のために生産するかという問に、指令経済や市場経済ではどう答えているか。

経済概念の応用　消費者主権

6. 消費者の影響力によって、市場経済で成功した商品や失敗した商品をあげなさい。

2. 資本主義と自由企業

市場経済は、**資本主義(capitalism)**というシステムに基づいて運営されており、一般市民が生産要素を所有している。資本主義は**競争(competition)**に基づいて繁栄する――売り手はコストを引き下げながら消費者の購買意欲をそそるように競い合っている。売り手同様、買い手も競って安くて良いものを探している。こうして、財やサービスは買う意思と能力のある人に分配される。

自由企業という語もアメリカ経済を表す言葉である。自由企業経済では、政府が最小限しか介入しないことで、うまくいっている。

競争と自由企業

自由企業経済には、4つの重要な特徴――経済的自由、自発的交換、私有財産、利潤動機――がある。この特徴により競争が可能になっている。

経済的自由

経済的自由は、資本主義の特徴として当然と考えられることが多い。企業だけでなく個人も経済的自由を享受している。例えば、個人には職業や就職先企業を選択する自由がある。自由度は低いが、勤務する場所と時間を選ぶこともできる。西海岸や東海岸やアラスカで働いてもよい。日中でも夜間でも、屋内でも屋外でも、オフィスでも自宅でも働ける。

経済的自由のおかげで、人々は自分で事業を行うか、誰かに雇われるかを決めることができる。就職試験に応募することができるし、ある会社から採用の通知を受けた場合には、その会社で実際に働くかどうかを選択する権利を持っている。経済的自由によって、離職したり、今までよりも大きな機会を提供している職に移ったりすることができる。

企業も経済的自由を享受している。企業は、最高の労働者を自由に雇うことができ、最も利益が上がると思われる財やサービスを生産する自由を持っている。企業は財やサービスの生産量を自由に決定することができ、販売場所も選ぶことができる。企業は、自由に価格を設定できるし、リスクを取ることができる。

［図2-2］自由企業と資本主義の特徴

経済的自由

人々は職業、就職先、お金の使い途を選択することができる。
企業は販売する商品や価格を決めることができる。

自発的交換

買い手と売り手は市場取引に自由で積極的に参加することができる。

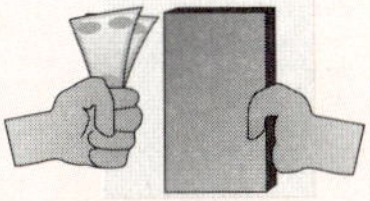

私有財産

人々は、望むように所有物を支配することができる。

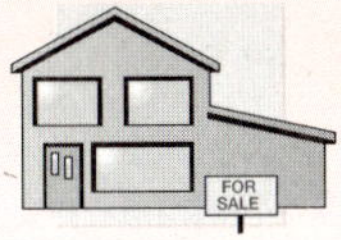

利潤動機

人々と組織は利益を上げることで、物質的満足度を増加させることができる。

「自由企業」と「資本主義」という言葉は、一般市民が生産要素を所有し、企業は政府介入が最小な中で、利益を競い合うことができる市場システムのことである。私有財産というカテゴリーにはどんなものが含まれているか。

自発的交換

資本主義の2つめの特徴は、**自発的交換（voluntary exchange）**──買い手と売り手が自由で積極的に市場取引を行う行為──である。さらに、買い手と売り手が両者とも取引前より取引後には経済的に豊かになるように取引が行われる。例えば、買い手は自分の資金をさまざまなことに利用できる。銀行に預金したり、じゅうたんの下に隠したり、財やサービスを買ったりすることもできる。買い手がある生産物を買うとすれば、購入しようとしている生産物が支払うお金よりも価値がある、と信じていなければならない。

自発的交換では、売り手は自由に生産物を売ることができる。売り手が現金と引き換えに財やサービスを売るとすれば、受け取るお金が売った財やサービスよりも価値がある、と信じていなければならない。結局、取引によって買い手と売り手の両者に利益がもたらされるか、取引自体が行われないかのどちらかになる。売り手も買い手も、手放したお金や商品より価値があると信じているものを手に入れる。

私有財産

資本主義の次の主要な特徴は、人々が望み通りに自分の財産を所有し制御することができる特権、つまり、**私有財産（private property）**という概念だ。私有財産には、家や車のような有形物と技術や能力のような無形物がある。個人は、自分の財産と能力に関して自由に決断することができる。他人の権利を侵害しない限り、個人には、その財産を自由に利用する権利がある。能力やサービスをどう使うか自由に決める権利もある。

私有財産は、勤労、貯蓄、投資に対するインセンティブを与える。自分の財産を思った通りに使える場合、不安を抱くことなく財産を利用、蓄積、貸与することができる。私的所有権によって、人々は成功しようというインセンティブを持つ。というのも、成功すれば、その報酬をすべて自分のものにできるということがわかっているからである。

利潤動機

起業家は自由企業経済と資本主義の下では、貯蓄や富をリスクにさらして事業を始める。ベンチャー企業がうまくいけば、報酬を得ることになる。うまくいかなければ、自分の投資の一部またはすべてを失うことになる。しかし、多くの人たちが利益を上げることを信じて、リスクを負って事業を起こす起業家になる。

ところで、利益とは何か。前出の自発的交換を例に考える。買い手はお金を渡して生産物を手に入れ、売り手は生産物を渡してお金を得ている。もし、両グループが以前よりも豊かになると信じていなければ、取引は成立しない。取引が行われるのは、両グループが利益を手にすることができる、と感じている場合だけだ。

つまり、**利益(profit)**とは、個人または組織が取引前と比べて取引後にどれだけ豊かになっているかを示す物差しである。**利潤動機(profit motive)**――個人や組織に物質的満足度の向上を促す原動力――は資本主義に立脚した自由企業システムの成長に重要な役割を負っている。

起業家の役割

起業家は、経済で極めて重要な役割を担っている。起業家は、利益という報酬を得るために、土地、資本、労働力を調達し、経営する。

起業家は新しい事業を始めることが多い。レストラン、自動車修理工場、ゲームセンター、コンピュータショップといった事業を新たに始める。かつては雇われていたが、仕事を辞めて、自分で事業を始めた人もいる。起業家は「自分が自分の主人」になることを望み、夢の実現のためにリスクをとってできる限りのことを行う。

失敗する起業家も多い。もちろん、成功の度合いは異なるが、事業を何とか続けている者もいる。ほんの一握りの者だけが、極めて裕福になり、名声を得ている。

よく知られた起業家にはマイクロソフトのビル・ゲイツ、ジョンソン出版のジョン・ジョンソン、メアリー・ケイ化粧品のメアリー・ケイ・アッシュがいる。

起業は失敗する確率が高いにもかかわらず、起業家は成功への夢が大きくてじっとしていられない。彼らは企業経済の点火装置であり、触媒でもある。起業家が成功をおさめると、すべての人が恩恵を受ける。その起業家は、利益、事業の成長、成功の満足感が得られる。労働者は雇用と賃金が増加する。消費者は新製品や商品の品質改善の恩恵を受ける。政府は、経済活動が高水準になることと、税収が増加することで報われる。この税収によって、道路、学校、図書館などが建設されるので、成功した起業家とは関係ない人にも役立っている。

成功の影響はさらに続く。起業家が創造した富は、他の企業を起業家が成功した業界に引きつけることになる。他の企業は、分け前を得ようと参入してくる。競争力を維持し、事業を継続するために、起業家は品質を向上させ、価格を引き下げなければならないので、消費者は安く大量に商品を購入できるようになる。結局、起業家が利益を追求することで、消費者のためになる新商品出現、競争激化、生産量増加、品質向上、価格低下という出来事が次々と起こることになる。

消費者の役割

アメリカでは、どの生産物が最終的に生産されるかを決めているのは消費者であり、経済に強い影響力を持っていると考えられている。例えば、企業がある商品の販売を始めたとする。もし、消費者がその商品を好めば、その商品は売れて、生産者は報酬を受け取る。消費者がその商品を拒絶し、購入しなければ、その企業は事業から撤退するだろう。**消費者主権(consumer sovereignty)**とは、消費者が市場の主権者または支配者であるという役割のことだ。一般的には「消費者はいつも正しい」と表現される。

近年、生産者は家庭用ゲーム、スポーツ・タイプの車、パーソナル・コンピュータのようなさまざまな商品で際立った成功をおさめている。アメリカの消費者の多くは、ガソホール――10%の穀物アルコールを含むガソリン――や、ディーゼル車を好まなかった。

現代の通信と輸送技術の発達によって人々が新しい考え方や商品に触れるようになると、消費者の欲求は絶えず変化する。何百万人もの消費者が、わずか20年前にはほとんど知られていなかったコンピュータを保有している。アメリカ人はあらゆる場所から商品を購入している。カリフォルニアに住んでいる人はバーモント州で採れたメープルシロップをワッフルにつけ、ニューイングランドに住んでいる人はテキサス産の野菜を食べている。アメリカ人の多くは、日本製自動車、ペルシャ絨毯、アフリカ製の財布を購入している。

したがって、消費者はアメリカの自由企業経済で重要な役割を担っている。消費者は、市場で何かを購入すると、何が生産されるべきで、何が生産されるべきでないかについて意思表示をしていることになる。

政府の役割

政府や地方自治体には、市民の望み、目標、情熱を反映する経済的役割がある。市民が欲しているので、政府は経済に関与する。したがって、政府は、保護者、財やサービスの提供者、消費者、規制者、国家目標の推進者となる。政府の役割は、サービスがコストを上まわっている限り容認される。

保護者

保護者としてアメリカ政府は、虚偽または誤解を招く広告、安全でない食品・薬品、環境保護、危険な自動車などに対する法律を執行する。個人の自由の乱用に対する法律も執行する。例えば、雇用者は年齢、性別、人種、宗教によって労働者を差別することはできない。つまり、政府は、経済の効率性と公正性を確保するために、所有権を保護し、契約を履行させ、誰もが「ゲームのルール」に従うよう努力する。

供給者と消費者

政府や自治体は、市民に財やサービスを提供している。例えば、政府は国防というサービスを提供する。州政府は教育と公共福祉事業を提供する。地方政府は、公園、図書館、バスの運行などを提供している。供給を行うために、政府は企業と同じく生産要素を消費する。

規制者

連邦政府は、規制者として市場の競争を確保する責任を負っている。連邦政府は、州をまたぐ商業や通信の業務や銀行・原子力発電のような産業全体も監督している。州政府は、自動車保険料率や自動車登録を統制している。地方政府でさえ、建築許可や区画利用の許可で企業活動を規制している。

国家目標の推進者

政府は大多数の国民の意思を反映している。したがって、政府の役割の多くには、自由、効率、平等、安全、完全雇用、物価の安定、経済成長という経済目標を達成するために、経済システムを修正したいという国民の考え方が反映されている。児童就労や最低賃金に関する法律はもちろん**社会保障(Social Security)**のような政府のプログラムも、アメリカ人がどのように自由企業経済を修正してきたかを明らかにしている。

これらの修正が行われているため、アメリカは**混合経済(mixed economy)**または**混合私有企業経済(modified private enterprise economy)**であるといわれる。混合経済では、人々は経済活動を自由に営めるが、政府介入・規制をいくらか受けることになる。このシステムは、アメリカ人の目標の変化に応じて、変化していく。

REVIEW　2−2　資本主義と自由企業

用語とポイント

1. 以下の用語を定義しなさい。
資本主義、競争、自発的交換、私有財産、利益、利潤動機、消費者主権、混合経済、混合私有企業経済

2. 資本主義の主要な特徴を4つあげなさい。

3. 自由企業経済での利潤動機の役割を述べなさい。

経済概念の応用　自発的交換

4. 最近行った自発的交換を少なくとも3つあげなさい。その交換からあなたはどう豊かになっただろうか。交換の相手方はどう豊かになっただろうか。

コラム　地方自治体の役割

本文の「政府の役割」でアメリカでの役割は載っていました。日本の場合はどうでしょうか。以下のグラフは国と地方自治体の歳出合計のうち、地方自治体の割合を示したものです。割合が高いものを見ると、衛生費（ごみ処理、保健衛生等）で94%、学校教育費で86%、社会教育費等で85%、司法警察消防費で80%等となっています。逆に低いものは防衛費で0%、つまり国が100%を占めています。教育（学校教育費）、図書館（社会教育費等）が地方、国防が国という役割は日本でも当てはまるといえるでしょう。全体の歳出割合は国が37.4%、地方が62.6%で、地方の歳出の方が大きくなっています。

地方の歳出割合（主なもの）

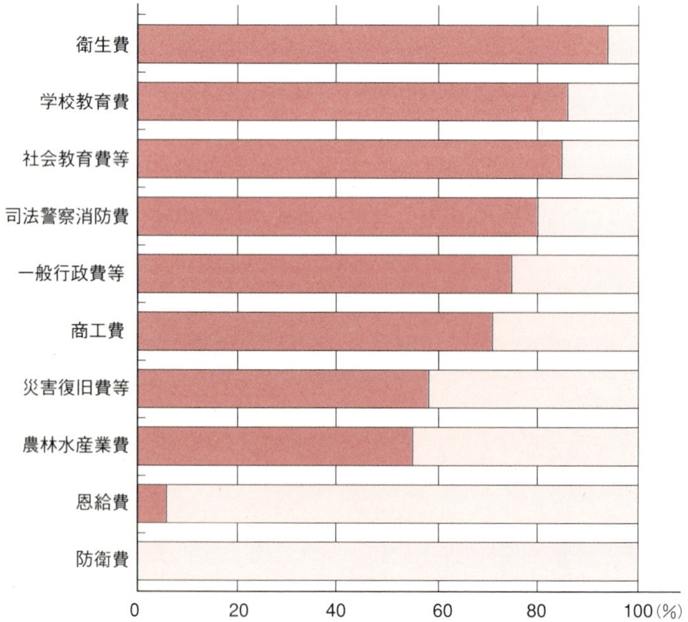

注：国と地方の歳出の割合を表したものであり金額の寡多とは異なる
出所：総務省　地方財政白書平成15年版より抜粋

第2部　ミクロ経済学

MICROECONOMICS

第3章　需要
Demand

第4章　供給
Supply

第5章　価格と意思決定
Prices and Decision Making

第6章　競争、市場構造、政府の役割
Competition, Market Structures, and the Role of Government

需要と供給の法則は、幼児期に学習済だ。赤ちゃんは、新しいおむつを需要すると、それと引き換えに静けさを供給する。母親は静けさを需要し、それと交換に新しいおむつを供給する。これで交換の条件が整った…。赤ちゃんの一泣きは、おむつ1枚に相当する。おむつ1枚の価格は赤ちゃんの一泣きである。

—ジュード・ワニスキー 著 「世の中のしくみ」1989年

PREVIEW
経済学の考え方を日常生活に適用する

需要

砂漠にボートの販売店がなかったり、田舎には広告代理店があまりないのはなぜか。企業は事業を始める前に、商品の需要を調査する。消費者にその商品を購入しようという望み、能力、意思がなければ、その事業の成功は望めないからだ。

供給の法則

あなたは日頃、家で何時間勉強するだろうか。1時間勉強すると1ドルもらえるとすると、何時間勉強するだろうか。10ドルではどうか。1時間あたりでもらえる小遣いが増えるほど勉強時間を増やすとすれば、あなたは、価格の上昇と共に供給量が増加する供給の法則に従っていることになる。

価格

何かを購入するとき、どんな要素を考慮するだろうか。色、種類、実用性、そしてもちろん価格についても検討するだろう。なかでも、価格は重要性が高いはずだ。経済学者は、価格を売り手と買い手に対するシグナルと捉えているので、重要だと考えている。

市場構造

商品によって価格が競争的であったり、高かったりするのはなぜだろうか。需要と供給によって価格が決まる。市場の性質も価格に影響を与える。したがって、競争や市場構造について学ぶことは重要である。

第3章 需要
Demand

1. 需要とは何か

需要とは、ある生産物を所有する欲求であると捉えられることが多い。この意味では、水泳用プールを所有したい人はだれでもそれを「需要」している、ということになる。しかし、需要が市場で認識されるには、欲求と同時に需要に対して代金を支払う意志と能力も必要だ。**需要(demand)**──商品を購入する望み、意志、能力──を持った人だけが、実際に同じ需要を持った人と競合する。

第2部の他の多くのトピックと同様に、需要はミクロ経済学の概念である。**ミクロ経済学(microeconomics)**とは、個人や企業といった小さな経済単位の行動や意思決定を取り扱う経済学の領域である。ミクロ経済学の概念は、全体で価格がどう決まるかということと個々の経済的意思決定がどう行われるかということを説明しようとしている。

需要序論

需要の知識は、市場経済がどのように機能しているかを理解するのに必要不可欠のものだ。適切な事業計画の立案にも重要になる。

あなたがテレビの修理業を始めようとしているとする。まず、需要がどの地域にあるのか知る必要がある。テレビの所有台数が多く修理店が少ない地域を選び出すべきだろう。テレビの所有台数が少なく、修理店が多い地域には、あまり需要は見込めない。

店舗を構える地域が決まると、あなたが提供するサービスに対する需要を知らなければならない。同業他社を訪問して、さまざまな価格に対する消費者の反応を調べてもよい。価格について消費者調査を実施し、このデータから需要を見極めることもできる。消費者の価格への反応を示す過去から蓄積されたデータを分析してもよい。

こういった方法によって消費者が購入する望み、意思、能力についての概要がつかめるだろう。しかし、消費者の実際の行動について正確なデータを収集するのは容易ではない。そうだとしても、需要という概念を実践に結び付けることは可能だ。経済学では表やグラフを使って大まかな消費者行動を表す。重要な経済的分析の1つである消費者調査によって、消費者行動に関する予測の正確性が高まることは多いのである。

需要表

人々に自分が取り扱っている商品の需要をたずねると、さまざまな答えが返ってくる。石油業界で働く人は、原油の需要は1日あたり4,600万バレルと答える。農業従事者は、小麦の需要は日に1,000万ブッシェルと答える。鉄鋼業に従事する人は、鉄鋼の需要は1日に200万トンと答えるだろう。

従事している産業が異なっても、すべての答えに共通しているのは、各人が現在の需要について概数をつかんでいることと、需要を販売量で把握していることだ。

しかし、エコノミストが知りたいのは、ある価格で購入される量だけにとどまらない。その価格より高い価格や低い価格にどれだけの需要があるかも知りたいのだ。原油の平均価格は1998年1バレル17ドルで、この価格で1600万バレルの需要があった。もし、その価格が1バレル21ドルや12ドルなら需要はどうなっていただろう。需要を経済学で分析する場合には、あらゆる価格帯での需要が取り扱われる。

エコノミストは市場を全体として捉えようとする。あらゆる価格帯での需要を把握しようとする。[図3-1]が需要表(demand schedule)である。需要表とは、ある時点で市場で取引される可能性がある、すべての価格における需要量を示す一覧表だ。

需要の例

エコノミストが需要をどのように分析するかということを理解するために、[図3-1]のパネルAの需要表を見てみよう。表のデータは、ある日のある店舗でのCD需要を推計している。表によれば、CD1枚が27ドルなら、需要は10枚に過ぎないが、より安い21ドルではCDの需要が18枚に増加する。価格が低下するほど、CDの需要は増加する。

CDの需要はグラフで表すこともできる。表のデータをグラフに書き移すだけで、

[図3-1] CDの需要

A） 需要表

CDの価格	CDの需要量
$27	10
24	13
21	18
18	25
15	37
12	58
9	94
6	162
3	300

B） 需要曲線（DD）

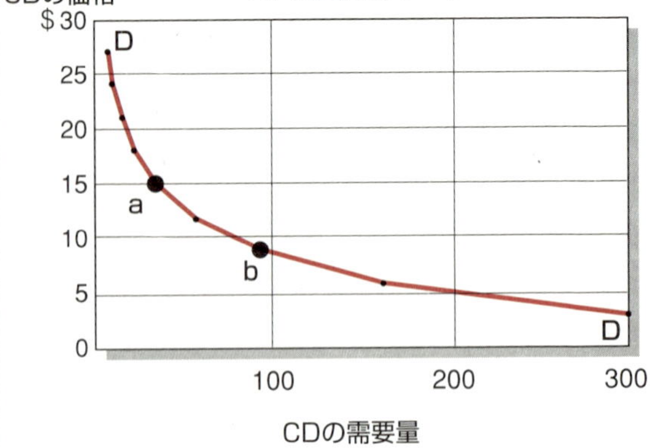

需要表はそれぞれの価格での需要量を表している。需要曲線は需要表と同じ情報をグラフで表している。需要曲線は右下がりの曲線であり、価格が下がると需要が増加し、価格が上昇すると需要が減少することを示している。このことはなぜ正しいのだろうか。

グラフはできあがる。[図3-1]のグラフのa点から15ドルでは37枚のCDの需要があることが読み取れる。b点からは9ドルでの需要がわかるといったように読み取ることができる。最終的に、価格と数量のデータがグラフに転記され、グラフ上の点がつながるとDDの曲線が描かれる。

曲線DDはCDの**需要曲線（demand curve）**と呼ばれる。需要表同様に、需要曲線はそれぞれの価格での消費者の需要量を示している。需要表は一覧で情報を表し、需要曲線は常に右下がりのグラフになる。

REVIEW　3−1　需要とは何か

用語とポイント

1. 以下の用語を定義しなさい。
   需要、ミクロ経済学、需要表、需要曲線
2. 需要の捉え方がエコノミストとそれ以外の人ではどう異なるか説明しなさい。
3. 需要表と需要曲線の関係を述べなさい。

クリティカル・シンキング

4. あなたの資金はどうして最も好きな商品への「投票」となるか説明しなさい。

経済概念の応用　需要

5. あなたが最近購入した2つの商品とその価格を思い出しなさい。価格が2倍ならば、それを購入しただろうか。半額だったらどうするか。

2. 需要の法則

[図3-1]の需要表が示している価格と需要量そのものが、需要の重要な一般的特徴を表している。つまり、価格が高ければ需要は減少し、価格が安くなるほど需要は増加する。需要と価格の関係は、経済生産物の需要が価格と逆に変化するという**需要の法則(Law of Demand)**で表される。

需要と価格のこの相関関係は、偶然のものではない。常識と身近な例から、需要の法則は正しいということがわかる。消費者は、価格が高いと購入を躊躇する。価格が下落すると、消費者は購入量を増やすのが一般的だ。バーゲンや特別セールといった一時的な値下げに消費者が群がるとき、需要の法則が機能しているのを目にすることができる。

需要量の変化

[図3-2]の表とグラフから、1枚15ドルでは37枚のCDの需要があることがわかる。価格が9ドルまで下がると、94枚のCDに需要がある。この需要曲線に沿った動きが**需要量の変化(change in quantity demanded)**──価格の変化による生産物

[図3-2] CDの需要の変化

A) 新需要表

CDの価格	CDの元の需要量	CDの新たな需要量
$27	10	14
24	13	18
21	18	25
18	25	36
15	37	52
12	58	81
9	94	132
6	162	227
3	300	420

B) 新需要曲線

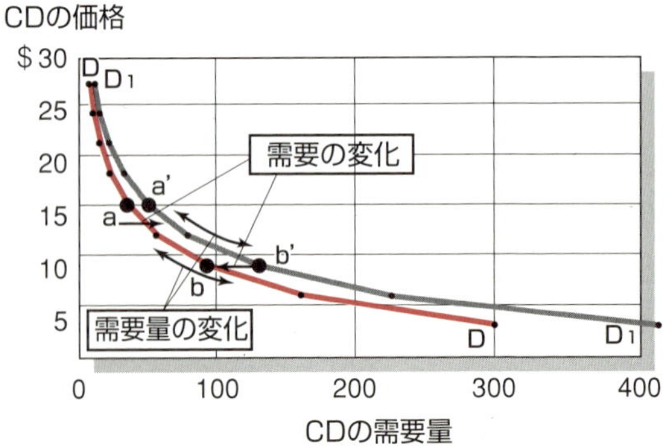

需要の変化によって、すべての価格で今までと異なる量の需要を表す。需要の増加は需要曲線をD_1D_1へシフトさせる。需要の減少は、需要曲線が左にシフトすることだ。CDへの需要の変化を引き起こすのは何だろうか。

の購入数量の変化──を示している。需要量がなぜ変化するかを理解するために、所得効果と代替効果を検討しよう。

所得効果

価格が下落すると、消費者は生産物に対する出費が減るので、消費に向けることができる追加の実質収入を得たのと同じ効果がある。CDが1枚15ドルなら、37枚のCDを購入するのに555ドルが必要だが、価格が9ドルに下がると、同じ数量のCDを買うのに333ドル支出すればよい。価格が下がったことで、222ドルだけ余裕が生まれ、CDを買い増すこともできる。

購入するCDが37枚から94枚に増加した理由のすべてではないとしても一端は、消費者がより豊かになったと感じたことにある。この購入数量の変化が**所得効果(income effect)**──生産物の価格が変わったときに消費者の購買力が変化するために生じる需要量の変化──である。

代替効果

価格の下落は、CDの価格がコンサートや映画のような他の娯楽関連の財やサービスと比較して安くなることでもある。すると、消費者はこれらの生産物の消費を減らしてCDの購入を増やす傾向がある。**代替効果(substitution effect)**は、商品の相対的な価格が変化したため需要量が変化する効果である。

CDの購入量が37枚から94枚に増加したときの、所得効果以外の理由が代替効果だ。所得効果と代替効果の両方で、価格が15ドルから9ドルに下落したときに消費者がCDの購入を94枚まで増やす理由が説明できる。

需要の変化

価格に変化がなくても、消費者が今までと異なる数量を需要することがある。これが**需要の変化(change in demand)**といわれ、需要量の変化とは異なる。需要量が変わるのは、生産物の価格が変わるためであり、現在の需要曲線に沿った動きになる。それに対して、需要の変化が生じると、需要曲線自体がシフトする──右側へのシフトは需要の増加、左側へのシフトは需要の減少を表している。したがって、需要の変化によってまったく新しい曲線が描かれる。

需要の変化は、［図3-2］の表とグラフに示されている。新需要表は、すべての価格で購入量が増加していることを示している。例えば、15ドルでは、消費者は37

枚ではなく、52枚のCDを需要している。9ドルでは、94枚ではなく、132枚のCDを需要している。これをグラフに転記すると、需要曲線は右にシフトし、需要の増加を示す。

需要が変化する理由にはいくつかある。消費者の所得、嗜好、関連する財の価格の変化によって需要は変化する。しかし、新たな需要表にはすべての価格に新たな需要量が反映していなければならない。

消費者所得

消費者の所得の変化は需要の変化をもたらす。所得が増加すると、消費者はすべての価格で商品の購入を増加させ、需要曲線を右側にシフトさせる。所得が減少すると、すべての価格で需要量は減少し、需要曲線は左側へシフトする。

消費者の嗜好

広告、新聞記事、ファッション・トレンド、季節の変化でさえ消費者の嗜好に影響する。例えば、ある商品の広告が打たれると、認知が高まり、購入量は増加する傾向がある。消費者がある商品を今までより多く手に入れたいと思うと、すべての価格で購入量が増加する。その結果、需要曲線は右側にシフトする。一方、ある商品が飽きられたら、すべての価格で購入量は減少し、需要曲線は左側にシフトする。

関連生産物の価格

関連した生産物の価格変化が、需要の変化を起こすことがある。**代替物(substitutes)**は、ある生産物の代わりに利用される生産物である。バターとマーガリンは昔からよく例に出される代替物であり、一方の価格の変化が、もう一方の需要に影響をおよぼす。

バターの価格上昇は、マーガリンの需要を増加させる。同様に、マーガリン価格の上昇は、バターの需要を増加させる。一般にある商品の価格が上昇すると、代替物への需要は増加する。ある商品の価格が下落すると、代替物の需要は減少する傾向にある。

関連する生産物には、あるものと一緒に利用される**補完物(complements)**というものもある。フィルムとカメラは補完物だ。カメラの価格が下落すると、カメラの需要が増加し、フィルムの需要も増加する。同様に、カメラの価格が上がると、フィルムの需要は減少する。したがって、ある財の価格が上がると、補完物の需要は減少する。

ジレット社はかみそりの刃とかみそりの本体を製造している。自社製品への需要を高めるために、かみそりの本体の価格は低く抑えられている。かみそり本体からの利益は非常に少ないが、かみそりの刃は十分に利益が出る価格で販売されている。その結果、刃の販売からの利益は、本体の販売からは得られなかった利益を埋め合わせてあまりある。この2つの製品は補完しあっているので、本体が今より高価であれば、ジレットの刃に対する需要は現在の水準より少なくなっていただろう。

限界効用逓減

消費者は、所得を消費するいくつかの方法から選択することにより、財やサービスの最も有用で満足感のある組み合わせを選ぶことができる。経済学では、この消費から得られる有用性や満足感を効用と呼んでいる。

どの生産物が最大の効用をもたらすか、というのはどうやって判断するのだろう。1つの答えは、**限界効用(marginal utility)**──ある生産物を追加で1単位取得することから得られる有用性や満足感──にある。限界効用は、「限界的に」追加される満足感である。

例えば、夏の暑い午後、テニスや野球の激しい運動の後に、氷で冷えた1杯のレモネードを飲んだとき、どれだけの満足感が得られるだろうか。この1杯めのレモネードから得られる満足感が、限界効用だ。1杯のレモネードで足りなければ、もう1杯注文するだろう。2杯めからは、どれだけの満足感が得られるだろうか。この2杯めのレモネードからのみ追加で得られる満足感が2杯めの限界効用である。

一般に、最後に消費した1単位から得られる満足感が支払った代金を上まわっていると納得できる限り、消費者は生産物を購入し続ける。レモネードの例でいえば、1杯めの限界効用は、その飲み物に支払った代金よりはるかに大きい。2杯めでさえ、レモネードの代金より大きな満足感を与えてくれる。しかし、やがてレモネードを追加で飲む限界効用は、その代金より少なくなるだろう。いずれレモネードをもう1杯飲むと考えただけで、気分が悪くなるかもしれない。限界効用が支払ったコストを下まわるとき、レモネードを追加で注文するのをやめるだろう。

このレモネードの例は**限界効用逓減の原理(diminishing marginal utility)**をわかりやすく説明している。人間は、手に入れる生産物が増加すると、それを追加で手に入れようという欲求が減少していく。特定の生産物に対する人間の欲求が満たされると、限られた収入をそれの購入にあてようという意欲が減退していく。

限界効用逓減の原理で、需要曲線が右下がりになっていることも説明できる。例えば、ある買い物客は、ある価格でセーターを2枚買おうとしているが、値段が今より下がらなければ、3枚買うことはない。消費者は1枚めのセーターから最大の効用を得ると、2枚め、3枚めから得られる効用は次第に減っていく。新たに商品を購入するたびに限界効用が減少していくという原理から、顧客がセーターを追加で購入するには価格が下がらなければならない。つまり、価格が高ければ購入量は少なく、価格が下がるにつれて購入量は増加することになる。

REVIEW　3−2　需要の法則

用語とポイント

1. 以下の用語を定義しなさい。
   需要の法則、需要量の変化、所得効果、代替効果、需要の変化、代替物、補完物、限界効用、限界効用逓減
2. 需要量の変化と需要の変化の違いを説明しなさい。
3. 限界効用逓減の原理によって需要曲線の形状を説明しなさい。

クリティカル・シンキング

4. ある店がセールを実施すると、財やサービスの数量に何が起こるか。これらの要素は右下がりの需要曲線とどう関係しているか。

経済概念の応用　需要の変化

5. 最近セールで購入した商品をあげなさい。その商品に対する代替物を少なくとも1つ、できれば補完物もあげなさい。あなたがその商品をセールで購入すると、代替物の需要はどうなるだろうか。補完物の需要はどうか。需要量の変化と需要の変化に注意して答えなさい。

3. 需要の弾力性

需要の法則は、価格が下がるほど生産物の需要が増加するということを示している。しかし、どれだけ需要が増加するかはわからない。価格が上がると需要は減少するが、需要がどれだけ減少するかもわからない。もし企業が自社の生産物の価格を上げようとすると、売上げはどれだけ減るのだろうか。

需要の弾力性

上記の問題に対する答えは、**需要の弾力性(demand elasticity)**――価格の変化が需要をどれだけ変化させるかということを示すために用いられる用語――という概念にある。

弾力的需要

多くの生産物への需要は、消費者の価格変化に対する敏感さによって決まる。価格の変化がわずかであっても需要量の変化が比較的大きいとき、需要は**弾力的(elastic)**であるという。例えば、Tボーン・ステーキの需要は一般的に弾力的だと考えられている。1ポンド(約454グラム)あたり5.59ドルの正規の値段では、一部の人しか購入しない。しかし、1ポンドあたり3.39ドルに値下げすると、消費者は競ってこの肉を買おうとするだろう。

非弾力的需要

商品のなかには、需要が**非弾力的(inelastic)**――価格変化による需要量の変化が比較的少ないこと――な生産物もある。人間が使う塩の量はほぼ一定なので、価格の変動は需要をあまり変化させない。万が一半額になっても、需要量はそれほど増加しないだろう。値段が2倍になっても需要がそれほど変化しないのは、塩への支出が収入に占める割合が少ないからだ。

特定市場と一般市場の識別

ある生産物に関する需要の弾力性を検討する場合、どの市場が検討対象になっているかということを明確にしておく必要がある。ある特定のガソリンスタンドを考えれば、ガソリンの需要は弾力性が高いだろう。そのガソリンスタンドが値段を

10%上げれば、他のガソリンスタンドに顧客が流れるため、販売量は大幅に減少する。そのガソリンスタンドが10%値下げすると、「安い」ガソリンを購入しようと顧客が増加するので、販売量は大幅に増加するだろう。

一方、ガソリン全体の需要は非弾力的である。ガソリンスタンドが一斉に10%値上げすると、消費者はガソリン代を増やすか、走行距離を減らさざるを得ない。右下がりの需要曲線によってガソリンの販売量は減少するのだが、その減少は限られたものになるだろう。

したがって、需要の弾力性について論じる場合には、注意が必要になる。例えば、ガソリン需要の弾力性を検討するとき、特定のガソリンスタンドのガソリンか、ガソリン全体についてかによって結論が異なるからだ。

総収入テスト

弾力性の重要性を理解するためには、価格の変化が総収入に与える影響を調べるとよい。これは、総収入テストと呼ばれることがある。

総収入を求める

総収入は、ある生産物の価格に販売量を乗じることで求められる。価格の変化に対する総収入の変化を分析すると、弾力性をテストすることができる。

生産物の需要が弾力的ならば、価格がほんのわずかでも下落すると、消費者の購入量ははっきりと増加する。この場合、値下げによる需要の増加は、総収入の増加となる。

需要が非弾力的でも、価格の低下で需要量はわずかに増加する。しかし、需要の増加は総収入を増加させるほどではない。

総収入テストは逆の結果にもなる。需要が弾力的ならば、価格の上昇によって需要量は減少するので、総収入も減少する。需要が非弾力的な場合にも、価格の上昇によって需要量は減少するが、価格が弾力的な場合ほど需要量は減少しない。非弾力的な財では、価格上昇が総収入の増加になる。

3つの結果

価格変化と総収入の関係が[図3-3]に要約されている。価格が3ドルから2ドルへ下落した場合の総収入への影響が、需要曲線のそれぞれについて示されている。グラフAの需要は弾力的である。価格が単位あたり1ドル低下すると、需要の増加によって総収入は6ドルから8ドルへ増加する。

グラフBの需要曲線は非弾力的である。価格が1ドル下落すると、需要は増加しているが、総収入は元の総収入6ドルよりも減少している。グラフCの需要曲線は、価格が下落しても、総収入に変化がないため、**単位弾力的(unit elastic)**と呼ばれる。

グラフで説明した結果が表にまとめられている。この表から弾力性を理解する鍵は、価格と収入の変化にあることがわかる。価格と収入が反対方向に動いていれば、需要は弾力的である。同じ方向に動けば、需要は非弾力的である。収入に何も変化がなければ、需要は単位弾力的である。

上記の例では価格が下落した場合のみを考えたが、価格の上昇を考えても結果は同じになる。例えばグラフAで価格が2ドルから3ドルに上昇すると、収入は8ドルから6ドルに減少する。価格と収入は表に示されているように、やはり反対方向に動いている。表で示された結果は、グラフB、Cにもあてはまる。

［図3-3］需要の弾力性の総収入テスト

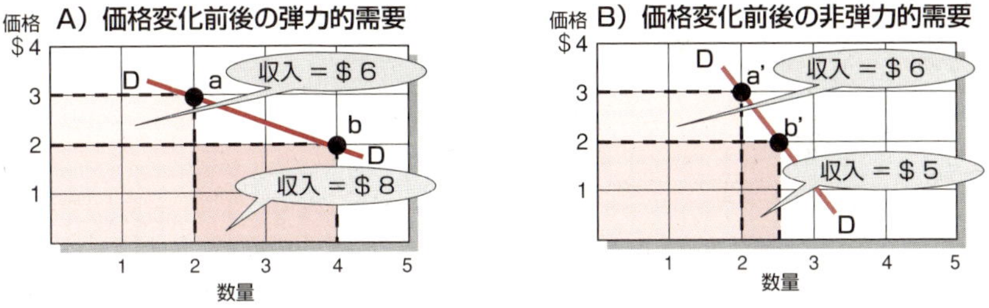

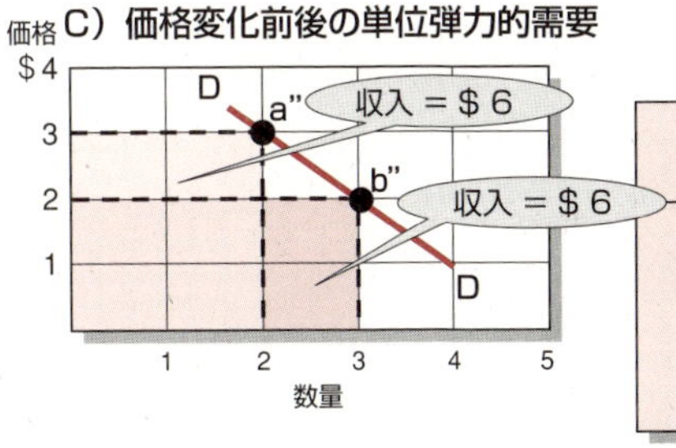

弾力性のタイプ	価格の変化	収入の変化	価格と収入の動き
弾力的	↓	↑	反対
単位弾力的	↓	変化なし	
非弾力的	↓	↓	同じ

需要の弾力性を理解する鍵は、価格が変化したときに収入がどう変化するかを調べることにある。価格と収入が反対方向に動けば需要は弾力的である。同じ方向に動けば非弾力的である。価格が変化したとき収入に変化がなければ、需要は単位弾力的である。弾力性を理解することはなぜ企業にとって重要なのだろうか。

総収入の例

[図3-4]の需要表とグラフに示されているような、砂糖の需要が観察されたとしよう。1ポンド70セントから60セントでは、砂糖の需要は弾力的だ。価格が70セントから60セントに下がると、総収入は増加する。価格が60セントから70セントに上昇すると、総収入は減少する。価格と収入が逆向きの動きをするので、この価格帯で需要曲線は弾力的になっている。

しかし、40セントから50セントの価格では、需要は非弾力的だ。この価格帯では、価格が下がると、総収入も減少する。ある価格水準を下まわると、消費者は価格に敏感に反応しなくなるので、収入は減少する。価格が40セントから50セントに上昇した場合には、総収入は増加する。

弾力性は、価格変化が収入にどう影響を与えるかを示している。需要が弾力的、非弾力的、単位弾力的かどうかは、価格帯と総収入によって決まる。総収入テストによって生産物を適切に分類することができる。

[図3-4] 砂糖の需要の弾力性

A）需要表

価格	需要量	総収入
$0.80	1,250	$1,000
0.70	1,500	1,050
0.60	2,000	1,200
0.50	2,500	1,250
0.40	3,000	1,200
0.30	4,000	1,200
0.20	5,000	1,000
0.10	6,000	600

B）需要曲線

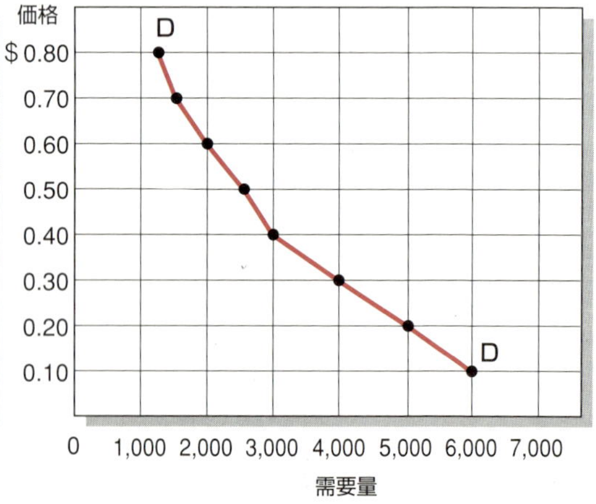

需要の弾力性は価格帯によって異なる。1ポンドあたり80セントから50セントではどの価格でも、価格が下がると総収入は増加するので、需要は弾力的だ。40セントから30セントでは、総収入に変化はないので、需要は単位弾力的である。価格が30セントを下まわると、価格が下がると総収入も減少するため非弾力的になっている。価格がいくらのときに総収入は最大となるだろうか。

弾力性と価格政策

弾力性を理解すると、企業が収入を増加させる価格決定のあり方もわかる。医療サービスへの需要は非弾力的なので、収入を増加させるには、価格を引き上げればよい。一方、ガソリンスタンドのガソリンの需要は弾力的だ。収入を増やすには、価格引き下げが必要になる。価格を引き上げると、消費者は別のガソリンスタンドに行くようになるので、その総収入は減少する。

需要の弾力性の分析によって電話会社は潤ってきた。市内通話サービスの需要は、非弾力的になる傾向がある。その結果、市内通話サービスの通話料金は上昇し続けている。しかし、長距離通話サービスの需要は、弾力的になる傾向がある。電話会社は長距離通話料金の引き下げで消費者から徴収する収入を増加させることができる。

これは、逆説的に思えるかもしれないが、電話業界は長距離通話料金の引き下げと市内通話料金の引き上げによって売上げが増加するという結論に達した。この両方の価格政策は、電話サービスの需要の弾力性を検討することにより導き出された。

需要の弾力性を理解すると、政府がなぜ需要が比較的非弾力的な生産物に課税するのかもわかる。たばこ、アルコール飲料などに高い税金が賦課されるのは、需要が比較的非弾力的だからだ。これらの財は、限度はあるが価格を上げても購入量が減りにくい。例えば、たばこへの増税が適度なものであれば、販売価格が上昇したとしても販売量にはほんのわずかな影響しかない。

需要の弾力性の決定要因

3つの要素を検討すると、需要の弾力性を推定することができる。それは、緊急性、代替物の入手可能性、購入に必要な金額だ。

購入を遅らせることができるか

消費者のある商品に対するニーズは緊急のもので、購入を遅らせることが不可能な場合がある。例えばインスリン。糖尿病患者がインスリンを必要としていれば、その価格が上がっても今購入しないわけにはいかない。たばこには常習性があるので、その需要は概して非弾力的だ。

ガソリン需要といった、やや緊急性が低いケースでは、消費者も1日2日は待てるだろう。しかし、それなしでやっていくにも限界はある。この場合、需要は非弾力的になる傾向があるので、価格が上昇しても需要はわずかしか減少しない。

インスリンやガソリンの価格が50%下落しても、需要がそれに合わせて伸びるわけではない。価格が低下すると、需要は当初増加するが、これらを買いだめするにも限界がある。インスリンの価格が下がっても、患者が服用量を増やすことはないだろう。ガソリン価格の下落は、短期より長期での購入量への影響のほうが大きいだろう。

インスリンやガソリンではなく、トマトやTボーン・ステーキなら、価格変化に対する反応は違ったものになる。これらの価格が上がった場合、今すぐ購入しなくても消費者はたいした不都合を感じることはない。一方価格が大幅に下落すると、消費者は購入量を増やすだろう。

生産物の購入を延期することができるかどうかが、弾力性の決定要因の1つだ。購入を遅らせることができるなら、需要は弾力的になることが多い。購入を延期できないのなら、需要は非弾力的になることが多い。

適切な代替物は入手可能か

適切な代替物が入手できれば、消費者は、ある生産物と代替物との間で価格の安いほうを選択できる。牛肉とバターの価格が上昇すれば、消費者は鶏肉とマーガリンを買えばよい。代替物が十分にあれば、生産物の価格がわずかでも変化すると人々は代替物を購入する。こうなると、1つの商品しか扱っていない専門店の販売数量は大きく変動し、総収入にも大きな影響がでる。

［図3-5］需要の弾力性の推定

弾力性決定要因 はい（弾力的） いいえ（非弾力的）	新鮮なトマト、Tボーン・ステーキ	食卓塩	特定のガソリンスタンドからのガソリン	ガソリン一般	医療サービス	インスリン	バター
購入延期が可能か	はい	いいえ	はい	いいえ	いいえ	いいえ	はい
適当な代替物はあるか	はい	いいえ	はい	いいえ	いいえ	いいえ	はい
購入には所得の多くの部分が必要か	いいえ	いいえ	はい	はい	はい	いいえ	いいえ
弾力性のタイプ	弾力的	非弾力的	弾力的	非弾力的	非弾力的	非弾力的	弾力的

需要の弾力性は、3つの質問に対する答えを検討することで推定できることが多い。弾力性を決める質問のすべての答えが一致している必要はなく、いくつかの場合、1つの質問に対する答えがほかの2つの質問に対する答えより重要なことがある。この3つの質問を大学教育にあてはめると、その需要の弾力性はどうなるだろうか。

ある生産物に多くの代替品があれば、需要は弾力的になり、少なければ非弾力的になるのだ。

購入に所得の多くの部分が使われるか

第3の決定要因は、購入に必要な金額である。食卓用の塩は、価格が1ドルを下まわり、しかも一度購入すると何ヵ月間もなくならないので、その需要は非弾力的になる傾向がある。消費者は価格の上昇を気に留めないので、需要量は影響を受けないだろう。

しかし、新車の購入には、これとは異なる問題がある。新車の価格がおよそ18,000ドルだとすると、わずかな値上げでさえ数百ドルになる。消費者は安価なものより高価な生産物の価格変動に対して、敏感に反応する。ある生産物の購入に、所得の多くの部分が使われるなら、需要は弾力的になる。ある生産物を購入するのに所得のわずかな部分しか使われないなら、需要は非弾力的になる。

[図3-5]に需要の弾力性を決める3つの重要な要因がまとめられている。食卓塩のように容易に分類できるものもある。健康上の理由で塩分のない食事を求められていれば別だが、塩を食べないわけにはいかない。塩は代替物が少ない生産物で、安価なものでもある。したがって、塩の需要は非弾力的だ。

他の生産物は塩ほど明確ではない。医療サービスは、高額になることもあるが、非弾力的だ。医療サービスは適切な代替手段がないことと、病気のときに医者にかかるのを遅らせるわけにはいかないことで、その需要は非弾力的になる。ステーキ、トマト、バターのような生産物の場合には、代替物の入手可能性と購入の延期のほうが、購入に必要な所得金額よりも重要である。

REVIEW　3−3　需要の弾力性

用語とポイント

1. 以下の用語を定義しなさい。
需要の弾力性、弾力的、非弾力的、単位弾力的

2. 総収入はどのようにして求めるか説明しなさい。

3. 需要の弾力性を決める3つの要因を説明しなさい。

クリティカル・シンキング

4. 次の3つの質問に答えることで、航空機の利用に関する需要の弾力性について考えなさい。往復航空券の購入は遅らせることができるか。適切な代替物はあるか。航空券の購入には所得の大部分が使われるか。航空機に対する需要の弾力性についてまとめなさい。

経済概念の応用　**需要の弾力性**

5. なぜ映画は初公開されたときに入場料が高く、しばらくすると安くなるのか。新作と公開済み映画の需要の弾力性を決める要因を3つあげ、この価格設定のケースで収入が最大化されているかどうか考えなさい。

第4章 供給

Supply

1. 供給とは何か

経済学では需要を検討するとき、生産物の購買力に関心が払われる。供給では、生産物を提供する能力を取り扱う。

供給序論

経済学は市場全体に関心がある。実際に取引される可能性があるすべての価格で、ある生産物がどれだけ供給されるかを知りたい。したがって、供給（supply）とは、生産物が販売される可能性がある価格すべてでの供給数量の一覧である。例えば、テレビの供給は、市場価格が700ドル、500ドル、300ドルなどであった場合、それぞれの価格でメーカーが生産する見込みのある台数だ。

生産物を売りに出している人は誰でも供給者である。仕事を探している人は、サービスを売ろうとしている。提供している生産物は労働力で、できるだけ高い賃金を支払うところに労働力を提供したいと考えるだろう。

生産物の供給者は誰でも、よく似た決定を行わなければならない。すなわち、供給を行う者は価格ごとにどれだけの量を提供するかを決めなければならない――この決定は個々の売り手にとって何が最良なのかということに従って行われる。何が最良かは、財やサービスの生産コストによって決まる。しかし、価格が高いほど、売り手は供給量を増やすということだけは予測できる。

供給と供給表

あなたは生徒会の委員で、最上級生全員にTシャツを買おうとしているとしよう。大量のTシャツが必要なので、できるだけ安く買いたいと思っている。そのために、業者に問い合わせをし、数社と打ち合わせを行い、何社かに条件提示を求める。

あなたが低い購入希望価格を提示すると、取引からすっかり手を引いてしまう業者もいれば、わずかしか供給しない業者もいることに気づくだろう。例えば、1枚9ドルでは供給者は20枚しか供給しないかもしれない。1枚21ドルでは240枚のTシャツが供給されるかもしれない。

すべてのデータを集めると、[図4-1]のパネルAのような供給表が作成される。**供給表(supply schedule)**は、取引される可能性があるすべての価格での供給量を示している。

供給曲線

供給表のデータもグラフで示すことができる。[図4-1]の**供給曲線(supply curve)**SSは右上がりで、価格が高くなると供給量が増加する傾向がある。

供給曲線は、需要曲線とは反対の形をしている。鏡に[図4-1]を映すと、需要曲線のように見える。需要曲線は価格が低下するほど需要が増加することを示しているが、供給曲線は価格が上昇すると供給が増加することを示している。

供給の法則

供給者は価格が高いほど供給を増やす傾向があるというのが、**供給の法則(Law of Supply)**の基本である。この法則によれば、供給は価格と共に変わる。換言する

［図4-1］Tシャツの供給

A）供給表

Tシャツの価格	Tシャツの供給量
$30	350
27	330
24	300
21	240
18	190
15	140
12	70
9	20
6	0

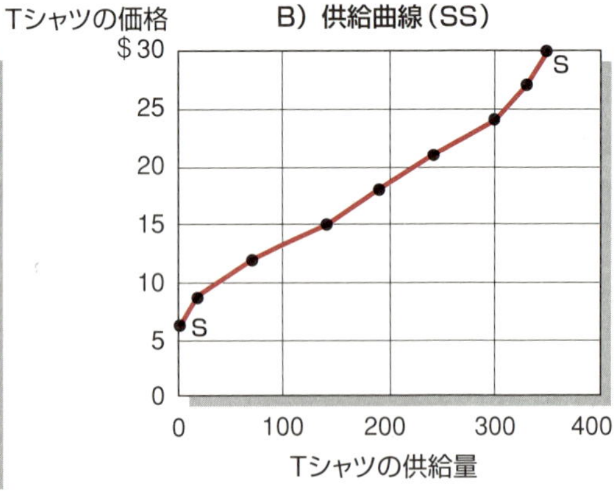

供給表は、所与の価格での供給量を表す一覧表。供給曲線は、供給表と同じデータがグラフで表されている。 供給曲線は右上がりで、価格が低いほど供給が減り、価格が高いほど供給量が増える。
供給の法則は、需要の法則とどう異なるか。

と、価格が高ければ、供給者は供給を増やし、価格が低ければ、供給を減らすということだ。

供給量の変化

供給量(quantity supplied)は、生産者が所与の価格で市場に供給する量である。**供給量の変化(change in quantity supplied)**とは、価格の変化に対応して供給量が変化することである。

例えば、[図4-1]では、Tシャツは1枚30ドルならば、350枚供給される。価格が24ドルに下落すると、300枚供給される。価格がさらに21ドルに下落すると、240枚のTシャツが供給される。これが供給量の変化で、供給曲線に沿った変動である。

競争経済では、生産者は通常、価格の変化には上記のように対応する。需要と供給の相互作用によって、生産物の最終価格は決定されるが、生産者は生産を自由に調整する。価格が下落すると、生産者は供給を減らし、あまりに価格が下がるようだと市場から完全に撤退してしまう。価格が上昇すると、そのメリットを求めて生産者は供給量を増やすだろう。

供給の変化

生産者はあらゆる価格帯で生産物の供給量を変えることがある。これは**供給の変化(change in supply)**として知られている。

[図4-2]の表とグラフが供給の変化を示している。パネルAの表は供給の増加を表している――同じ価格でもTシャツの供給が増加している。もとは1枚21ドルで240枚のTシャツが手に入ったが、供給の変化によって、同じ価格でも298枚のTシャツが手に入るようになっている。供給表によるとすべての価格で供給が増加し、供給曲線はS_1S_1にシフトしている。

供給が減ると、すべての価格で供給が減少し、供給曲線は左にシフトする。増加にせよ減少にせよ、供給の変化は次のような理由で起こる。

投入コスト

投入コストの変化が、供給の変化を生じさせる。Tシャツの例で言えば、綿やインクといった投入コストが低下すると、供給が増加する。投入物の価格が下がると、生産者はあらゆる価格帯で生産を増加させることができる。

投入コスト増加には逆の効果がある。綿、インク、労働などの投入コストが増加すると、生産者はすべての価格で今までと同量の生産はしないだろう。その結果、供給が減少し、供給曲線は左へシフトする。

生産性

経営者が労働者に仕事の効率を高めるように動機づけを行い、労働者が効率性を高める訓練を受けていれば、生産性は向上する。すなわち、一定の生産期間ごとのTシャツ生産量は増加する。市場において全価格帯で供給量が増加するので、供給曲線は右へシフトする。

労働者が労働意欲を失い、訓練もされておらず、不満を抱いていれば、生産性は低下する。全価格帯で供給量が減少するため、供給曲線は左へシフトすることになる。

技術

新技術は供給曲線を右へシフトさせる傾向がある。新規に、産業機械、化学的工程、生産工程を導入すると、生産コスト低減によって、供給に影響がおよぶ。生産コストが低下すると、生産者は市場のすべての価格で財やサービスの供給量を増加

［図4-2］Tシャツの供給の変化

A）新供給表

Tシャツの価格	Tシャツの旧供給量	Tシャツの新供給量
$30	350	430
27	330	406
24	300	370
21	240	298
18	190	238
15	140	178
12	70	94
9	20	34
6	0	0

B）新供給曲線

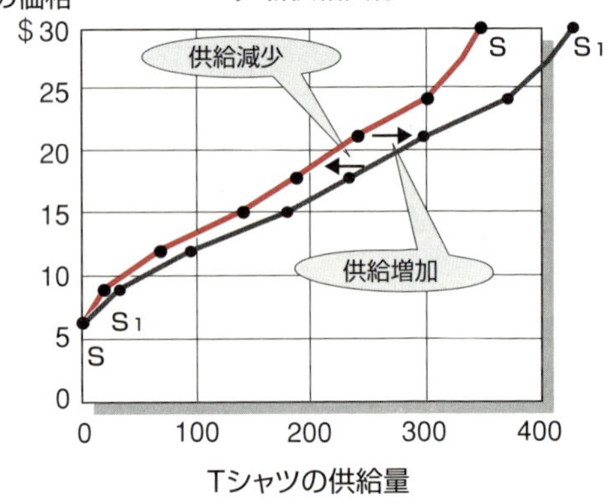

供給の変化は、すべての価格で異なる量が供給されている。供給の増加では、供給曲線は右にシフトする。供給が減少すると供給曲線は左にシフトする。供給の変化は供給量の変化とどう異なっているのか。

させる。

新技術は必ずしも期待通り効果を発揮するわけではない。機械は故障することや、交換部品が入手困難なこともあり、供給曲線を左にシフトさせることもある。しかし、これは例外である。新技術は十中八九、供給を増加させている。

供給者の数

供給の変化に影響を与える要因には、供給者の数もある。供給曲線は、すべての供給者が価格ごとに供給する数量を表しているので、新規参入が増えれば、供給は増加し、供給曲線は右へシフトする。

供給者のうち市場から撤退する者がいれば、供給される生産物の量は減少する。したがって、供給曲線は左へシフトする。

課税と補助金

課税には、投入コストが増加するのと同様の影響が生じる。もしも、生産者の在庫に課税されるとか、生産ライセンスを支払うとなると、生産コストは上昇する。これは、供給曲線を左へシフトさせる。反対に、生産コストが下がれば供給は増加し、供給曲線は右へシフトする。

補助金(subsidies)――個人や企業などの団体に対して一定の経済活動を援助したり、保護したりすることが目的で政府が給付する資金――には課税とは逆の効果がある。補助金は生産コストを低下させるので、生産者が市場に留まることを促す。

今まで農夫は、収入を実質的に補填するための補助金を受け取ってきた。補助金がなければ、多くの農夫は農業をやめていただろう。政府が補助金を与えると、生産コストは低下する。したがって、生産者は市場に留まり、供給は減少しない。補助金が撤回されると、コストは上昇するので生産者は市場から撤退し、供給曲線は左にシフトする。

期待

将来の出来事に対する予測である期待も、2つの方法で供給曲線に影響を与える。生産物の価格が上昇すると予想すると、供給の一部を差し控えるので供給量が減少する。したがって、供給曲線は左へシフトする。

一方、将来の生産物価格の下落を予想すると生産者は生産物を直ちに、できるだけ大量に生産、販売しようとし、供給曲線を右へシフトさせる。

政府規制

政府が新しい規制を作ると、供給に変化が起こる。例えば、政府がエア・バッグや排出規制のような自動車の安全性に関する新基準を導入すると、車の生産コストは上昇する。より高い生産コストに対して、生産者は市場で供給を減らすことで対応する。

一般的に、政府規制の強化は供給を制限する。規制によって投入コストが増加したり、生産物に新たな特徴が加わったりする。規制緩和では、生産者の生産コストが下がり、供給曲線は右へシフトする。

供給の弾力性

需要に弾力性があるのと同様、供給にも弾力性がある。**供給の弾力性（supply elasticity）**は、価格変化に対する供給量の反応の度合いを示している。例えば、価格のわずかな上昇が、比較的大きな供給量の増加を生じさせるなら、供給曲線は弾力的であるといえる。供給量がほんの少ししか変化しなければ、供給は非弾力的ということである。

供給の弾力性

3種類の供給の弾力性が［図4-3］で説明されている。グラフAの供給曲線は弾力的である。価格の変化によって、供給量の比較的大きな変動が発生しているからだ。価格が1ドルから2ドルへ2倍になると、供給量は3倍になっている。

グラフBは非弾力的供給曲線を表している。価格の変化が供給量の比較的小さな変化を起こしているからだ。価格が1ドルから2ドルへ2倍になったとき、供給量は2単位から3単位へと50%しか増加していない。

グラフCは単位弾力的供給曲線を表している。価格の変化と比例して供給量が増加している。価格が1ドルから2ドルへ2倍になったとき、供給量も2倍になる。

供給の弾力性の決定要因

ある企業の供給曲線の弾力性は、生産の性質に依存している。例えば、シェール油（訳注）の供給曲線は短期では非弾力的になる可能性がある。どんな価格が提示されようと、生産増加に必要な資本や技術が膨大なため、供給量の増加は難しい。

しかし、巨額の資本や熟練した労働者を必要とせずすぐにでも増産することのできる凧、飴のようなものは、供給曲線が弾力的であることが多い。もし、消費者が

[図4-3] 供給の弾力性

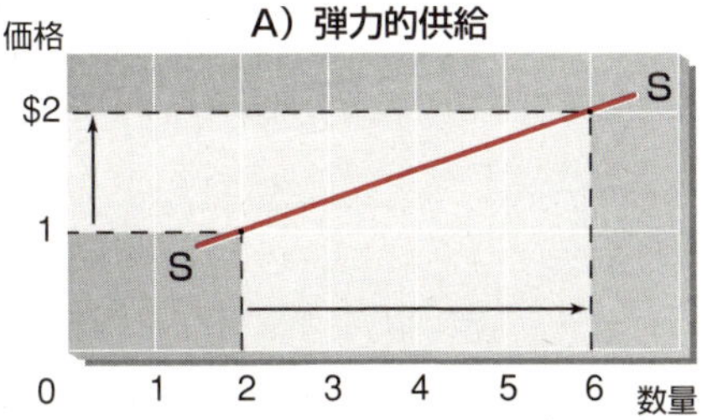

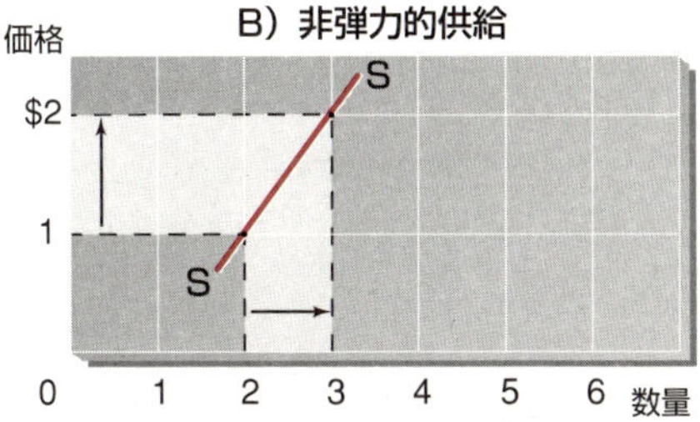

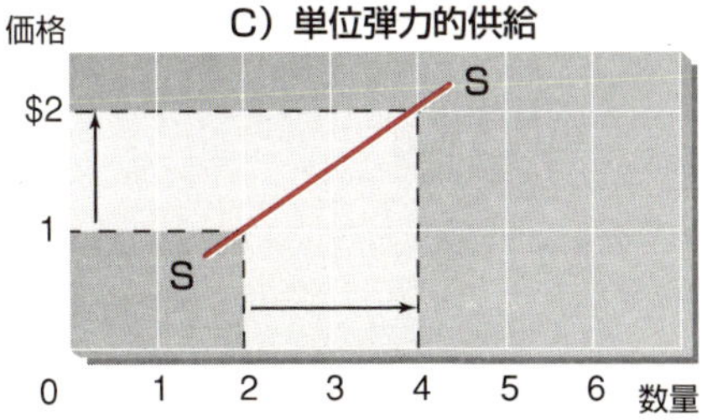

D）価格変化に対する供給変化

弾力性のタイプ	価格変化に対する供給変化
弾力的	正比例超
単位弾力的	正比例
非弾力的	正比例未満

需要の弾力性と同様に、供給の弾力性は、価格に対する感応度を測るものである。弾力性のポイントは、従属変数（供給量）が独立変数（価格）にどう反応するかということである。供給曲線が弾力的か、非弾力的かということを、何が決めるのか。

これらの製品のすべてに2倍の価格を支払うなら、生産者が生産量を迅速に増加させることができるだろう。

訳注：藻類が分解されてできた堆積岩であるオイル・シェールから生産される石油。生産効率が低いため生産コストは高いが、推定埋蔵量が豊富なので石油代替エネルギーとしての期待が高い。

供給と需要の弾力性の比較

供給と需要の弾力性には、基本的にはあまり違いはない。購入数量に関係するのが需要の弾力性であり、販売される数量に関係するのが供給の弾力性だ。供給も需要も、弾力性は価格の変化に対する感応度の物差しであるという点で共通している。

REVIEW　4－1　供給とは何か

用語とポイント

1. 以下の用語を定義しなさい。
供給、供給表、供給曲線、供給の法則、供給量、供給量の変化、供給の変化、補助金、供給の弾力性

2. 供給表と供給曲線の違いを述べなさい。

3. 供給量の変化と供給の変化の違いを説明しなさい。

4. 供給の増減を説明する要素をあげなさい。

クリティカル・シンキング

5. 供給の法則によると、価格は供給量にどんな影響を与えるか。

経済概念の応用　供給

6. 価格が上昇すると供給量が増加する財の例をあげなさい。

2. 生産理論

供給者は複雑な問題と向き合っている。経済的な財やサービスの生産には土地、労働力、資本、起業家の組み合わせが必要だ。組み合わせの効果はさまざまで、組み合わせ方によって生産高と生産コストに影響が生じる。**生産理論(theory of production)**は、生産要素と財やサービスの生産の関係を扱っている。

生産理論は、**短期(short run)**を前提として構築されることが多い。短期とは生産者が生産資源――労働力だけが想定されることが多い――の投入量だけしか変えることができない生産期間のことである。これは、生産者が資本を含むすべての資源の量を調整できる期間である**長期(long run)**と対比される概念である。

可変比率の法則

可変比率の法則(Law of Variable Proportions)とは、短期では投入量が変化すると、生産高も変化するというものである。この法則の名前は初めて聞くものかもしれないが、考え方自体は特に新しいものではないだろう。

例えば、あなたがチリ・ソースを作っているとき、チリ・パウダーをスプーン1杯加えるとチリ・ソースが今より美味しくなることがわかっているとしよう。チリ・パウダーをもう1杯加えると、そのソースの味はさらによくなる。しかし、チリ・パウダーを加えていくと、いずれ味が悪くなる。チリ・ソースを作ることも基本的には可変比率の法則に従っている。投入物――チリ・パウダー――の量が変わると、生産物――チリ・ソース――の質(味)も変わる。

経済学では可変比率の法則は、生産資源の投入量と最終財の生産量との関係を扱っている。この法則は、可変投入物が1単位ずつ一定の資源に追加されると、最終財の産出量はどう変わるか、という問題に答えを与える。

例えば、ある農民が農作物を生産するのに必要な土地、機械、労働力などの資源をすべて所有しているとしよう。しかし、その農民は農薬の使い方について迷っている。農薬の量を変化させて他の資源に加えると、収穫率はどう変化するのだろうか。この場合、可変投入量は、1エーカーあたりの農薬量である。

工場のマネージャーも、現在の機械設備を前提として、労働者を新規雇用すると最終生産物がどれだけ増加するか知りたいと考えているかもしれない。可変比率の法則はこの疑問にも答えることができる。

もちろん、一度にすべての投入量を変化させることも可能である。農民は、農薬だけでなく他の生産要素が変化した場合に、生産高がどうなるかを知りたいかもしれない。工場のマネージャーは、労働者を新規雇用するのに加え、機械設備を新たに導入すると生産量がどう変化するかを検討したいだろう。しかし、複数の生産要素が変化すると、最終生産物にどういう影響が生じているかを見分けるのが難しくなる。生産物全体に対する単一の変数の影響を測ることは難しくなる。

生産関数

可変比率の法則は**生産関数(production function)**──ある投入物を1単位だけ変化させた場合、生産量がどれだけ変化するかを示す概念──によって説明される。生産関数は、[図4-4]のパネルAのような表や、パネルBのようなグラフで説明される。

生産表の左2列は、労働者が0人から10人まで変わったときの、ある企業の仮想上の生産量を一覧表にしたものである。例えば、労働者が0人ならば、生産量は0だ。労働者が1人なら、生産量は14単位に増加する。もう1人増やすと、生産量は

[図4-4]　可変比率の法則

A）生産表

労働者数	総生産（数量）※	限界生産物（数量）※	
0	0	0	ステージⅠ
1	14	14	
2	42	28	
3	75	33	
4	112	37	
5	150	38	
6	180	30	ステージⅡ
7	203	23	
8	216	13	
9	207	−9	ステージⅢ
10	190	−17	

※数値はすべて労働者1人あたりの1日の生産量

B）生産関数

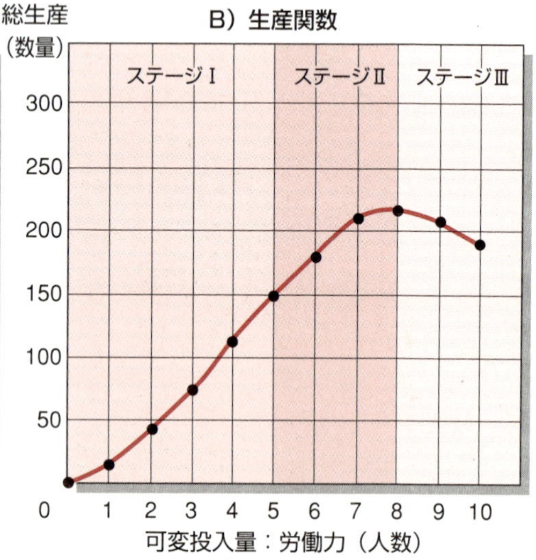

可変比率の法則は、投入量が1単位だけ変化したときに総生産量がどう変化するかを示している。この法則はAの生産表やBの生産関数で示される。この例では、労働力が可変投入物で、他の投入物には変化がないと仮定されている。生産の3つのステージは、可変比率の法則とどう関係しているか。

42単位に増加する。

このデータを利用して、生産関数のグラフが作られる。横軸は可変投入量、縦軸は総生産量を表している。

この例では、労働者の数だけが変化し、他の生産資源に変化はない。使用される機械設備の量、技術の水準、**原材料(raw materials)**——生産に使われる未加工の天然生産物——の量は一切変わっていない。この条件では、生産量の変化は労働者数の変化だけに起因したものになる。

総生産

[図4-4]の生産表の第2列は、この企業の**総生産量(total product)**を表している。労働者数が少ないときには、工場はかろうじて操業されているに過ぎない。機械を操作し、原材料のスムーズな供給を確保し、完成品を包装するには労働者数が少なすぎるのだろう。同じ労働者が工場の清掃や、メンテナンスも行わなければならない。ほとんどの時間、稼働していない機械もある。

ところが、労働者が追加で雇われると総生産量は増加する。今までよりも多くの機械が稼働しているので、工場の生産量は増加する。労働者は決まった職務に特化できるので、労働者各人の能力は最大限に発揮される。例えば、機械を操作するグループ、メンテナンスを行うグループ、組み立てを行うグループというように特化が行われる。このように組識として機能することで、企業は生産性を高めることができる。

労働者がさらに増えると、生産量は増加し続けるが、その伸びは低下し続け、生産量はピークをつける。労働者が9人め、10人めになると、他の労働者の邪魔にしかならないので、総生産量は減少する。労働者の理想的な人数を決めるにはコストを考慮しなければならないが、9人めと10人めの労働者が雇われないことだけは明らかだ。

限界生産物

[図4-4]の生産表の第3列は、経済学上の重要概念の1つを表している。それは**限界生産物(marginal product)**と呼ばれるものだ。可変投入量を1単位追加することで増加する生産量を表している。これは、可変投入量を1単位追加することで生じる総生産量の変化ともいえる。

5人めの労働者の限界生産物は38単位であり、5人めまでの労働者で最大になっている。しかし、6人めの労働者からは限界生産物が減少していく。7人めの労働者の限界生産物は23単位で、8人めは13単位に落ち込む。9人めでは、限界生産物はマイナスになるので、その労働者は雇用されないだろう。

3つの生産段階

生産に使われる最適な可変投入量を決めるとき、限界生産物の変化は特に重要である。[図4-4]は、3つの生産段階(stages of production)──収穫逓増、収穫逓減、損失発生──を示しており、可変投入量の変化に対して、限界生産物が変化する状態に基づいて分類されている。

ステージⅠ：収穫逓増(increasing returns)

5人めまでの労働者を雇うことは、可変比率の法則の第1段階に対応している。この段階で新しく雇われたそれぞれの労働者が、もとからいる労働者以上に生産に貢献している。ステージⅠは、限界生産物が増加する段階と定義される。

ステージⅠでは、労働者1人あたりに対して機械などの資源が過剰なため、個々の労働者が効率的に機械を操作することができない。職務を効率的に遂行するのに十分な労働者がいないのだ。しかし、労働者が増えれば、労働者は余剰資産を効率的に活用できるようになるので、労働者1人あたりの生産量は増加する。

新規に雇用された労働者一人ひとりが、すでに雇用されている労働者よりも多量の生産物を生産する限り、総生産の増加量は増えていく。労働者が新規に雇用されるたびに、限界生産物が増加するので、ステージⅠは収穫逓増ステージとして知られている。

企業はステージⅠで意図的に長期間、生産活動を行うことはない。新規の労働者が、その人より前に雇用された労働者よりも生産物を生産することがわかれば、企業は労働者を新たに雇用しようとする。3人めより4人め、4人めより5人めの労働者の方が生産を増加させるなら、6人めの労働者も雇用されるだろう。

ステージⅡ：収穫逓減(diminishing returns)

ステージⅡでは、総生産は増加し続けるが、その増加量は減少していく。新たに雇われる労働者は皆、在庫を整理したり、部品を包装したりして、機械の操縦士は自分の仕事に専念できるようになる。しかし、総生産の増加幅はこの段階から減少し始める。したがって、新たに雇用される労働者はそれぞれ、総生産に対して増加幅が減少しながらもプラスの貢献をしている。

ステージⅡは収穫逓減の原理を表している。このステージは、可変投入量が追加されるのにつれて、総生産は増加幅を減少させながらも増加していく段階である。[図4-4]では、7人めの労働者は23単位の限界生産物を生産するが、8人めは13単位しか生産しない。

ステージⅢ：損失発生(negative returns)

9人め、10人めの労働者はさらに大きな違いを生む。労働者が過剰になると、お互いが邪魔になるようになる。限界生産物はマイナスになり、総生産は減少に転じる。労働力は、別の分野でなら有効に活用されようが、ここでは無駄になる。

たいていの企業は、総生産が減少するようなら新規に労働者を雇用しない。したがって、労働者が実際に雇用されるのは、ステージⅡになる。雇用される労働者の正確な人数は、それぞれの労働者のコストに依存している。コストが低ければ、8人の労働者が雇用される。コストが高ければ、その会社は少なくとも6人か7人の労働者を雇うべきである。

REVIEW　4−2　生産理論

用語とポイント

1. 以下の用語を定義しなさい。
生産理論、短期、長期、可変比率の法則、生産関数、原材料、総生産量、限界生産物、生産段階、収穫逓減

2. 限界生産物は総生産量とどのように関連しているか。また、限界生産物はどのようにして計測されるか。

3. 限界生産物は、3つの生産段階それぞれでどう変化するか述べなさい。

クリティカル・シンキング

4. あなたは、自分が率いているプロジェクトで労働者を雇わなければならなくなったとする。一度に1人ずつ労働者を雇い入れ、それぞれの労働者の貢献度を計測する。何人めで新規雇用を中止するか。この過程を生産関数の3つの段階と関連づけて考えなさい。

経済概念の応用　収穫逓減

5. 今までに経験した収穫逓減や損失発生の例をあげなさい。また、なぜそうなったかを述べなさい。

3. 供給と費用の役割

可変比率の法則の分析によれば、企業は少なくともステージⅡで生産するのに必要な労働者を雇用すべきだ。しかし、可変投入量の正確な数量を決定する前に、生産性とコストの関係を検討しなければならない。

生産性とコスト

石炭、木材、鉄鋼、綿花、ガラスなどの原材料の多くは、その品質によって生産性の違いを生む。原材料を生産に使う企業は、どの品質が最適なものか決める必要がある。利益はコストと生産性に関係しているので、原材料を慎重に選択することが重要になる。

3種類のグレードの石炭を用いる電力会社を例にとろう。Aグレードは1トンあたり40ドル、Bグレードは33ドル、Cグレードは30ドルで入手できる。それぞれのコストと生産性は[図4-5]の表に示されている。Aグレードの石炭が最も生産性が高く、石炭1トンにつき2,500キロワット時の発熱量がある。

それぞれの石炭のコスト効率を見てみると、Aグレードは1キロワット時の発電に1.6セント、Cグレードも1.6セント、Bグレードは1.5セントだ。

最も安く、生産性が低いCグレードと最も高価で、生産性が高いAグレードは、Bグレードと比べて1キロワット時の発電をするコストが高い。コストという観点では、Bグレードが最も効率がよい。

この例からわかるのは、生産性とコストは同時に考慮されなければならないということだ。これは、さまざまな品質の鉄から選択しなければならないかみそりの生

[図4-5] さまざまなグレードの石炭の、生産性、コスト、効率性

石炭のグレード	1トンあたりの価格	石炭1トンあたりの電力　キロワット時	電力キロワット時あたりの生産コスト
A	40ドル	2500	1.6セント
B	33ドル	2200	1.5セント
C	30ドル	1875	1.6セント

石炭のグレードが異なると、生産性も異なる。最も効率が高いグレードの石炭は、必ずしも最も高いものや、安価なものではない。企業がコストだけでなく、生産性も検討しなければならないのはなぜか。

産者、カーペットの品質を決めなければならないホテルにもあてはまる。効率的な生産は、使用される投入物の品質とコストによって決まる。

さまざまなコスト

投入物のコストは生産の効率性に影響を与えるので、企業はコストを分析してからその決断を下さなければならない。容易に意思決定が行えるように、コストはいくつかのカテゴリーに分けられる。

固定費

まずは、**固定費(fixed cost)**──工場が稼働しておらず、生産が行われなくても、企業が負担しなければならないコスト──である。この費用は、その企業の生産量とは関係なく発生する。**間接費(overhead)**とも呼ばれる固定費は変化しない。

固定費に含まれるのは、企業幹部に支払われる給与、債券の利子、リース資産の賃借料、固定資産税などである。固定費には、時間の経過と利用の程度に応じて資本財が次第に消耗する費用である**減価償却(depreciation)**も含まれる。というのも、機械は次第に消耗し、いずれは壊れてしまうので、永久に利用することはできないからだ。

生産量が変わっても、固定費は変わらない。[図4-4]の生産表を拡張した[図4-6]の表を見てみよう。総生産量の水準に関わりなく、4列めにあるように固定費は70ドルである。企業幹部に支払われる給与、債券の利子、税金などの間接費は生産量とともに変化しないので、固定費はほとんど変わらない。

変動費

次のコストは、稼働率や生産量が変化したときに変わるコストである**変動費(variable cost)**だ。一般に、固定費というと機械などの資本財と関係しているが、変動費は労働や原材料と関係している。例えば、労働者は生産量の変化に合わせて、解雇されたり、再雇用されたりする。その他の変動費には機械の動力となる電力や最終財を出荷するための運送費などがある。

[図4-6]では、変動費を労働者だけと仮定している。もし、労働者1人あたりの日給が46ドルならば、労働者1人あたりの変動費は46ドルである。労働者2人つまり2単位の変動費は92ドルになる。

総コスト

生産の**総コスト(total cost)**は、固定費と変動費の合計である。総コストは、ある企業が業務から発生するすべてのコストを考慮に入れる。例えば、[図4-6]の企業は、6人の労働者を雇い——賃金は1人あたり46ドルで合計276ドルかかる——180単位を生産する。もし他に変動費が発生せず、固定費が70ドルならば、総コストは346ドルになる。

労働者がストライキを起こすと、何も生産されなくても総コストは70ドルかかる。生産にかかる総コストは固定費と変動費の合計だが、変動費が人件費だけだとすると、労働者はストに入っているので変動費はゼロである。

限界費用

次は、**限界費用(marginal cost)**——企業が生産物を1単位追加生産したときに発生するコスト——である。固定費は生産水準によって変化しないので、限界費用は追加の生産要素を使うことから生じる変動費の生産物1単位あたりの増加額である。

[図4-6]は、1人めの労働者は総生産量を14単位増やすことを示している。総変動費は46ドル増加するので、追加された14単位に対して1単位あたりのコストは3.29ドルになる。労働者がもう1人加わると、28単位の生産物が46ドルの費用で生産される。生産物1単位の限界費用は46ドル÷28単位で1.64ドルになる。

コスト原理の応用

投入物の組み合わせが供給に影響を与える。ある企業のコストのほとんどが固定費で、生産に伴って変化するコストが限られているとすると、総生産量はほんのわずかな追加費用で増加する。

ガソリンスタンド

多くのポンプと囲われたブースの中に従業員が1人だけの、セルフ・サービス・ガソリンスタンドの例を考えてみよう。この事業には固定費が多くかかる。例えば、用地、ポンプとタンク、地方税、ライセンス料などの費用である。

一方、変動費は比較的わずかだ。スタンドの変動費は、従業員に支払われる時間給、ライトやポンプにかかる電気代、ガソリンの原価などである。しかし、すべてのコストを考慮に入れると、固定費に対する変動費の比率は低い。

したがって、経営者はガソリンスタンドを1日24時間年中無休で営業するのに、それほど追加の費用はかからない。真夜中から朝6時までガソリンスタンドを開店しておく追加コストは、わずかなものである。つまり、追加の賃金、電気代などの変動費はそれほど重要なものではなく、追加の売上げから得られる利益で十分に賄われるだろう。

コスト構造の異なるガソリンスタンドもある。近くのフルサービスを提供するガソリンスタンドには、修理サービスを提供するのはもちろん、接客をする従業員も何人かいるとする。そのガソリンスタンドが昔から営業していて、経営者は敷地を所有している。税金や営業ライセンス料は支払わなければならないが、固定費は他のガソリンスタンドより少ないだろう。一方、修理工と従業員が必要なので、変動費が固定費と比べて高いことになる。その結果、このガソリンスタンドは1日のうちで最も客足が多い時間帯に限定して、営業する可能性が高い。したがって、投入量の組み合わせとコストの性質が、経営者が提供するサービスの量に影響を与える。

映画館

映画館の経営者も、同様の状況に直面している。映画の上映は、1日の来場者数が10人だろうと1,000人だろうと、コストはあまり変らない。何人の顧客が来場しても、営業にかかる費用はほとんど変わらない。

［図4-6］限界生産物、限界費用、限界収入

生産表				コスト				収入		利益
生産段階	労働者数	総生産	限界生産物	総固定費	総変動費	総コスト	限界費用	総収入	限界収入	総利益
ステージⅠ	0	0	0	70	0	70	—	0		−70
	1	14	14	70	46	116	3.29	28	2.00	−88
	2	42	28	70	92	162	1.64	84	2.00	−78
	3	75	33	70	138	208	1.39	150	2.00	−58
	4	112	37	70	184	254	1.24	224	2.00	−30
	5	150	38	70	230	300	1.21	300	2.00	0
ステージⅡ	6	180	30	70	276	346	1.53	360	2.00	14
	7	203	23	70	322	392	2.00	406	2.00	14
	8	216	13	70	368	438	3.54	432	2.00	−6
ステージⅢ	9	207	−9	70	414	484	—	414	2.00	−70
	10	190	−17	70	460	530	—	380	2.00	−150

限界生産物、限界費用、限界収入という概念は経済分析にとって重要である。限界生産物は、生産の3段階を定義するために用いられ、限界費用と限界収入は産出量の利益最大化量を定義するために利用される。総コストは限界費用とどう異なるだろうか。

限界費用は少ないので、昼下がりの顧客があまり来ない時間帯に映画を上映するコストはきわめて小さい。経営者は、膨大な固定費を回収することに関心があるので、1日の時間帯ごとに入場料を変えて上映回数を増やそうとする。

収入の物差し

企業は、2つの収入の物差しを使い、利益が最大になる生産量を探す。1つは総収入で、もう1つは限界収入である。

総収入

総収入(total revenue)とは、売上数量と1単位あたりの平均価格を掛けたものである。もし、42単位の生産物が2ドルで販売されれば、[図4-6]の総収入の列に示されているように総収入は84ドルになる。

[図4-6]の総収入の欄がこれを指している。平均2ドルなら、14単位で28ドルの収入になり、75単位では150ドルになる。

限界収入

限界収入(marginal revenue)は、生産物1単位を追加で販売することで得られる収入である。これは企業にとっても、経済学上も重要な概念だ。

[図4-6]の限界収入は、総収入の変化額を限界生産物で割ることで求められる。企業が労働者を雇っていなければ生産物も収入もない。企業が1人めの労働者を雇うと、総産出量は14単位になり、総収入は28ドルになる。この28ドルは14単位の生産物の販売から得られたので、生産物1単位の販売から2ドル得られたことになる。したがって、1単位の生産物がもたらす限界収入は2ドルである。

労働者が新たに雇用されたときでも、限界収入の計算は変わらない。この企業が5人の労働者を雇ったときには、150単位の生産物を生産し、300ドルの総収入を稼ぐ。6人めの労働者が雇われると、生産量は30単位増加し、総収入は360ドルになる。総収入が60ドル増加したのは、この生産量30単位がそれぞれ、2ドルの収入をもたらしたからだ。

それぞれの生産物が単位あたり2ドルで販売されているとすれば、産出物を1単位追加して販売することで得られる限界収入は2ドルである。したがって、限界収入はどんな生産水準でも2ドルとなり一定である。限界収入は[図4-6]では一定であるが、いつもこうなるわけではない。限界収入は高く始まり、生産・販売量が増加するにつれて減少することが多いのだ。

限界分析

経済学では**限界分析(marginal analysis)**で、追加利益と追加費用とを比較する分析法を用いる。限界分析は、損益分岐点分析や利益最大化を含む多くの状況で有用である。

損益分岐点分析

[図4-6]によると、企業が1人めの労働者を雇うと、28ドルの総収入と116ドルの総コストが発生し、88ドルの損失が発生する。2人めの労働者が加わると、総収入84ドル、総コスト162ドルとなり78ドルの損失になる。労働者が増加すると、いずれ損失から脱する。

企業はそのとき、**損益分岐点(break-even point)**――その総費用を賄うのに必要な総産出量または生産額――に達する。[図4-6]では、総生産150単位が損益分岐点になっている。

利益最大化

しかし、企業は損失を避けるだけでは十分ではない。企業はできる限り多くの利益を上げたいと考えている。[図4-6]で説明されている企業では、労働者が5人雇われれば、損益分岐点に達する。しかし、利益を最大化するには、何人の労働者または、どの水準の産出量が必要なのだろうか。

これは、限界費用と限界収入を比較するとわかる。例えば、追加の生産物は生産に1.53ドルだけコストがかかるが、2ドルの収入がもたらされるので、この企業は6人めの労働者を雇うだろう。一般に、限界費用が限界収入を下まわっている限り、企業は労働者の新規採用を続ける。

6人めの労働者を雇って利益が上がると、おそらく7人めの労働者も雇われることになる。しかし、7人めの労働者を雇えば、追加生産物のコストと商品販売時に得られる追加収入は等しくなる。7人めの労働者は、総利益を増加も減少もさせない。7人めの労働者が利益を生まなかったので、この企業は8人めの労働者を雇わないだろう。

限界費用が限界収入よりも小さいときには、生産を拡大するために可変投入物が追加されるべきである。**利益最大化生産数量(profit-maximizing quantity of** output)に達するのは、限界費用と限界収益が等しいときである。[図4-6]では、7人めの労働者が雇用されたときに利益は最大化する。他の組み合わせも同等の利益を生み出すかもしれないが、これを上まわる利益が上がる組み合わせは他にない。総収入と総費用の差額が最大になるのはこの点だ。

REVIEW　4－3　供給と費用の役割

用語とポイント

1. 以下の用語を定義しなさい。
固定費、間接費、減価償却、変動費、総コスト、限界費用、総収入、限界収入、限界分析、損益分岐点、利益最大化生産数量

2. 生産性とコストの関係を説明しなさい。

3. 収入の主要な尺度を2つあげなさい。

4. 損益計算と利益最大化のために限界分析をどう用いるか説明しなさい。

クリティカル・シンキング

5. 製油工場の多くは1日24時間休まず稼働し、労働者を何度か交代させて工場を運営している。24時間工場を稼働させるという決断に、工場の固定費と変動費はどう影響していると思うか。

6. 〔図4－6〕で、労働者は6人でも7人でも総利益は変わらない。なぜ7人めの労働者が雇用されるのだろうか。

経済概念の応用　***限界費用***

7. 卒業時に新車を購入すると限界費用はいくらになるか。新車は中古車と比べてどれだけ高いだろうか。

第5章 価格と意思決定

Prices and Decision Making

1. シグナルとしての価格

価格は経済で重要な役割を負っている。価格は市場の買い手と売り手に情報を伝えるシグナルとなる。価格の上昇は、生産者が増産し、消費者が購入量を減らすシグナルとなる。価格の低下は、生産者が減産し、消費者が購入量を増加させるシグナルとなる。

価格の利点

価格によって生産者と消費者は結びつく。価格は、すべての社会が直面する、何を、どのように、誰のためにという3つの基本的問題を解決するのに役立っている。価格の働きがなければ、経済は円滑に運営されないし、財やサービスの分配は、例えば政府の官僚によって行われることになるだろう。資源は、以下のいくつかの理由から、価格によって円滑に配分される。

中立性

第1に、自由経済で価格は中立であることだ。すなわち、価格は生産者と消費者のどちらか一方に有利に働くことがない。むしろ、価格は買い手と売り手が競争を行った結果成立したものである。市場が競争的になるほど、価格調整プロセスは効率的になる。非競争的な市場になると、価格はいくつかの集団に対して、有利に働くことがある。

柔軟性

第2に、市場経済での価格には、驚くほどの柔軟性があることだ。天候、ストライキ、自然災害、戦争といった不測の事態は、多くの商品の価格に影響を与える。

買い手も売り手も新たな価格水準に対応して、消費と生産を調整する。ほどなく価格システムは以前と変わることなく円滑に機能する。価格システムの予期せぬ「ショック」を吸収する能力は、市場経済の強みの1つである。

価格の柔軟性によって、市場経済は変化に適応することも可能になっている。パーソナルコンピュータ(PC)の普及過程は典型だ。初期のPCは比較的希少で高価だったので、製造業者は新規参入を試みた。その結果生じた競争によって、技術や生産方法が改良され、間もなく価格は低下した。価格が下落するとPCへの需要は増加し、この需要を満たすためにPCは増産された。したがって、この新機軸――コンピュータ――は、価格システムの助けを借りながら、しかも、政府や官僚の介入がないまま普及していった。

選択の自由

第3に、価格システムには、個々人の選択の自由を最大化させる力が備わっていることだ。市場経済では、多種多様な生産物がさまざまな価格で提供されていることが多く、消費者には多くの選択肢が与えられている。価格が高すぎると感じれば、低価格の生産物を見つけようとする。適当な代替物が見つからない場合でも、競争的市場経済では、ある製品に決まった価格を支払うように強制する者はいない。

キューバや北朝鮮のような指令経済では、消費者の選択は限られている。価格ではなく政府によって、資源と生産物の両方が分配されている。政府は多くの場合、何を生産するかを決定し、生産物の種類を制限することにより生産コストの削除を図る。食品、交通手段、住宅は、人為的に低い価格で提供されることが多いが、国民の需要を満たすだけの生産量があることはめったにない。多くの人がそれらのないままに過ごしている。

管理コストゼロ

第4に、価格には管理コストがかからないことがあげられる。競争的市場では、外部の援助や介入がなくても価格がつくことが多い。官僚を雇ったり、委員会を発足させたり、法律を可決したりして価格を決定する必要はない。価格が水準の調整を行うときでさえも、変化は非常にゆっくりしていることが多いので、人々はあまりその変化に気づかない。

効率性

最後は、価格は誰にでも容易に認識されるので、効率的だということだ。これによって、わずかな時間や努力で、素早く効率的に意思決定を行うことができる。あなたが、供給が少ないある生産物を購入しようとしているとしよう。高い価格で購入しても差し支えない場合には購入する。一方、購入を先延ばしにしたり、代替物を探したりするなどの行動をとることもできる。

価格は、車のドライバーの行動に影響を与えるためにも利用される。例えば、香港では交通渋滞が大問題となっている。ドライバーの行動を変えるために、ラッシュ時には通行料金が高く設定されている。

価格に頼らない資源配分システムで希少な財やサービスを手にするには、申請書を書いたり、行列に並んだり、許可を得たり、そのほかいろいろな基準を満たさなければならないだろう。こういった方法でも資源は分配できるが、決まって時間と労力が必要になる。人為的に価格が低く抑えられたある生産物を購入するのに、何時間も列に並ぶときのフラストレーションを想像してほしい。しかも、ようやく最前列に出てきたときに、その生産物が売り切れたらどう感じるだろうか。

価格なしでの配分

価格システムのない生活というのは、一体どういうものになるだろうか。車のディーラーはスポーツカーの供給が限られていれば、それをどう分配するだろうか。誰が車を買うかというのは、知性や容姿、また政治的コネで決まってしまうのだろうか。こういった基準での分配は、ほとんどの人に不公平感を抱かせる。

しかし、価格がなければ、それ以外のシステムで財やサービスの配分を決めなければならない。1つの方法は、**配給(rationing)**——政府が全員の「公平な」分け前を決定するシステム——である。このシステムでは、人々は、一定量の生産物を受け取る資格を表すチケットである**配給券(ration coupon)**を受け取る。配給は以前は、特に戦時に、広く使われてきたが、多くの問題を抱えている。

公平性の問題

配給の第1番めの問題は、ほとんどすべての人が自分の分け前が少な過ぎると感じてしまうことだ。例えば、1970年代初期に石油危機が起こったとき、政府は、実行には移さなかったが、ガソリンの配給プログラムを策定した。このプログラムの重大な問題の1つは、ガソリン配給券の配分をどう決めるかということにあった。

何人かは、ガソリンを公平に配分する方法は、一人ひとりに同じ数の配給券を配ることしかないと主張した。しかし、比較的新しい車と古い車では燃費に違いがある。公共交通機関を利用している人たちには、たいした枚数の配給券はいらない。

消費者は、誰がガソリンを最も必要としているかについて議論を続けた。運転距離の問題も論点となる。西部に住む人の主張は、我々は東部の住民より運転距離が長いのだから、より多くの配給券を受け取るべきだというものだ。なかには登録された車の台数に応じて、1台あたり「X」枚の配給券を配るという案を支持する者もいた。この案の問題点は、1台しか車を所有しない大家族には不利で、2、3台の車を所有する若い夫婦に有利に働くことだ。

自分達は要職に就いているので、多くの配給が配分されるべきだ、と考える人たちもいた。政治家や政府の役人が一定の配給券を受け取ってから、その残りを一般市民が受け取るべきだろうか。ガソリンの配給券を配分するありとあらゆる方法が考え出されたが、公平性の問題は決して解決されることがなかった。

管理コストの高さ

配給の第2の問題は、コストである。配給券には印刷代が必要で、それを配布する人にも給料が支払われなければならない。さらに、いくら注意しても、配給券のいくらかは、盗難に遭ったり、売却されたり、偽造されたり、自分ではなく他人のために使われたりする。

1970年代のガソリン不足の時代には、何百万枚もの配給券が印刷され、国中の倉庫に保管された。配給券は地元の郵便局で分配されることになっていた。地域ごとに設定された委員会が、窮状を聞いて配分を決める予定だった。しかし、実現するにはコストがかかりすぎた。印刷、発送、保管、警備にかかる費用に加えて、郵送などの管理を行う労働者を雇い、配給券の分配や苦情の処理も行わなければならなかった。

インセンティブの減退

第3番めの問題は、配給制度は人々の労働意欲や生産意欲に悪影響を与えることだった。当局が全員に同数の配給券を配るような配給制度を実行しても、他人より懸命に働こうという者がいるだろうか。一体何によって労働意欲が保たれるのだろうか。

配給された財には、大事に利用しようというインセンティブも働きにくい。ガソリンの配給券の例でいえば、十分すぎる配給券を手にした人がガソリンを無駄使いしないようにしようと心掛けるだろうか。相乗りしたりバスに乗ったりできるときでも、自分だけ自動車を運転する者もいるだろうし、使う必要のないときでさえすべてのガソリンを使ってしまう者もいるだろう。

配給制度のような価格に基づかない分配メカニズムでは、このように価格に基づく分配システムでは起こらない問題が生じる。価格がある限り、財は中立的に、効率的に、柔軟に、低コストに、選択の自由のあるシステムを通して分配されるのだ。

REVIEW　5−1　シグナルとしての価格

用語とポイント

1. 以下の用語を定義しなさい。
配給、配給券

2. 価格によって財やサービスを分配する長所を5つあげなさい。

3. 価格システムによらないで、財やサービスを分配する問題点を説明しなさい。

クリティカル・シンキング

4. 買いたいと思っているものを5つあげなさい。それぞれの商品の価格は、希少な資源——資金や時間——の配分に、どのような影響を与えるだろうか。価格はその決定でどんな役割を負っているか説明しなさい。

経済概念の応用　配給

5. 配給を行った方がよい状況をあなたの経験に基づいて説明しなさい。その財やサービスの配分にどんな基準が適しているか述べ、その基準の問題点をいくつかあげなさい。

2. 価格はどのようにして決まるか

市場経済では、市場参加者全員が価格決定に加わっている。したがって、価格は中立で公平だと考えられている。

価格調整過程

市場経済では、買い手と売り手は正反対の希望や意図を持っている。買い手は低い価格での購入を望んでいるが、売り手は高い価格で売却して利益を得たいと思っている。どちらも望んでいるものを手にすることができないので、妥協点を探るのに調整がいくらか必要になる。もし、この過程が自発的なものならば、両者に利益がある取引しか成立しないだろう。

この調整がどのように行われるかを理解するために、ある新製品の導入を考えてみよう。その新製品は革新的なホーム・セキュリティー機器だとする。新製品なので、生産者は価格をいくらにすべきか、自信が持てない。需要と供給という市場の力がこの問題を解決できるかどうか実験を行う必要がある。

経済モデル

市場がどう機能するかを示すために、**経済モデル(economic model)**──テーブルに記入されるか、グラフで説明されるか、また、代数で表現される一連の仮定──を使って行動を分析し、結果を予測することができる。市場に関する情報は[図5-1]に示されており、ホーム・セキュリティー機器の価格と消費者の需要が左2列に、そして供給量は第3列に表示されている。

需給表の1列めと2列めは、需要の法則──消費者は価格が下がるとその製品の購入を増やすこと──を示している。同様に、1列めと3列めは、供給の法則──供給者は価格が高ければその製品の供給を増やすこと──を表している。需給表は、[図5-2]のグラフに表されており、需要と供給が同一のグラフに表されている。

[図5-2]の需要曲線は、消費者が生産物を購入する意思と能力を表している。[図5-2]の供給曲線は、生産者が生産物を供給する意思と能力を表している。需要曲線と供給曲線を同一グラフ上に描くと、市場の買い手と売り手をすべて視覚的に表すことができる。

［図5-1］ホーム・セキュリティー機器の需給表

価格	需要量	供給量	余剰／不足	
$10	600	1550	950	余剰
9	720	1500	780	
8	850	1450	600	
7	990	1400	410	
6	1140	1350	210	
5	1300	1300	0	均衡
4	1470	1250	−220	不足
3	1650	1200	−450	
2	1840	1150	−690	
1	2040	1100	−940	

ホーム・セキュリティー機器の需要表は、左2列に表示されている。供給表は1列めと3列めに表されている。価格ごとに需要量と供給量を比較すると、6ドル以上で余剰、4ドル以下で不足があることがわかる。5ドルは需要量と供給量が一致する均衡価格である。どのようにして、均衡価格に達するのだろうか。

［図5-2］ホーム・セキュリティー機器市場のモデル

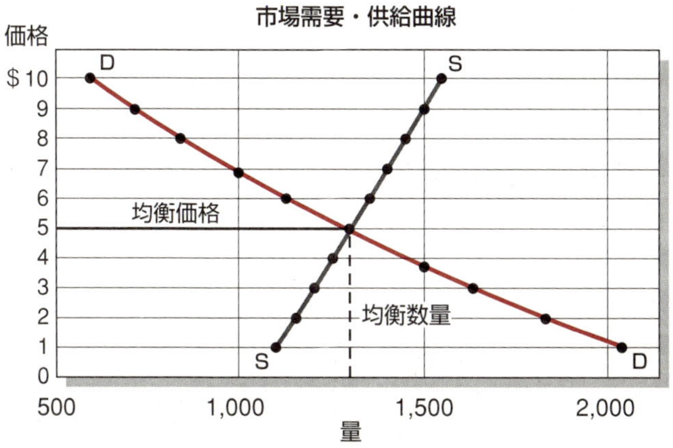

ホーム・セキュリティー機器市場のモデルによれば、5ドルが市場の需給が一致する均衡価格である。この価格では、1,300単位が供給されると同時に需要されている。価格が3ドルに下落するとその機器の供給はどうなるだろうか。

市場均衡

競争的市場では、調整過程を経て**市場均衡(market equilibrium)**——価格が比較的安定的で財やサービスの供給量と需要量とが等しい状況——に向かう。［図5-2］の経済モデルでは、価格が5ドルで供給量1,300単位のときに均衡が達成されている。

市場はどのようにして均衡点を見つけるのだろうか。どうして、ある価格で需要と供給が一致するのだろうか。どうして、7ドルや8ドルなどの価格では均衡に達しないのだろうか。これらの疑問に答えるには、買い手と売り手の市場価格に対する反応を検討することが必要だ。

余剰

その機器は初めての市場に出まわるので、均衡価格がいくらになるかは誰にもわからない。供給側が機器1つにつき7ドルだと推測していたとすると、1,400単位が供給のため製造される。[図5-3]のグラフAが示すように、7ドルでは1,400単位の供給に対して990単位が需要され、410単位の余剰が生じる。

余剰(surplus)とは、所与の価格で供給量が需要量を上まわっている状態のことである。供給者は在庫が倉庫に積み上がり、その価格ではホーム・セキュリティー機器に十分な注文がなかったことがわかるだろう。供給者が余剰を処分したければ、価格を引き下げて買い手を増やす必要がある。価格が下がると、供給者は供給量を減らす。つまり、余剰があると、価格が下落し、需要が増加し、供給が減少する。価格が柔軟である限り、余剰は一時的なものに過ぎない。

不足

7ドルが高すぎるので、生産者は第2日めに価格を4ドルとするかもしれない。この価格で供給量は1,250単位に変化する。しかし、[図5-3] のグラフBが示すように、この価格は低すぎる。需要曲線によると、4ドルでは1,470単位の需要がある。この価格では1,250単位しか供給できないので、220単位が不足する。

不足(shortage)とは、ある価格で需要量が供給量を上まわっている状態である。不足が生じると、現在の価格で購入したいという買い手がいても、生産者は売るべきものがない。生産者は高い値段で販売すべきだったと後悔する。つまり、不足があると、次の日に、価格の上昇と供給量の増加をもたらす。

我々のモデルでは価格がどれだけ上昇するか正確にはわからないが、次の価格は我々が高すぎると知っている7ドルより低くなると推測することができる。新しい価格が6ドルだと、[図5-3]のグラフCにあるように210単位の余剰が生じる。この余剰は価格下落を招くが、次は安すぎるとわかっている4ドルを下まわらない。

［図5-3］ホーム・セキュリティー機器市場の価格調整過程のダイナミクス

A）第1日め：7ドルでは、410単位の余剰が生じる。

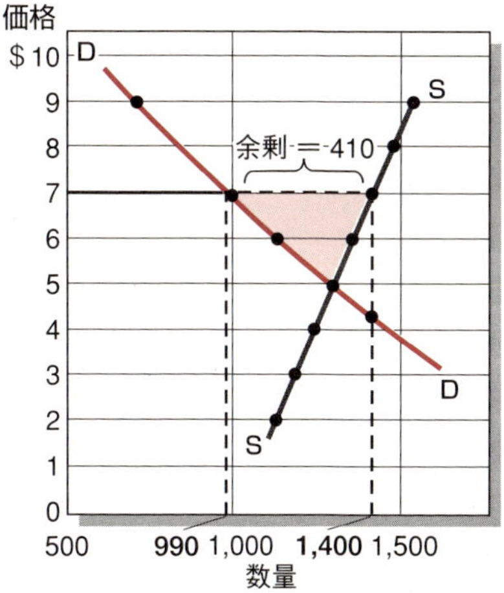

B）第2日め：前日の余剰が価格を下落させる。新しい価格は低すぎて、不足が生じる。

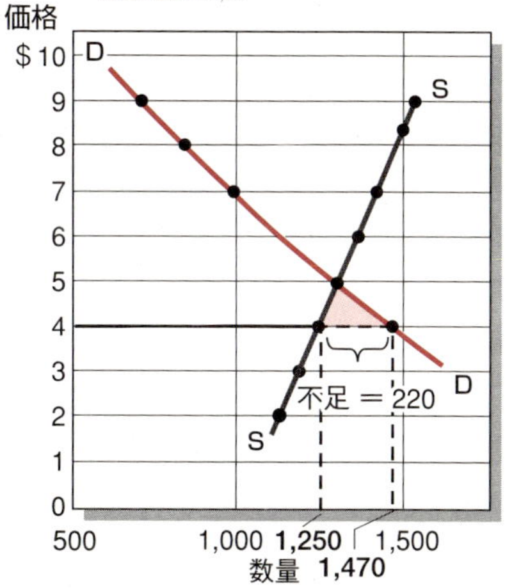

C）第3日め：2日めの不足によって価格が上昇する。新しい価格は高すぎる。

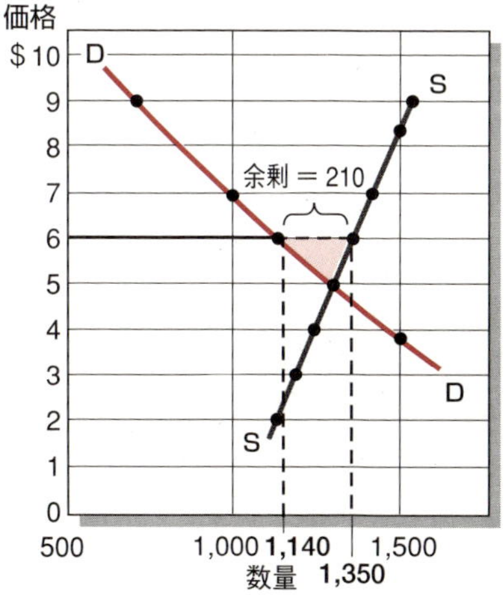

D）第4日め：3日めの余剰が価格を低下させ、均衡が達成される。

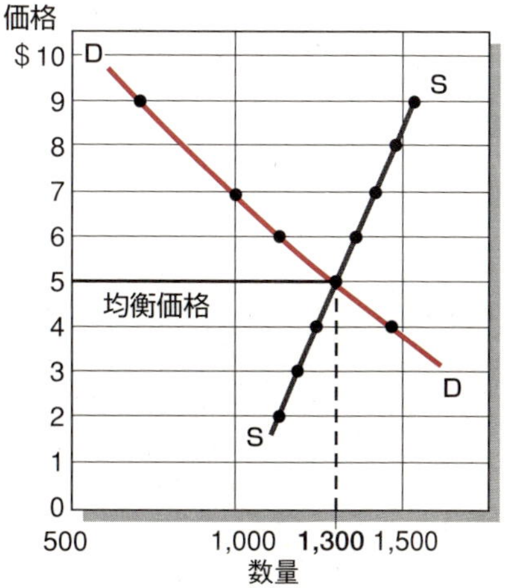

競争的市場は、一時的な余剰と不足からの継続的な圧力の結果、均衡に向かっていく。余剰と不足の違いは何か。

均衡価格

[図5-3]のグラフDに示されているように、価格が5ドルまで下落すると、市場が均衡価格に到達する。**均衡価格(equilibrium price)**とは、売買期間の終わりに余剰も不足も残さないで需給が一致する価格である。市場の経済モデルは均衡に至るまで正確にどれくらいの期間がかかるかを示していないが、均衡は達成される。

一時的な余剰と不足が価格に与える圧力によって、市場は均衡に達する。ホーム・セキュリティー機器市場の価格は、何かによって市場の均衡が破られない限り、必ず5ドルになり、1300単位が生産される。

現実性

競争価格理論は、一連の条件と結果を表している。この理論は、競争が少ない市場構造のパフォーマンスを計測するモデルとなる。

多くの市場は、理想的な状態にかなり近づいている。ガソリン、食品などの価格は、どの店でもそれほど変わらない。価格差が大きいとすると、買い手が十分な情報を持っていないからだろう。あるいは、**ロス・リーダー(loss leader)**――集客のためにコストより低い価格が特別に付けられた商品――としてある商品を利用している店舗もあるかもしれない。

幸い、市場は十分に競争的であればよく、完全に競争的である必要はない。競争的市場の優れた点は、資源配分の効率性にある。売り手が競って消費者の需要を満たそうとすれば、コストと価格を下げるように迫られる。同時に、買い手の間の競争が起こるため、価格がどこまでも下落することはなく、財やサービスを購入する意思と能力のある人たちが配分を受ける。

REVIEW　5−2　価格はどのようにして決まるか

用語とポイント

1. 以下の用語を定義しなさい。
経済モデル、市場均衡、余剰、不足、均衡価格、ロス・リーダー

2. 市場は、余剰や不足からどのようにして均衡価格に達するか述べなさい。

3. 経済モデルの重要性を説明しなさい。

クリティカル・シンキング

4. 商人は余剰在庫を通常どのように扱うか。これから、その商品の均衡価格についてどんなことがわかるか。

経済概念の応用　均衡価格

5. 無鉛ガソリン、牛乳、地方紙、散髪などの財やサービスから1つを選びなさい。それを扱っている店舗を少なくとも4ヵ店訪問し、選択した財やサービスの価格を調べなさい。その価格から財やサービスの均衡価格についてどんなことがわかるか説明しなさい。

3. 価格システム

価格は、生産者と消費者の決定を助けるので重要である。経済全体は、多種多様な生産物の市場から成り立っている。全体としての経済がどのように機能しているかを理解するために、そこでの価格の役割が検討されなければならない。

システムとしての価格

どんな資源市場でも価格は、売り手が資源を売るべきかどうか、買い手である製造業者が買うべきかどうかを決めるのに役立つ。同じことは，どの価格の場合にもあてはまる。価格は、市場間で資源を配分するシグナルとしても機能する。

1970年代の原油価格の高騰が、製造業者と消費者の意思決定にどんな影響を与えたかを考察してみよう。この時期に、原油価格は1バレル5ドルから約40ドルまで上昇した。原油への需要は一般的に言って非弾力的なので、エネルギーへの支出は増加した。エネルギーコストの増加によって、他の財やサービスへの出費が抑制され、エネルギー以外の市場も影響を受けた。

大型車市場は、その影響を初めに受けたものの1つだ。大型車はたいがい燃費が悪いので、需要は減少し、外国製の小型車の需要は増加した。大型車の需要が減少するにつれて、自動車メーカーは大量の在庫を抱えることとなった。

自動車メーカーは当初、ガソリン価格の上昇は一時的だと判断していたので、小型で燃費のよい車種へ生産を切り替えようとはしなかった。しかし、時間が経っても、売れ残った車が売れることはなかった。在庫を削減するために、自動車メーカーは、**リベート(rebate)**——商品の元値の一部払い戻し——を提供し始めた。消費者は購入した新車1台につき500ドル、600ドル、ときには1,000ドルもの払い戻しを受け取ったので、リベートは一時しのぎの値下げと同義だった。

自動車メーカーは、同時に大型車の減産にも着手する。工場を閉鎖し、労働者を解雇し、小型車の生産にシフトし始めた。職を失った自動車業界の労働者は、他の産業に職を求めていた。

国際石油市場での価格の高騰によって最終的には、生産資源は大型車市場から別の市場にシフトした。この過程は、自動車業界で働く多くの人達には痛みを伴うものだったが、市場経済にとっては必要なことであった。

価格が固定されると何が起こるか

ここまで、市場は適度に競争的で、供給量と価格は変動すると仮定してきた。しかし、特定の利益団体の行動によって価格が固定されたら、どんなことが起こるだろうか。

価格が固定されるのは、価格支持策に表れることが多く、価格システムが市場に情報を効率的に伝達するのを妨げる。固定価格はメリットよりコストの方が大きい政策であると指摘する経済学者は多い。

上限価格

ニューヨーク市は、家賃規制を敷いて、家賃を手ごろな水準に抑制してきた。しかし、家賃が人為的に低く抑えられると、慢性的な「住宅不足」が生じる。

支払いを請求できる法定の最高価格である**上限価格（price ceiling）**の例が、［図5-4］に示されている。上限価格がなければ、月の家賃は市場で700ドルに決まる。この価格では、200万戸のアパートが供給され賃貸される。当局が700ドルは高すぎると考えて、任意に家賃の上限を500ドルに設定したとしよう。消費者は当然価格が低い方を好むので、240万戸のアパートを需要する。一方、大家は、アパートのいくつかをより高い収入が見込める用途に転用するだろう。したがって、月500ドルの家賃では住宅は160万戸しか供給されない。

［図5-4］ 上限価格と慢性的な不足

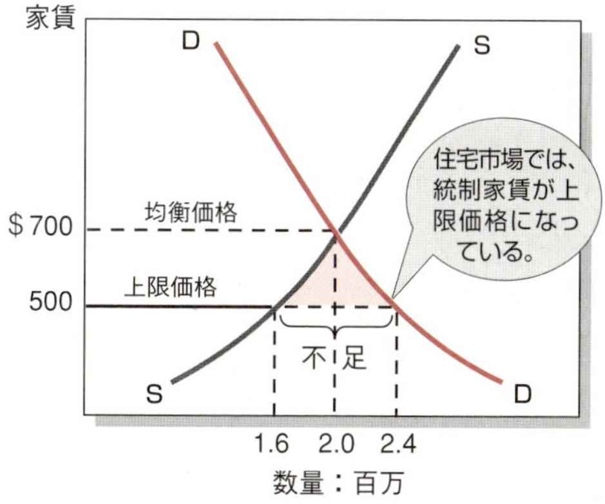

上限価格が均衡価格より低いときには必ず不足が発生する。図では、月の家賃の上限価格が500ドルになると、240万戸の需要に対して160万戸の供給しかないので、80万戸の不足が発生することになる。政府はなぜ市場に上限価格を設定するのだろうか。

その結果、需要240万戸と供給160万戸の差である80万戸のアパートが不足する。上限価格を設定したことで、消費者の置かれている状況は改善しただろうか。おそらくそうはなっていない。上質なアパートは、分譲マンションやオフィスに転換されるだろう。したがって、それより質が劣るものが賃貸にまわっていることになる。

そのうえ、80万もの人が、家賃を支払う意思と能力があってもアパートを借りることができないので、この政策に不満を抱く。もはや価格によってアパートが配分されているわけではない。それに代わって、大家は延々と続く順番待ち名簿などの非価格的な基準によってアパートを貸し出している。

家賃規制は、大家の総収入を固定し、その利益を脅かす場合もある。その結果、大家は最低必要な維持管理だけを行ってコストを抑制し、利益を生み出そうとする。大家が家賃はあまりに低いと感じていれば、アパートを増やそうというインセンティブをまったく持たなくなる。

上限価格は、他の価格と同様、資源の配分に影響を与える――しかし、それは政策立案者が意図した通りのものではない。家賃の上限を決めたことで、アパートを借りることができた人は幸運に思う。しかし、手ごろな価格のアパートがすべての人に提供されることはなく、アパート(希少な資源)は賃貸市場から、分譲マンションやオフィスビル市場へ転用が進むことになる。なかには、壊されて、ショッピングセンター、工場、高層ビルになってしまうアパートさえある。

下限価格

価格は低すぎるので、高く維持されるべきだと信じている人がいる。労働者に支払われる最も低い法定賃金である**最低賃金(minimum wage)**が、その代表例である。最低賃金は実際に**下限価格(price floor)**、つまり、財やサービスに支払われる法定の最低価格である。

[図5-5]は1時間5.15ドルの最低賃金を用いている。この賃金では、1,400万人が労働を供給したいと考えているのが図からわかる。需要曲線を見ると、労働者は1,000万人しか雇用されない――したがって、400万人の労働者が余剰として残ることになる。

図によると、最低賃金がなければ、労働の実際の需要と供給によって、均衡価格は1時間あたり4ドルになることもわかる。この賃金では、1,200万人の労働者がそのサービスを提供し、同数の労働者が雇用される――つまり、労働市場にはまった

［図5-5］ 下限価格と慢性的な余剰

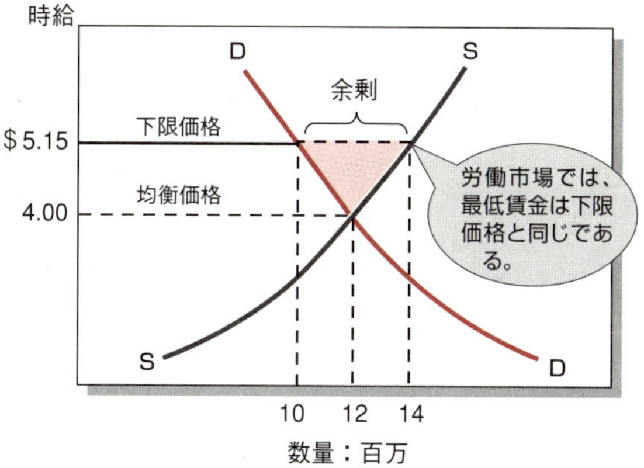

5.15ドルの下限価格では1,400万人が労働を提供しようとする。しかし、雇用者は1,000万人しか雇用しない。その結果、5.15ドルの時給で働きたくても仕事を見つけられない400万人の余剰が生じる。下限価格が均衡価格を下まわるとどうなるか。

く不足が生じていない。

最低賃金は被雇用者数を減らすことで、実際には失業者を増加させる、と主張する経済学者は多い。［図5-5］では、最低賃金を導入したことで失業した労働者数は200万人——均衡価格であれば働いていたはずの1,200万人と時給5.15ドルで実際に働く1,000万人の差——にものぼる。

現在の最低賃金は、それがない場合の賃金と比べて高いだろうか、低いだろうか。この質問への答えは必ずしも明確ではないが、市場や地方によって異なるだろう。自分が住んでいる地域の賃金について考えてみよう。あなたを雇っている企業は、できることなら賃金を下げたいと考えているだろうか。この問題を考えることが解答への手掛かりになるだろう。

価格を予測する

経済学では、説明や予測に関心を払う。市場モデルを用いて、経済の仕組みを説明し、ある出来事が経済にどんな影響を与えるか予測することがある。価格の変化でさえ説明やときには予測の題材になる。価格の変化は通常、供給の変化、需要の変化、または、需給双方の変化の結果として起こる。需要の弾力性も価格を予測するには重要になる。

供給の変化

大きな価格の振れを毎年のように経験している農産物の例を考えてみよう。ある農夫は、最新の市場動向に精通しており、専門家が提供する質のよいアドバイスも受けているとする。それでもある農作物の価格がいくらになるか確信が持てない。大豆農家は、1ブッシェルあたり8ドルの価格で取引されることを期待しながら500エーカーの畑に大豆を植えている。しかし、その農夫は、実際の価格は5ドルから12ドルのどこかになるだろうと予想している。同じことがある綿農家にもあてはまる。その農夫は綿花は1ポンドあたり80セントになることを期待しているが、実際には40セントから1.5ドルのどこかになることを予想している。

農産物価格が変動する主な理由の1つは、天候が農産物の収穫高に影響を与えることにある。農夫はいったん種を播いてしまえば、ただ待つことしかできない。降水量があまりに多いと、種は流されてしまい、農夫は再び種を播かなければならなくなる。降水量が少なければ、種は発芽しないかもしれない。たとえ、栽培期の天候が良好だったとしても、収穫時に降る雨によって農作物が台無しになることもある。したがって、天候が供給を左右している。

[図5-6]のグラフAが、供給曲線がシフトし、価格が変動することを示している。農期の始めには、農夫は供給が曲線SSのようになることを予想していた。しかし、

[図5-6] 供給の変化と需要の弾力性

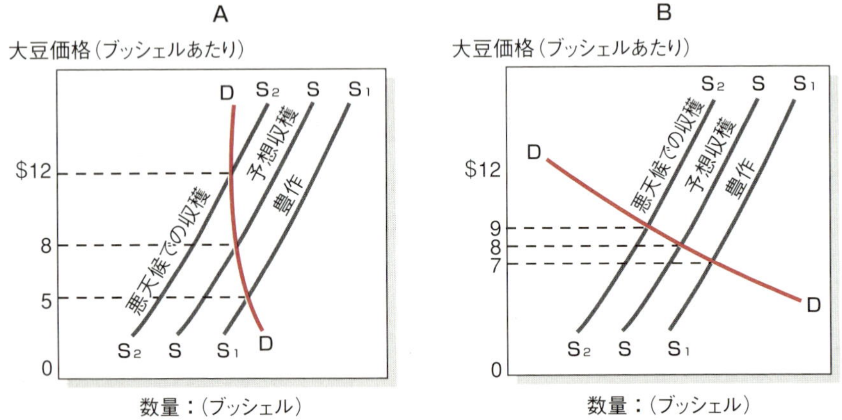

農業の季節要因による価格変化は、供給の変化を引き起こす。価格変化の大きさは、生産物の需要の弾力性に依存している。左図にある通り需要曲線が非弾力的であるほど、大きな価格変化が起こり、右図にある通り、需要が弾力的になるほど価格変化は少ない。他にどんな要素が価格変化に影響を与えるか。

記録的な豊作になると、供給はS_1S_1のようになる。悪天候が襲えば、供給はS_2S_2のようになる。食料の需要は一般的に非弾力的なので、供給のわずかな変化が価格の大きな変化を引き起こす。

需要の弾力性

[図5-6]のグラフBのように、大豆の需要の弾力性が高ければ、価格にどんな変化が起こるだろうか。その結果は、上記のものとはまったく異なるだろう。この需要曲線のほうが弾力性が高いので、価格は1ブッシェルあたり5ドルから12ドルのレンジではなく、7ドルから9ドルのレンジで動く。

経済学では供給の変化が起これば、需要の弾力性を必ず検討する。[図5-6]のグラフAのような非弾力的な需要曲線のもとで供給が変化すると、価格は比較的大きく変化する。[図5-6]のパネルBのような弾力的な需要曲線のもとで、供給が前の例と同じ程度変化しても、価格変化はより少ない。

需要の変化

需要の変化も財やサービスの価格に影響を与える。[図5-7]は金の需要が──比較的安定した供給のもとで──いかに大きな価格変動を起こしたかを示している。戦争、リセッション、大災害といった悪いニュースが金の需要をD_1D_1へ増加させた。

[図5-7]　需要の変化が価格に変化を及ぼす

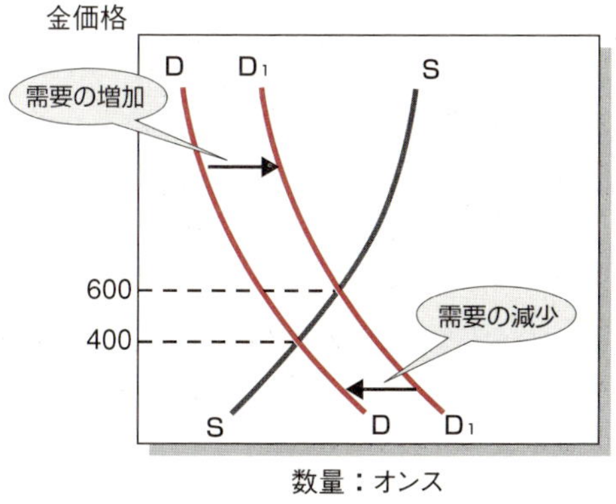

需要の変化は価格変動の重要な要因だ。需要の増加によって均衡価格は上昇し、需要の減少は価格を引き下げる。消費者の所得、嗜好、関連資材の価格の変化は需要の変化をもたらす。どんな要素が金の価格を上昇させるだろうか。

この需要の変化が金価格を1オンス600ドルに押し上げた。

平和協定、経済成長、低インフレ率といったよいニュースは需要をDDへ減少させる。その結果金価格は1オンス400ドルへ急落した。

農産物価格支持政策

連邦政府は1930年代に、アメリカ農務省の一機関として商品金融公社(Commodity Credit Corporation)(略称CCC)を設立した。その目的は農産物価格を安定させることにある。その安定化策は基本的に2つあった。ローン支援制度と不足金払い制度である。両政策とも本質的には農産物の下限価格となる**目標価格(target prices)**を定めるものだった。

ローン支援制度

ローン支援プログラムの下で、農夫は目標価格で農産物が販売できるという見積りでCCCから資金を借りることができた。その代わり、農産物を担保として差し出す。農夫は農産物を植え、育て、収穫するためにこのローンを利用した。農夫は農作物を市場で売却し、その販売代金でCCCの融資を返済するか、ローンを返済せず農作物をCCCに引き渡すことができた。このローンは**ノンリコース・ローン(nonrecourse loan)**(訳注：担保以外に債務履行請求が遡及しないローン)なので、農夫は融資を返済できなくても、農産物を差し出せばそれ以上は何の取り立ても受けない。

[図5-8]のグラフAは，CCCのローン支援プログラムを表している。年初に小麦の目標価格は、1ブッシェル4ドルに設定された。農夫は、10,000ブッシェルの小麦を担保に入れて、40,000ドルの借入れを受けた。農作物を収穫すると、その農夫は1ブッシェル4ドルで7,000ブッシェルだけ売却できたので、28,000ドルのCCCローンを返済した。

農夫は3,000ブッシェルの小麦をCCCに差し出し、図の影の部分で表されるローン残高が返済された。結局、農夫は生産した10,000ブッシェルに対して1ブッシェル4ドルを受け取ったことになる――市場で7,000ブッシェルを売却し、残りの3,000ブッシェルはCCCによって買い取られた。ローン・プログラムがなければ、農夫は9,000ブッシェルの小麦を生産し、それを1ブッシェル3ドルで売却して総収入27,000ドルしか得られないはずだった。

不足金払い制度

CCCローン支援プログラムの問題は、CCCが膨大な量の食料在庫を所有しがちになってしまったことだ。余剰小麦は貸倉庫か空き地に蓄積されていった。余剰牛乳はチーズにされ、地下の貯蔵室に蓄えられた。CCCはどうすれば農産物価格を維持し、大量の余剰農産物の発生を避けることができるだろうか。

解決策は、農夫に自由市場で農作物を売らせ、CCCが不足金払い制度に基づいて差額を補填するというものであった。**不足金払い制度(deficiency payment)**とは、実際の市場価格と目標価格の差額の農夫に対する補償金である。

[図5-8]のグラフBは、不足金払いプログラムを説明している。このプログラムでは、農夫は公開市場で小麦10,000ブッシェルを1ブッシェル2.5ドルで売却し、25,000ドルを手にしたが、これは1ブッシェルあたり4ドルという目標価格より1.5ドル安い。農夫は1.5ドル×10,000ブッシェルつまり図の影の部分に当たる15,000ドルの補償金を受け取った。15,000ドルの受取額と25,000ドルの市場での売却額を合計すると、農夫はローン・プログラムと同額の40,000ドルを手にすることになる。一方、このプログラムでは、CCCは余剰農産物の問題を抱えない

[図5-8] 農産物価格支持プログラム

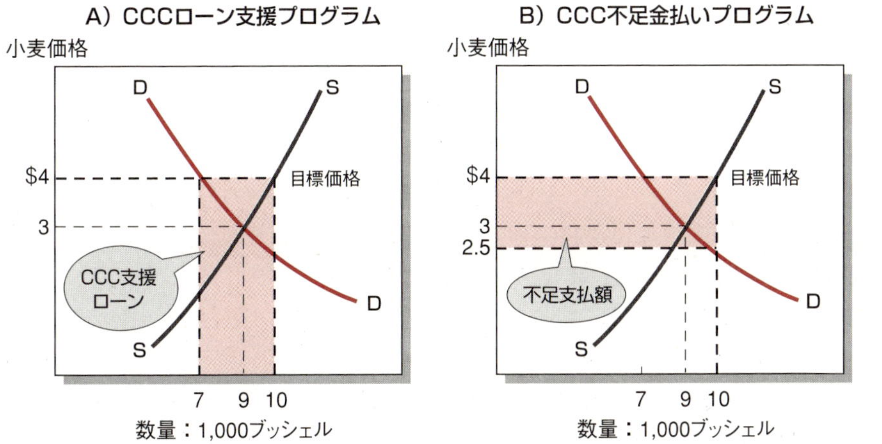

グラフAのCCCローン・プログラムでは、農夫は10,000ブッシェルの小麦を価格4ドルで担保に入れ、40,000ドルのノンリコース・ローンを受けた。市場価格と同額以上の価格でできるだけ公開市場で売りさばいたが、ローンの残りはデフォルトになり、CCCは3,000ブッシェルの小麦を管理することになった。グラフBの不足金支払いプログラムでは、1ブッシェルあたり2.5ドルで10,000ブッシェルすべてを処分し、15,000ドルの不足額支払いをCCCから受けた。どちらにしても、農夫は少なくとも40,000ドルを受け取る。どちらのプログラムだと貯蔵の問題が避けられるか。

ですむ。

CCCの価格支援策を受けるために、農夫は生産量を制限することを約束しなければならなかった。作付面積が合意の範囲内に収まっていることを確かめるために、航空写真が撮影されることもあった。

価格支持政策改革

農業生産に市場動向を反映させるため、議会は1996年連邦農業改良・改革法を成立させた。この法律で、不足金支払いを受けていた穀物、綿花、米の生産者も農産物の作付を自由に行えるようになった。牛乳、砂糖、果物、野菜などの農産物の生産者はこの制度の対象とならなかった。

1996年農業法の下では、農家が農産物価格にかかわらず7年間一定の現金支給を受ける直接固定支払い制度が価格支持策と不足金払い制度にとって代わった。しかし、新規の支払額は以前の支払額と結局同程度になるので、農業政策のコスト全体は削減されないだろう。

訳注：ローン支援制度や不足金払い制度の適用を受けるためには、減反に参加しなければならなかった。すなわち、これらの制度の適用を受けている農家は、生産物を自由に決めることができなかった。1996年農業法の成立によって、ローン支援制度は維持されたが、不足金払い制度は廃止された。生産者が自らの意思で、生産過剰になった作物の生産を取りやめ、より高い収益が期待できる農作物を生産することで、市場の需給が調整されることが期待された。

2002年にこのプログラムが終了すると、農夫はあらゆる補償金を受け取れなくなる。そのときまでに、農夫は政府の援助がなくてもやっていけるように、供給と需要の法則に慣れていることが期待されている。

市場が「語る」とき

市場は、売り手と買い手を結びつける人間味のないメカニズムである。市場は、人間のように言葉を発するわけではないが、市場で取引している買い手と売り手の総意を伝えているという意味で、市場は実際に何かを伝えようとしている。したがって、市場で価格が大きく変動するとき、市場は「語る」といわれる。

連邦予算を均衡させるために個人所得税と法人税を上げると、連邦政府が公表したとする。投資家がこの政策はうまくいかず、他の政策の方が優れていると判断すれば、株式などの投資資産を売却し、現金や金へ変えて、緊急事態に備えることになる。そうすると、株価は下落し、金価格は上昇する。これは市場が新税制に反対だと語っていると説明されることもある。

したがって、ある意味で市場は実際に何かを語りかけている。個々の投資家は新政策の起こりうる結果に判断を下し、株式を売って現金や金に代えた。同時に、彼らの行動は、株価に影響を与え、政府に対して投資家がその政策を支持しないというシグナルを十分に伝えている。

新政策に関する投資家の考えにあまり一致が見られない場合、株式を売る者もいれば、買う者もいる。この場合、価格は変化せず、メッセージは市場はまだ決断していないということになるだろう。

REVIEW　5−3　価格システム

用語とポイント

1. 以下の用語を定義しなさい。
   リベート、上限価格、最低賃金、下限価格、目標価格、ノンリコース・ローン、不足金払い制度
2. 市場で成立する均衡価格ではなく、固定価格を採用した場合の影響を2つ説明しなさい。
3. 需要の弾力性が高いとき、価格変化が少なくなる理由を説明しなさい。
4. 市場は売り手と買い手がどのようにして「語る」のか説明しなさい。

クリティカル・シンキング

5. 1年間で果物の価格が100%上昇あるいは下落するとする。需要の変化、供給の変化、需要の弾力性という観点からこの変化を説明しなさい。

経済概念の応用　不足

6. あなたの住んでいる地域で、どんな職の労働者が不足しているか調べなさい。価格の知識を使って、どんな賃金を設定すれば労働者不足が解消されるか説明しなさい。

第6章　競争、市場構造、政府の役割

Competition, Market Structures, and the Role of Government

1. 競争と市場構造

アダム・スミスが1776年に「諸国民の富」を出版した頃、工場は平均的には小規模で、市場は競争的だった。政府は商業取引や貿易に介入すべきでないという哲学、**レッセフェール(Laissez-faire)**がスミスの著書を特徴づけている。「レッセフェール」とは「自由にさせる」という意味のフランス語だ。レッセフェールの下では、政府の役割は私有財産保護、契約履行、紛争解決、外国商品に対する国内企業保護に制限される。

しかし、1800年代後半には競争が弱まっていく。合併と買収によって、小企業の多くは少数の巨大企業に飲み込まれていく。**産業(industry)**が発展するにつれて――産業とは市場の供給サイド、あるいは、生産者全体を集合的にとらえた概念――競争的市場の姿は変化した。

経済学では今日、市場を競争の度合によって分類している。そのために、以下のようなことを考える。売り手は何人いるか。規模はどれくらいか。価格への影響力はあるか。企業間にはどれくらいの競争が存在するか。どんな商品が取引されているか。まったく同じものかそれとも単に似ているだけか。市場への新規参入は容易か困難か。

これらの問題に対する答えが、同じ産業で活動している企業間の競争の性質とその度合、すなわち**市場構造(market structure)**を決める。市場は構造的な特徴によって、完全競争、独占的競争、寡占、独占に分類される。

完全競争

市場構造のまず第1に挙げられるのは**完全競争(pure competition)**である。この状況では、十分な情報を持つ独立した多数の買い手と売り手がまったく同一の生産物を売買している。完全競争市場を特徴づけるのは5つの条件である。

完全競争の条件

第1の条件は、買い手と売り手が多数存在することだ。買い手や売り手の中には価格に影響を与えるほど大規模で、影響力があるものはいない。

第2の条件は、買い手と売り手が同一の商品を取引していることである。買い手は売り手が誰かによって商品を選別しない。商品の質の違いや、ブランド名や、広告の必要性もない。例えば食卓塩市場。塩は常に同一の化学物質──塩化ナトリウム──でできているので、ブランドごとに塩の値段が変わることはあまりない。

第3の条件は、買い手と売り手は各々独立して行動するということである。売り手は消費者を引きつけるためにお互いに競争し、消費者は最良の価格を得るために競争している。この競争は価格が低く保たれる要因の1つになっている。

第4の条件は、買い手と売り手は商品と価格について十分な情報を持っているということである。ある店である商品が安く販売されていれば、消費者は当然そのことを知っている。すべての生産物が同一なので、消費者がある売り手からだけそれを購入する理由はほとんど存在しない。売り手は、他の売り手がいくらで売っているかを知っているので、顧客を失わないために価格を上げることができない。

第5の条件は、買い手も売り手も自由に事業へ参入し、事業を実行し、事業から撤退することができるということである。この自由によって、どんな産業の生産者も市場を独占するのが難しくなる。生産者は価格を競争的に保たなければ、新規参入企業に事業機会を奪われてしまう。

利益最大化

完全競争の下では、個々の企業は小さすぎて価格に影響をおよぼすことはできない。完全競争市場では、需要と供給により均衡価格が決まるので、企業はその価格を受け入れるしかない。その後、それぞれの企業はその価格で利益を最大化する生産水準を決定する。

完全競争の下での個々の企業と産業全体の関係は、[図6-1]に示されている。グラフAで需要と供給という市場要因が均衡価格を5ドルに決める。グラフBに示されているように、この価格は完全競争の状態にいる企業が直面する水平需要曲線になる。その企業が生産物をどれだけ生産したいかとは無関係に、生産物の単価は5ドルで決まってしまう。生産するごとに5ドル受け取るので、完全競争企業の限界収

［図6-1］完全競争・市場価格と利益最大化

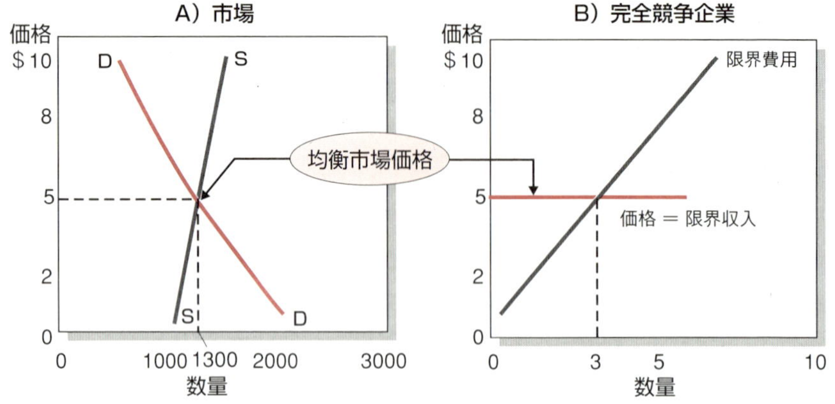

市場の需要	市場の供給	余剰/不足	価格	供給量	限界収入	限界費用
600	1550	950	10			
720	1500	780	9	7	$5	
850	1450	600	8	6	5	
990	1400	410	7	5	5	$9.60
1140	1350	210	6	4	5	7.23
1300	1300	0	5	3	5	5.00
1470	1250	−220	4	2	5	2.90
1650	1200	−450	3	1	5	0.93
1840	1150	−690	2	0	5	

市場Aが完全競争なら、需要と供給によって均衡価格が決まる。完全競争企業は、この価格だけが問題なので、この価格を需要曲線として取り扱う。言い換えれば、Bの企業は、いくら生産するかに関わらず、単位あたり5ドルの収入を得ることになる。したがって、5ドルという市場価格は不変の限界収入である。利益を最大化するには、限界費用と限界収入が等しくなる生産量を選ぶべきだ。均衡価格5ドルでは3単位の生産物が作られると利益が最大となる。完全競争はなぜ理論上でしか存在しないのだろうか。

入は5ドルになる。

その企業が生産物をいくら作るかは、生産コストによって決まる。企業が生産物を1単位作るとする。1単位めの生産物の限界費用は、［図6-1］の表の右から1列めに示されているように0.93ドルだ。その生産物は5ドルで取引されているので、1単位めの生産物を作ると利益が生まれる。2単位めの生産物はどうか。限界費用は2.9ドルで、これを5ドルで販売できるので、利益が上がる。

しかし、3単位めの生産物を生産すると限界費用は5ドルに上昇する。これを販売しても企業は損はしないが、限界費用が上昇し限界収入は変わらないので、4単位めの生産物の生産は行われないだろう。結局、完全競争企業は、限界費用と限界収入が等しくなる生産水準まで増産する。そして、その生産物を市場の需要と供給で決まった均衡価格で販売する。

理論上の状況

完全競争の5つの条件がすべて満たされたとすると、どんな売り手も買い手も価格に影響を与えることはできない。生産物はどれも同一なので人気ブランドもない。ほとんどすべての顧客はどんな売り手からでも生産物を購入できるので、どんな売り手も市場価格よりも高い価格で販売しようとはしない。買い手側にも売り手側にも事業を行う上での障害は何一つ存在しない。

したがって、純粋な完全競争市場は理論上のものにすぎない。地域の野菜農業は5条件すべてをほぼ満たす数少ない例だが、完全競争市場はあるとしてもほんの少ししか存在しない。この市場では、多くの売り手が同一の商品を販売している。この売り手は価格を支配することができず、買い手も売り手も商品と価格について十分な知識を持っている。トマト、トウモロコシなどの野菜を栽培して、この市場に参入するのにさしたる障害はない。

完全競争は希であるのに、経済学が完全競争を研究するのはなぜだろうか。完全競争は他の市場構造を評価するベンチマークとして用いられるからだ。完全競争の条件を1つでも欠いた市場の状況は、**不完全競争(imperfect competition)**と呼ばれる。今日アメリカのほとんどの企業や産業が直面している市場は、この範疇に分類される。経済学ではこれをさらに3つのカテゴリー――独占的競争、寡占、独占――に分類している。

独占的競争

独占的競争(monopolistic competition)とは、商品差別化以外の点では完全競争の条件すべてを満たしている市場構造である。商品を少し差別化することによって、独占的競争者は顧客を増やし、市場のほんの一部を独占しようとする。

商品差別化

完全競争と独占的競争を区別する特徴は**商品差別化(product differentiation)**である。販売されている生産物は、似かよっていても、同一のものではない。生産物間の違いは実際に認識できないものもある。差別化は、店舗立地、店舗デザイン、支払方法、受渡方法、包装、サービスなどの要素にさえおよぶだろう。

差別化された商品の例は多い。衝撃を吸収する特別な靴底が装着された運動靴のブランドがあれば、軽量化のために特別な素材を使用しているブランドもある。さらに、足首の保護性能を高めたものもある。こういった例では、製品間の差違は、現実に感じることができるものである。しかし、アスピリンのブランド間では、差違は主にイメージ上のものにとどまる。連邦法は、アスピリンに含まれるべき化学物質の含有量を規定しているのだが、広告されているブランドのほうがそうでないブランドより優れていると信じている人も多い。

非価格競争

ある生産物が差別化されると、**非価格競争(nonprice competition)**が、価格競争に取って代わる。非価格競争では、ある商品が別のブランドより優れているということを買い手に訴えるための、広告などの販売促進キャンペーンが実施される。したがって、独占的競争者は自社製品を差別化するために、広告や販売促進を大規模に行うことが多い。これは、ある生産物が、どんなものとも比べることができない特別なものだと消費者に思わせるために行われる。

売り手である企業が買い手の心中で商品を差別化できれば、その企業は、競争相手をわずかに上回る価格をつけることができる。したがって、リーバイスなどのジーンズメーカーは広告と販売促進に大金をつぎ込んでいる。

利益最大化

独占的競争下では、類似した商品は、売り手や競争者の総売上高に大きな影響を与えることなく、狭い価格帯で販売されるのが一般的だ。独占的側面は、この価格帯では売り手が値上げできることである。競争的側面は、売り手が大幅に値上げや値下げを行うと、顧客は商品の差異にこだわらず、ブランドを変更することである。

独占的競争者の利益最大化行動も、他の状況にいる企業と同じだ。企業は、限界費用が限界収入と等しくなる数量を生産し、市場価格で販売できる。企業が消費者にその商品が他より優れていると説得できれば、高い値段をつけることができる。企業は買い手を説得できなければ、それほど高い値段を設定できない。したがって、運動靴、ジーンズ、化粧品などは差別化された生産物なので、価格が同一ということはほとんどない。

独占的競争者も完全競争市場の参加者同様に、容易に市場に参入できる。参入障壁が低いので、利益を求めて新規参入が起こり、それぞれの会社がすでに市場にある商品とは少し異なる商品を生産する。やがて、業界内の企業数と商品の供給の安定性は高まり、大きな利益も損失も発生しなくなる。

寡占

少数の巨大な売り手が産業を支配する市場構造は**寡占(oligopoly)**と呼ばれる。寡占者の商品は──自動車業界のように──差別化されているものも──鉄鋼業界のように──標準化されているものもある。業界にいる企業の数よりも、単一企業が産業全体の生産量、売上げ、価格を変える影響力のほうが重要である。したがって、寡占は、独占的競争よりも競争が少ない状態だ。

アメリカでは多くの市場が寡占的であり、寡占化が進行している。ペプシとコークがソフトドリンク市場を支配している。マクドナルド、バーガー・キング、ウェンディーズがファスト・フード業界を牛耳っている。ほんの少しの会社が支配している産業は、他にも、国内航空産業、自動車産業、長距離電話産業などがある。

相互依存行動

少数の企業が寡占状態を作っているので、1つの企業が行動を起こすと、他の企業は追随することが多い。例えば、ある航空会社が割引運賃を公表すると、他のすべての航空会社も数時間とまではいかないが、何日間かで値下げを実施するのが一般的だ。寡占企業は、業界内の他の企業もあなどれない影響力を持っていることを知っている。したがって、企業は他の企業の行動に追随する傾向がある。

相互依存行動は、固定価格を設定したり、協調行動をとったりすることを正式に合意する行動である**共謀(collusion)**となることがある。共謀の1形態は**価格協定(price-fixing)**──ある商品に同一または似たような価格を設定すること──である。この価格は競争で決まった価格よりも高いことがほとんどだ。企業は、それぞれが一定量を確実に販売できるように、市場を分割することに合意することもある。これらの共謀行動は取引を抑制することが多いので違法となっている。

価格づけ

寡占企業は商品価格をいつでも引き下げることができるが、その場合、他の企業も同じ行動をとる可能性が高いことを知っている。ある企業が価格を下げれば、著しく低い価格になるまで価格を引き下げ続ける**価格戦争(price war)**に陥る可能性がある。短期間で、多くの企業の生産コストさえ下まわってしまうかもしれない。

ライバルが追随するということがわかっていなければ、価格を上げることにもリスクがある。価格を上げた企業は、低い価格を提示する競争相手に売上げを奪われる。価格が変動すると利益を失う可能性があるため、寡占業者は一般的に非価格的な要素で競争しようとする。

非価格競争にはライバル企業が対抗策を講じにくくなるというメリットがある。ある寡占業者が新たな広告戦略や商品開発に成功すると、これ以外の企業はしばらくは不利な状況に置かれる。結局、広告キャンペーンや商品開発に対抗するのは、価格引下げに対処するより時間がかかる。

独立価格(independent pricing)政策を取る寡占業者もいる。これは、需要、投入コストなどの要素に基づいて価格を設定することである。**プライス・リーダーシップ(price leadership)**は、ある企業――産業最大の規模と影響力のある企業のことが多い――が、価格の変更に先導して着手することである。他の企業がその価格に追随するのは、価格戦争を警戒し、経済上利益があるからである。

利益最大化

寡占企業も限界費用と限界収入が等しくなる生産量で、最大の利益を上げることができる。この生産水準がわかったら、寡占業者は市場価格で販売する。

商品の最終価格は独占的競争での価格よりも高く、完全競争と比べると一層高くなる可能性がある。寡占企業が正式に共謀を行っていない場合でも、保守的に行動

［図6-2］市場構造と特徴

	産業内企業数	価格への影響力	差別化	広告	市場参入	例
完全競争	多数	なし	なし	なし	容易	完全：なし 近似：市場向け野菜栽培
独占的競争	多数	限定的	大	大	容易	ガソリンスタンド 女性用衣類
寡占	少数	いくらか	大	大	困難	自動車 アルミニウム
純粋独占	1	大	なし	なし	ほとんど不可能	完全：なし 近似：水道

市場構造とは、同じ産業で営業している企業の中での競争の性質と程度を指している。市場構造――完全競争、独占的競争、寡占、独占――は、上記の列の5つの特徴によって決められる。非価格競争は、どの市場構造で重要な役割を負うか。

しがちで、ライバルの値上げに追随することが多い。

独占

市場分類の最後のものは、完全競争とは反対の極にある。独占(monopoly)とは、代替物がまったくない特定の商品の売り手が1人しかいない市場構造である。アメリカ経済には完全な独占の例は少ない。

純粋な独占を阻む要素がいくつかある。まず、アメリカ人は歴史的に独占を嫌い、それを不法行為にしてきたこと。第2に、多くの商品には代替物があること。例えば、マーガリンはバターの代わりに使われる。自家用車はバス、電車、旅客機の代替物となる。第3に、新技術によって既存の独占品と競合する商品が導入されることが多いこと。ファックス機の開発によって、郵便と競合する文書を電子技術で送ることができるようになった。

純粋な独占の例は存在しないが――地域電話会社のように――独占に近いものもある。しかし、電話会社でさえ通信会社や郵便局との競争に直面している。実際問題、完全に純粋なものだけを独占と考える必要はない。経済で独占が話題になるとき、実際には、独占に近い状況が取りあげられている。

自然独占

財やサービスの性質によっては、独占が社会にとって最善となることがある。その1例が自然独占(natural monopoly)――企業が単独で生産すると生産コストが最小になる市場構造――である。

同じ地域で営業している複数の電話会社が、電柱や電話線を設置するのは効率が悪い。4、5社のバスが、バス停の列で待っている乗客を載せるために競ってコーナーを曲がっていく光景を想像してみよう。何社かの競合する水道会社やガス会社がそれぞれ水道やガス管を敷設し修理したら、街はどうなるだろうか。

こういう問題を避けるため、政府は公益企業に自然独占企業として業務を行う特権を与えることが多い。この特権は、1つの企業に、ある地域で競合することなく独占的に事業を行う権利を与えることだ。これを獲得した企業は、政府による一定の規制も受ける。

自然独占を正当化するもう1つの理由は、コスト低減だ。企業が大きくなるにつれて生産コストが低下すれば、生産コスト削減のために企業ができる限り規模を大きくすることには意味がある。この成長は、企業規模が大きくなるにつれて、人員、工場、設備を使う効率性が高まる状況、すなわち**規模の経済(economies of scale)**によってもたらされる。

地理的独占

企業は単に立地条件によって独占を手にすることがある。規模が小さすぎて複数の薬局が営業するには小さすぎる街にある薬局は、**地理的独占(geographic monopoly)**状態にある。この地域に他の売り手がいないからだ。同様に、人気のない高速道路の出口に1軒しかないガソリンスタンドも地理的独占に近い。高速道路で自動車を運転している運転手は、見知らぬ土地でそのガソリンスタンド以外知らないからだ。

地理的独占は長続きするとは限らない。小さな街の薬局が大きな利益を上げ始めると、新規参入によって、まもなく競争が始まる。高速道路沿いのガソリンスタンドが価格を高く維持していると、別のガソリンスタンドも利益を求めて出店するだろう。

技術的独占

新製品や新たな生産方法を開発した人に与えられる特権から、**技術的独占(technological monopoly)**が生じることがある。この独占は企業や個人が新たな生産技術などを発見するか、まったく新しい何かを発明することから生じる。

米国憲法第1条8節は

> 著者と発明者には著作や発明に対する独占権を一定期間保証することで、
> 科学と有益な技術の進歩を促す

権限を議会に与えている。

政府は**特許(patent)**──ある期間新しく有用な技術、機械、製造物、構成物、その改良品の製造、使用、販売を独占する権利──を与える。発明は17年間保護されるが、商品のデザインは短期間の特許が与えられ、その後は、すべての人が使うことのできる公共の財産になる。

芸術や文学作品は**著作権(copyright)**によって同様に保護されている。著者や芸術家に、生存中と死後50年間は作品を出版し、販売し、再生産する独占権が与えられる。

政府独占

さらに、別の独占形態に**政府独占(govornment monopoly)**――政府が所有し運営する独占――がある。政府独占は中央政府でも地方自治体でも見られる。政府独占は、民間企業では適切に供給できない財やサービスを提供していることが多い。

街や市の多くは、水の利用を監視する独占企業を持っている。アルコール飲料を州営店舗のみで販売するようにしている州もある。連邦政府は核兵器としての利用基準を満たすウランの処理を厳しく制限している。

利益最大化

独占企業も別の状況にある企業と同じ方法で利益を最大化する――限界費用と限界収入が一致する生産量で利益が最大化する。新製品の市場が、1社で独占されているとする。さらに、独占企業と[図6-1]の完全競争企業の主な違いは規模で、独占企業は完全競争企業の100倍の規模があるとしよう。

[図6-3]のグラフAの新製品市場は、需要曲線だけを示しており、供給曲線は示されていない。独占企業が唯一の製品の供給者であるからだ。独占企業は、自己に最も利益をもたらす価格と生産量を決定することができる。

独占企業が、10ドルで600単位を販売すると6,000ドルになる。9ドルになると、720単位の製品が売れて6,480ドルになる。120単位の追加で480ドルの収入が生まれたので、限界収入は、480ドル÷120単位で4ドルになる。この4ドルは[図6-3]の表の右から2列めに示されている。850単位から990単位へ増産した場合などの限界収入も同様に計算できる。

独占企業の限界費用は [図6-3]のテーブルBの3列めに示されている。限界費用は当初は低いが、次第に上昇していく。990単位製造するときには、限界費用は0.93ドルになり、生産が増加するとさらに高くなる。

限界費用が限界収入と等しくなる生産量990単位で利益は最大化する。990単位の製品は7ドルで販売される。したがって、独占企業は、[図6-1]の何百もの企業が完全競争市場で提供するのと比べてその製品の生産量――1,300単位に対して990単位――は少なくなるが、販売価格は高くなる。

[図6-3] 独占:市場価格と特徴

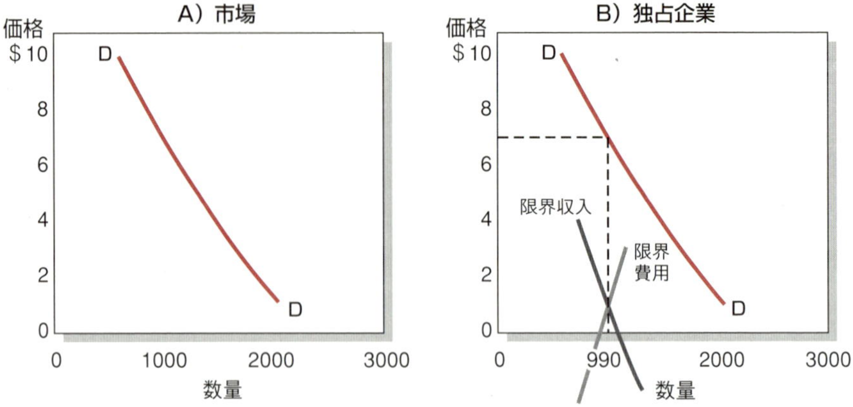

市場の需要	市場の供給	余剰/不足	価格	独占者供給量	限界収入	限界費用
600	—	—	10			
720	—	—	9		4.00	5.00
850	—	—	8		2.46	2.90
990	—	—	7	990	0.93	0.93
1140	—	—	6		−0.60	−0.91
1300	—	—	5		−2.13	−2.61
1470	—	—	4			
1650	—	—	3			
1840	—	—	2			

独占企業は価格設定者（プライス・メーカー）なのでAの市場には供給曲線はない。独占企業は需要曲線を検討し生産量を決定する。Bでは、市場の需要が計算され、限界費用と比較される。利益を最大化する生産数量は990単位であり、この数量で限界費用は限界収入と一致する。990単位が生産されることになると、価格は7ドルになる。純粋独占が起こらないようにしている要因は何か。

REVIEW 6－1　競争と市場構造

用語とポイント

1. 以下の用語を定義しなさい。
レッセフェール、産業、市場構造、完全競争、不完全競争、独占的競争、商品差別化、非価格競争、寡占、共謀、価格協定、価格戦争、独占、自然独占、規模の経済、地理的独占、技術的独占、特許、著作権、政府独占

2. 完全競争の5つの特徴をあげなさい。

3. 独占的競争者は、完全競争者とどう異なるか説明しなさい。

4. 寡占では、1企業のとる行動が同じ業界の他企業になぜ影響を与えるか説明しなさい。

5. 独占の4つの種類をあげなさい。

クリティカル・シンキング

6. 今日の寡占の例を少なくとも2つあげなさい。

経済概念の応用　商品差別化

7. 近くにある衣料品店をできるだけ多くあげなさい。それぞれの商品はどういう差別化を行っているか述べなさい。

2. 市場の失敗

自由経済システムを支持する人は、これによって、経済全体の利益になるように、ものや人材が効率的で自動的に分配されると信じている。競争的自由企業経済は4つの条件が満たされたとき、最もよく機能する。まず、適切な競争がすべての市場に存在しなければならない。次に、買い手と売り手はこの市場について十分な情報を持っていなければならない。3つめに、資源は産業間を自由に移動できなければならない。最後に、価格は起業家への報酬を含む生産コストを適切に反映していなければならない。

市場は期待した通りに機能せず、問題が発生することがある。上で述べた4つの条件のうち1つでも満たされなければ、**市場の失敗(market failure)**が起こる。最もよく起こる市場の失敗は、不十分な競争、不適切な情報、資源の非移動性から生じるものや、外部性、公共財に関わるものである。これらの失敗は、市場の需要と供給の双方で起こる。

不十分な競争

合併と買収によって、企業は巨大化と少数化に向かっている。極端な場合には、独占状態になっている。

独占の脅威

独占がもたらす最大の脅威は、消費者に競争の恩恵がもたらされないことだ。自由な市場システムの機能を発揮して、資源を効率的に分配することも、満足感を最大にすることもできない。「市場を支配する」独占企業が資源の配分を決める。

独占企業は産業を牛耳ると、その地位を利用して競争を妨げ生産を抑制する。その結果、人為的な供給不足が生じ、価格が上昇する。

もう1つの脅威は、資源の分配に関するものだ。競争によって、企業は資源利用の効率性を高めることができる。しかし、独占にはこういった圧力が加わらないため、希少な資源が浪費され、非効率に配分される可能性がある。

経済力と政治力

不十分な競争から、企業が経済力を行使するようになり、その結果政治に影響をおよぼすこともある。企業はかつて、オーナー、その親戚、友人を巨額の資本にものを言わせ、政界へ送り出していた。

大企業であれば、経済力を政治力に変えるのに独占企業である必要さえない。例えば、大企業は地方自治体に税制優遇措置などを要求するかもしれない。自治体が拒否すれば、企業は工場をどこかに移転すると脅し、地域に経済的損失をもたらすこともある。地域社会は損失のリスクを負いたくないので、企業は地域を思い通りにできることもある。

市場の両側

市場の供給側を考えてみると、完全競争市場または独占的競争市場には、競争を確保するのに十分な数の企業が存在していることは明らかだ。しかし、寡占では、共謀への誘惑は強くなる。もし、独占業者が市場の供給サイドを支配すれば、競争はなくなる。

市場の需要サイドにも、不十分な競争が起こることがある。消費財や消費サービス市場のように多くの場合、大勢の買い手が存在する。しかし、スペース・シャトル、水力発電ダム、スーパー・コンピュータ、M-1型戦車、ハイテク・ジェット戦闘機の買い手はどれだけいるだろうか。

適切な競争を維持するのは難しいが、価値ある目標だ。市場が適度に競争的に維持されていれば、自己規律が働き、政府の介入を招く可能性は減る。したがって、政府の政策の多くは競争を維持、強化するように策定され、競争を弱体化するものであってはならない。

不適切な情報

資源が効率的に配分されるためには、誰もが──消費者、ビジネスマン、政府職員──市場の状況について適切な情報を持つ必要がある。秘書や経理マンは自動車産業で十分な賃金を受け取るかもしれないが、保険業界や銀行業界の同じスキルに対する賃金よりは安くはないだろうか。小さな地域の出納長でさえその町の余剰金をダラス、ニューヨーク、インディアナポリス、シアトルに投資した場合、より高い利益が上がるかどうか知る必要がある。これらの質問に答えるためには、多くの市場の状況に対する情報が必要とされている。

地方紙の求人広告や販売価格のように容易に見つかる情報もあれば、入手が難しい情報もある。投資家は、いくつかの企業に手紙を書いて利益と配当に関する情報を得るかもしれない。また地元の図書館を訪問して、いろいろな企業について調べることもできる。

自由企業経済で、資源が効率的に配分されるには驚くべき量の情報が必要だ。十分な情報が入手できないのなら、社会に最大の利益をもたらすように資源を活用するのは難しい。

資源の非移動性

どんな経済でも、困難な問題の1つは資源の非移動性である。資源が効率的に分配されるには、土地、労働力、起業家、資本は利益が最も高くなる市場に自由に移動することが求められる。

資源が自由に移動できないことが問題とならないこともある。大都市で仕事を探している秘書には通常多くの選択肢がある。給料を別にすれば、気にかかるのは、通勤で長時間車を運転しなければならないこと、駐車場スペースを見つけなければならないこと、バス停から歩く距離が長いことなどだ。店舗のオーナーなら、靴を販売するのを止め、ビデオレンタル店かピザ屋を始めることもできる。

資源は単に自由に移動することも、その意思もないことがある。大規模な自動車組立工場が閉鎖され、何百人もの労働者が失業したらどうなるだろうか。確かに、労働者の中には他の産業で仕事を見つける人もいるだろうが、全員が職を見つけることができるというわけにはいかない。住居を売却できない者や、他の街で新たな給料のよい職を得るために友人や親戚と別れることを望まない者もいる。

連邦政府が税金を節約するために軍事基地を閉鎖したときに起こる問題について考えてみる。何千人もの労働者が解雇されても、この地域では雇用は見つからない。競争的な自由企業経済の理想状態と考えられる資源の移動性は、現実世界では実現が困難だ。資源が移動できないなら、市場は必ずしも効率的に機能しない。

外部性

多くの活動が**外部性(externality)**——経済活動に含まれない第三者に利益や損害をもたらす経済的副作用——を生む。

負の外部性

ある経済活動が第三者を害するとき、この副次的な影響は**負の外部性(negative externality)**と呼ばれる。ある都市が地域空港の大規模な拡張を行い、企業や雇用を呼び込もうとしたとする。空港の近隣の住民は、滑走路が拡張された後の騒音だけでなく建設工事からも相当な迷惑を被ることになる。この住民は空港の拡張とは関係ないが、彼らは建設に伴う負の外部性に苦しむことになる。

正の外部性

ある経済行動が第三者に利益をもたらすと、この副次的な好影響は**正の外部性(positive externality)**と呼ばれる。例えば、街の反対側に住んでいる人は空港の拡張工事から生まれる追加の雇用から便益をうけるかもしれない。近隣のレストランは客足が増え、従業員を増やすかもしれない。レストランのオーナーと新しい従業員はもともと空港の拡張とは関係がないのに、正の外部性から利益を得ている。

市場の失敗としての外部性

外部性は市場の失敗に分類される。外部性に伴うコストと利益は、買い手と売り手がもともとの生産物に支払う市場価格に反映していないからだ。例えば、航空会社と飛行機の乗客は、新しく拡張された滑走路の近隣に住む家の持ち主に対して資産価値の下落を補償してくれるだろうか。レストランオーナーは、新しい事業から発生する富を航空会社や旅行者と分けあうだろうか。両方とも答えはノーだ。その結果、旅行者が航空会社に支払う運賃には、空港の拡張がもたらしたコストも便益も反映されないことになる。

公共財

次の市場の失敗は、公共財へのニーズに現れる。**公共財(Public goods)**は高速道路、治水、国防、警察、消防などで、国民が集団的に消費するものだ。しかし、市場に任せても、公共財は供給されないか、十分に供給されない。

市場経済は人々が購入するものしか、生産しない。例えば、市場で一人ひとりに国防といった公共サービスを購入させるのは難しい。さらに、ある個人にだけ国防の恩恵がないようにすることも難しい。その結果、市場経済では国防というサービスを提供することができない。

公共財のケースからわかるのは、市場は個人の欲求やニーズを満たすのには非常に成功しているが、集団のそれを満たすことは成功していないということだ。公共財の供給の義務を負うことになるのは、政府である。

REVIEW　6−2　市場の失敗

用語とポイント

1. 以下の用語を定義しなさい。
市場の失敗、外部性、負の外部性、正の外部性、公共財

2. 市場には十分な競争と情報が必要な理由を説明しなさい。

3. 資源が、必ずしも移動しなかったり、したがらない理由を説明しなさい。

4. 2種類の外部性を説明しなさい。

5. 公共財の必要性が市場の失敗に分類される理由を述べなさい。

クリティカル・シンキング

6. 軍事基地の閉鎖から起こり得る正の外部性と負の外部性を1つずつあげなさい。

経済概念の応用　市場の失敗

7. 資源が市場間や産業間を移動しない身近な例をあげなさい。

3. 政府の役割

政府は今日、競争を促進し公共の福祉のための独占を規制する権限を持っている。政府は特定の経済活動を引き継ぎ、それを政府保有の独占企業として運営する場合がある。

政府規制

政府は、独占企業の価格を規制し、公衆に与えられるサービスの質を監視することで、競争を維持しようとする。その目的は、競争があった場合と同程度の価格を設定することだ。

地方自治体は、ケーブルTV会社、水道、電気、そして電話会社のような多くの独占企業を規制している。公的な委員会などの政府機関が、通常サービスの価格を承認する。企業が料金を上げたければ、委員会での議論が必要になる。承認されれば価格は上がり、承認されなければ価格は変わらない。

パブリック・ディスクロージャー

政府が利用できる強力な武器の1つは、企業が一般市民に情報を公開することを要求する**パブリック・ディスクロージャー(public disclosure)**だ。例えば、食品医薬品局は、缶詰などの食品表示を要求している。企業には財務や営業の情報公開が求められている。

一般投資家に株式を販売したすべての企業は、株主と証券取引委員会(SEC)の両者へ定期的に財務と営業の状況を開示することを要求されている。

パブリック・ディスクロージャーの利点は、管理するのにあまりコストがかからず、市場の失敗を阻止するのに十分な情報を提供できることだ。同時に、企業は競争上の秘密を明かすことは強制されない。

修正自由企業

不完全競争が起こるとコストが高くなってしまうため、政府は経済に介入する。歴史的には、自己の利益を追求する自由によって、個人や企業には、他人を犠牲にして経済的利益を追求する者もいた。競争という名目で、大企業のなかには、影響力を用いて小企業の弱みに付け込む者もいた。競争市場が独占市場になってしまったこともあった。

このような状況のため、議会は「悪の独占」を排除し、労働者の権利を保護する法律を制定してきた。労働組合は支持され交渉力を強めた。食品と薬品に関する法律の多くは、不当な宣伝文句や有害な商品から人々を保護するために制定された。政府は、公益事業のようないくつかの産業を厳しく規制してきた。これらの行動すべてが自由企業の修正につながった。

経済的自由に関する規制は、競争のメリットを取り除くためではなく、資源の効率的な利用を促すために実施された。政府はいくつかの理由で経済に介入する。1つめは、フェアプレーというルールの範囲内で競争を促進するためである。2つめは、競争のメリットが享受できなくなる独占を阻止するためである。3つめは、独占が人々のためになることが明らかな産業を規制するためである。その結果、今日の修正自由企業経済は、さまざまな市場構造、企業組織、政府規制の混合物になっている。

REVIEW　6−3　政府の役割

用語とポイント

1. 以下の用語を定義しなさい。
   パブリック・ディスクロージャー
2. パブリック・ディスクロージャーの例を2つあげなさい。
3. アメリカが修正自由企業経済を採用している理由を説明しなさい。

経済概念の応用　パブリック・ディスクロージャー

4. 近くの銀行に行き、金利の計算方法や預金口座の引出し条件について説明した文書をもらいなさい。銀行はなぜこの問題に関して積極的に取り組んでいるのだろうか。

第3部　マクロ経済学：制度

MACROECONOMICS: INSTITUTIONS

あの事業に数十億ドル、これにも数十億ドルと勝手なことを言うが、これらが積み重なって大変な歳出になっていることを知るべきだ。

—エベレット・ダークセン 政治家（1896～1969年）

PREVIEW
経済学の考え方を日常生活に適用する

給与源泉徴収

なぜ給料から多くの項目が源泉徴収されるか疑問に思ったことがあるだろうか。この疑問を抱くのはあなただけではない。その源泉税が、国税か、地方税か、社会保険料かもわかりにくい。10%から30%の所得が源泉徴収されているのだから、私たちは税金についてもっと知るべきだろう。

財政赤字

収入以上に支出しようとしてお金を誰かから借りれば、家計は赤字になる。政府も歳入以上に歳出を行えば、財政赤字になる。

貨幣

財やサービスと引き換えに、なぜ貨幣を受け取るのか。なぜ世界ではさまざまな貨幣が使われるのか。貨幣を定義するのは思っている以上に難しい。これは、発行国、形状、色という特徴ではなく貨幣の役割という観点から捉えられている。

価値の安定

あなたが貨幣に信頼を寄せるのは、その価値が安定しているからである。貨幣があるべき姿で機能するためには、価値が安定していなければならない—多くの要因によって貨幣は安定性を保っている。

貯蓄と成長

あなたは車のローンを抱えているだろうか。あなたの親は住宅ローンを抱えているだろうか。誰から資金を借りて自動車や住宅を購入したのだろう。この資金をどの金融機関から借入れたかは問題ではない。重要なのは、誰かが行った貯蓄から、資金を借りることができたことだ。すなわち、貯蓄によって経済が成長するのである。

第7章 政府歳入

Sources of Government Revenue

1. 課税の経済学

アメリカの連邦政府、地方自治体の運営には巨額の資金が必要となる。1997年にこれらの政府、自治体全体で約2.5兆ドル——アメリカ人1人あたりおよそ9,500ドル——が徴税された。

途方もない行政サービスへの需要を満たすため、政府、自治体が徴収した歳入の合計は劇的に増加してきた。[図7-1]によると、歳入はインフレと人口増加を調整しても、1940年からおよそ700%の水準まで増加していることを示している。また、連邦政府の歳入は、政府、自治体の総歳入の大部分を占めているが、全体に対する割合は減少していることもわかる。

政府が歳入をあげる最も重要な方法は、所得、売上げ、資産への課税である。政府は、大学の授業料、社会保険負担金、失業保険負担金、運転免許更新料などでも歳入を上げている。こうやって徴収された歳入は、経済に大きな影響をおよぼしている。

租税の経済的影響

税金などの政府歳入は政府の運営に必要だが、それは個人と企業の所得を減少させる。所得の減少が生産資源の分配、消費者の購買行動と貯蓄行動、経済の生産性と成長に影響する。

資源配分

工場の財やサービスに課税されると生産コストが上がるので、供給曲線は左にシフトする。需要に変化がなければ、供給の減少は生産物の価格上昇につながる。

価格の上昇に対して人々は右下がりの需要曲線から予測できる通りに反応する——すなわち、購入量が減少する。売上げが減少すると、生産を削減する企業もあるので、失業者が生まれる。生産要素──土地、資本、労働力、起業家──は他の産業に転用されるか、使われないままになる。

行動の変更

租税は、人々の行動を変えることが目的で賦課されることがある。いわゆる**罪悪税(sin tax)**は、税収をあげることを目的としているが、アルコールやたばこのよ

［図7-1］ 政府と地方自治体の総歳入

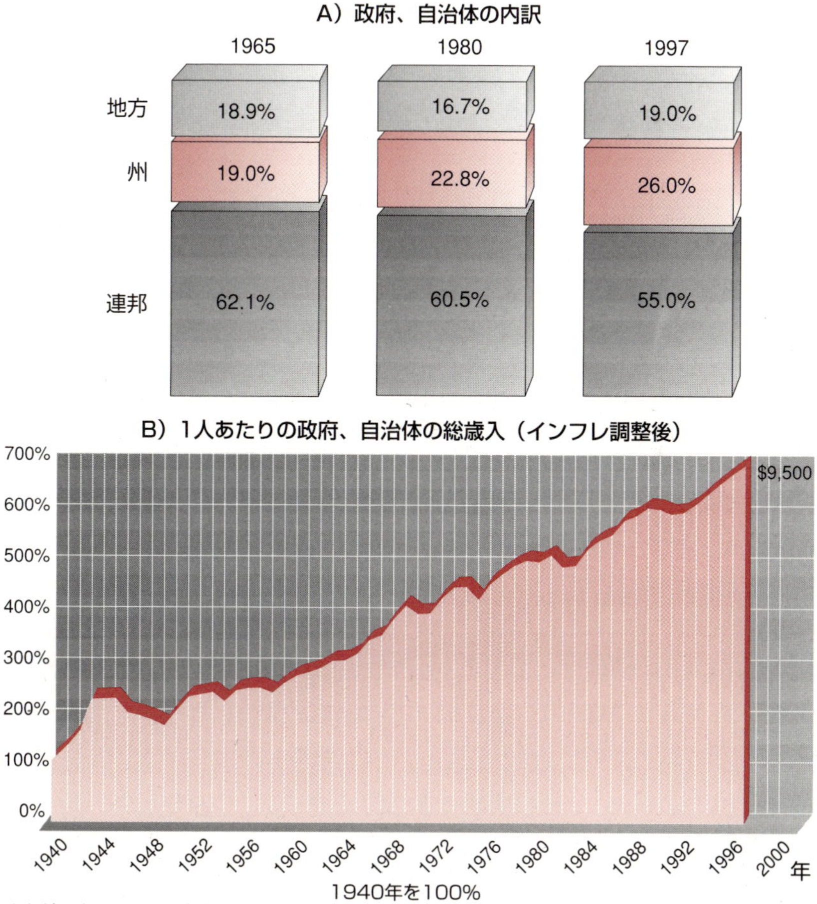

出所：経済分析局、国勢調査省

政府、自治体の収入の構成は変化している。グラフAでは、総歳入に占める連邦政府の割合は低下し、自治体の割合は上昇してきたことがわかる。グラフBでは、インフレ調整後の1人あたりの政府総収入を表している。政府、自治体はどんな形態で歳入をあげているか。

うな社会的に好ましくない商品の消費を抑制することも目的として賦課される比較的重い税金である。カナダは1980年代に罪悪税を採用した。たばこの税額を4倍にし、たばこ1パックの値段は4ドルを超えるほどに値上がりした。その結果、たばこの消費量はおよそ1/3減少した。

生産性と成長

租税は、生産性と経済成長に悪影響をおよぼすこともある。人は所得税が高過ぎると感じると、労働意欲を失う。所得の大部分が税金になってしまうのに、どうして収入を増やそうという人がいるだろうか。企業にも同じことがいえる。法人税が高すぎると、生産を拡大する意欲が衰え、経済成長を抑制する。租税が高いと貯蓄にも影響を及ぼし、企業が借り入れたり投資にまわせる資金も減少してしまう。

効果的な租税の基準

租税が効果的であるためには3つの基準が満たされなければならない。それは公平性、簡素さ、効率性である。

公平性

第1の基準は公平性である。たいていの人が租税は公平でなければならないと考えている。しかし問題は何が公平かということにある。皆が支払う租税が同額の場合にのみ、租税は公平だと信じている人がいる。裕福な人たちほど税金を多く支払うことが公平だと考える人もいる。さらに、自分以外の人に賦課される租税だけが公平だと感じる人さえいるのだ。

税金の抜け道（tax loopholes）──個人や企業が税金の支払いを避けることができる税法上の例外や不備──に関する不満をしばしば耳にする。抜け道は、公平性という観点から問題があるので、たいていの人が批判的である。

簡素さ

第2の基準は簡素さだ。税法は、納税者と収税官の双方が理解できるように書かれていなければならない。これは必ずしも容易なことではないが、納税者が理解できれば、租税にいくらか寛容になることができるだろう。税法が複雑で不明確だと、不幸な結果が生じる。

例えば、1993年までは、3ヵ月間に50ドルを超える賃金をお手伝いに支払うと、社会保障費の負担が発生することを、ほとんどのアメリカ人は知らなかった。議会は1994年に、3ヵ月に50ドルから年間1,000ドルに基準をあげて簡素化を図った。1995年以降は、基準金額がインフレに連動するようになっている。

効率性

効果的な租税の第3の基準は効率性だ。租税に求められるのは、比較的容易に管理でき、適度に歳入を上げることである。

個人所得税は、この基準をかなり満たしている。雇用者は従業員の給与の一部を源泉徴収し、定期的に政府に税金を納めている。雇用者は年度の終わりに従業員に源泉徴収額を知らせる。給与の支払いはほぼコンピュータで処理されているので、源泉徴収制度が雇用者や従業員に過度の負担を強いることはない。

極めて効率の悪い租税もある。特に、州の高速道路の料金所での徴税は効率が悪い。州政府は何百万ドルもかけて高速道路の至る所に料金所を作っている。通勤者にかかるコストは、通行料金だけではない。運転手は通行料を支払うまで一時停止、発進、車線変更を繰り返すので、自動車も傷んでしまう――ときには事故も起こる。運転手は、係員に料金を支払うと、再び発車し、同じことを数マイル先で繰り返すのだ。

効率性とは、課税によって十分な歳入が上がらなければならない、ということでもある。十分な歳入を上げることができず、経済に害がおよぶなら、税金を徴収する価値はほとんどない。例えば、1991年に導入された小型自家用航空機に対する贅沢税。内国歳入庁の記録によると、贅沢税は同年53,000ドルしか徴収できなかった。この租税によって、小型自家用航空機の価格は上昇し、その業界では売上げが減少し、従業員は解雇された。結局、失業保険の支払額は、贅沢税による税収の何倍にも達した。したがって、この税は今では廃止されている。

租税の2原則

上記の3つの租税基準は、租税を評価するための一般的なガイドラインとなる。しかし、この基準では、租税が賦課される個人や集団をどう選択するのか、彼らがいくら納税すべきか、ということについては何ら示唆は得られない。だれもが納税者となりうるので、「誰がいくら支払うのか」という問題は重大だ。

租税は一般に、長年かけて発展してきた2つの原則に基づいている。すなわち、受益者負担と支払能力の原則である。

受益者負担の原則

課税の**受益者負担の原則(benefit principle of taxation)**は、2つの考え方に基づいている。第1は、税金を支払うべき人は、政府のサービスから便益を得る人である、というもの。第2は、納税額は、受ける便益の程度に従うべき、というものである。

ガソリン税は受益者負担の原則に基づいている。ガソリン税は一般道や高速道路の建設に使われるので、ガソリンを購入する運転手は、ガソリン税から便益を得ている。ガソリンの価格に税金が含まれているため、車に乗る機会が多い人――したがって、一般道や高速道路を走行する機会が多い人――ほど税金の支払額が多くなる。

受益者負担の原則には短所が2点ある。1点めは、対価を支払う余裕がない人ほど、政府が提供するサービスを必要としていること。例えば、生活保護を受けていたり、政府の補助金が支給される住宅に住んでいる人は、最低水準の所得しかない。彼らもいくらかは支払うことができようが、自分が得ている便益に応じた対価を負担することはできないだろう。

2点めは、便益は測定することが難しいことだ。ガソリン税で作った道路から便益を受けているのは、ガソリンを購入した人だけだろうか。アクセスの改善によって、不動産の価値が上昇した不動産オーナーはどうか。自動車やバスに乗ってやってくる旅行者から利益を享受するホテルやレストランのオーナーはどうか。こういう人たちはガソリンをあまり買わなくても、ガソリン税によって提供された施設から便益を受けているのである。

支払能力の原則

第2が**支払能力の原則(ability-to-pay principle of taxation)**で、受け取る便益とは関係なく、支払能力に応じて課税されるべきだという考え方だ。支払能力の原則は次の2つを前提としている。まず、政府から得られる便益は必ずしも測定できるわけではないということ。次に、所得が多いほど税金を支払う不快感が少ないということだ。

例えば、4人家族で年間10,000ドルの課税所得しかなければ必需品の購入には所得のほぼすべてが必要だろう。税率が14%なら、この家族は1,400ドルの所得税を支払うことになる――彼らには大金だ。一方、子供のいない夫婦で80,000ドルの課税所得があれば、もっと高い税率でも税金をそれほど不快に思うことなく支払うことができる。

租税の種類

アメリカには今日大きく分類して3つの租税――定率税、累進税、逆進税――がある。これは所得に応じて租税の負担がどう変わるかということを基準にした租税の分類だ。

定率税

定率税(proportional tax)では、所得がいくらであろうと、皆に同じ税率を課す。所得税率が20%とすると、課税所得10,000ドルに対して、税額は2,000ドルになる。課税所得が20,000ドルあれば、税額は4,000ドルになる。

税率が変わらないので、**平均税率(average tax rate)**――税額÷総所得――は所得に関係なく一定となる。所得が増えても、総所得に対する税額の割合は変わらない。

累進税

累進税(progressive tax)は所得が多いほど税率が高くなる税金だ。累進課税では、所得が増加するにつれ、税の絶対額だけでなく、所得に占める税額の割合も増える。累進課税は、**限界税率(marginal tax rate)**を用いて計算される。限界税率とは、追加で生じた課税所得に適用される税率で課税所得にあわせて増加する。したがって、所得が増えると、所得に対する税額の割合も増加する。

逆進税

逆進税(regressive tax)とは所得が低い人の方が、所得に対する税額の割合が高くなる租税だ。例えば、年収10,000ドルの人が食品と衣類に5,000ドルを出費し、年収100,000ドルの人が同じ物に20,000ドルを支出しているとする。売上税が4%とすると、所得の低い人の方が総収入に対する税額の割合は高くなる。

REVIEW 7－1　課税の経済学

用語とポイント

1. 以下の用語を定義しなさい。
罪悪税、税金の抜け道、受益者負担の原則、支払能力の原則、定率税、平均税率、累進税、限界税率、逆進税
2. 税金はどのように資源の分配と生産性に影響を与えるか述べなさい。
3. 税金を評価するために使われる基準を3つあげなさい。
4. 2種類の課税の主要な原理を説明しなさい。
5. 租税の種類を3つあげなさい。

クリティカル・シンキング

6. 最近支払った税金について考えてみなさい。その税金は、累進税、定率税、逆進税のどのタイプに分類されるか理由と共に答えなさい。

経済概念の応用　平等

7. 受益者負担と支払能力の原則のどちらが公平性という点で優れているか意見を述べなさい。

コラム　政府、地方自治体の税収内訳

日本の政府、地方自治体の税収内訳は以下のようになっています。

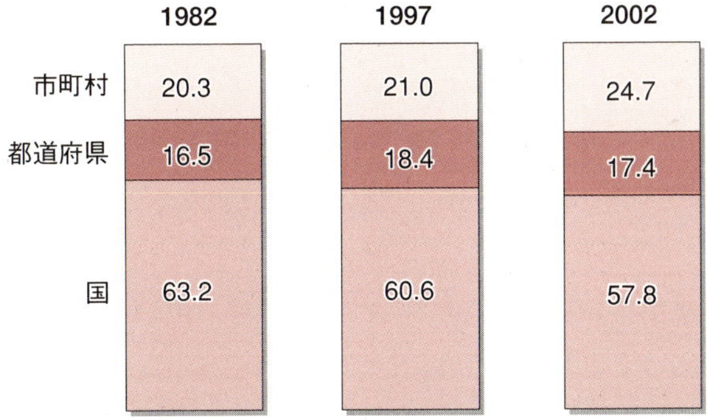

出所：総務省「地方財政白書」各年版

第8章 政府歳出

Government Spending

1. 政府歳出の経済学

アメリカの政府と地方自治体は、財、サービス、移転支出などに莫大な金額を支出している。

政府歳出

連邦政府と地方自治体の歳出は、合計で1997年には約2.6兆ドルになる――想像できないほどの金額だ。これはアメリカ人**1人あたり(per capita)**でみると、約9,610ドルに換算できる。納税者がこの資金を拠出しているので、政府歳出は誰にでも関係があることだ。

過去の傾向

公共部門への歳出が大幅に増加するようになったのは、1940年代に入ってからだ。これには主に2つの理由がある。第1に、第2次世界大戦の戦費として大規模な財政出動が必要であったこと。第2に、世論が日々の経済問題に対する政府の役割の増大を支持し始めたことだ。

世界大恐慌を脱すると、政府は銀行や公益事業などの多くの活動を規制することが求められた。市民の経済的福祉にも深く関わるようになる。最低賃金法、社会保障、福祉プログラム、教育、高速道路、輸送機関が注目を浴び始める。

[図8-1]は、政府、自治体の歳出が増加してきたことを示している。ここでの値はインフレを加味して実質値に調整し、人口増加の影響を取り除くために1人あたりの値になっている。

いくらなら多すぎるのか

多くのアメリカ人は、政府歳出の増加を社会的、文化的な変化の必然の結果として受け止めてきた。しかし、政府がどれだけの財やサービスを提供すべきか──したがって、どれだけの支出をすべきか──という問題を取り上げる人もいる。道路、学校、福祉への支出を増加させたい人もいれば、削減させたい人もいる。国と地方がそれぞれどんなサービスを提供すべきかという問題でも意見が一致していない。

社会での政府の役割は、これからも議論され続けるだろう。銘記しておかなければならないのは、政府の目的の1つは国民の多岐にわたる社会的、経済的目標を推進することにある、ということだ。そのときに、政策のメリットがコストを上まわっていることが重要だ、ということも認識しておく必要がある。

2種類の歳出

政府、地方自治体が経済で**公共部門(public sector)**を構成している。公共部門は、**民間部門(private sector)**の個人や企業から財やサービスを購入する。

政府、地方自治体の歳出には主に2種類ある。財やサービスの購入と生活困窮者などのグループへの支出である。公共部門の支出も、個人や企業の支出とあまり変

[図8-1]　1人あたりの政府総歳出(インフレ調整後)

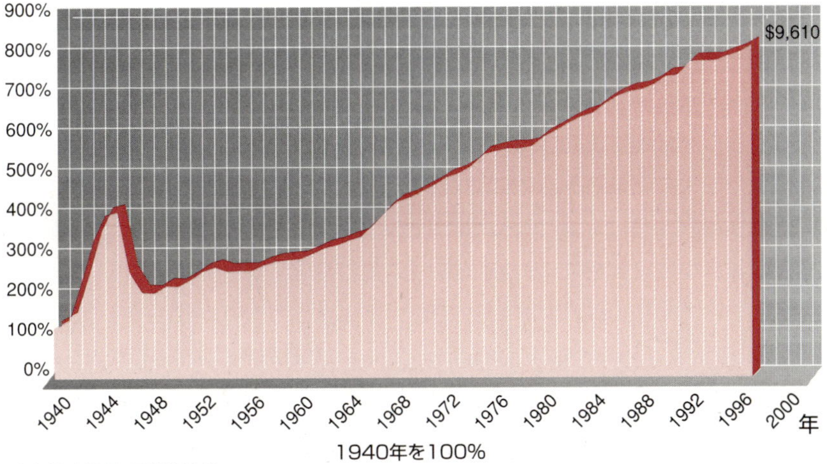

出所:経済分析局、国勢調査省

政府、地方自治体の総歳出は、インフレを調整し人口の増加を加味しても、1940年から約800%の水準まで増加してきた(前章で述べたように、歳入は約700%の水準まで増加している)。1人あたりとはどういう意味か。

わらない。どちらにしても、資源は希少なので効率的に活用されなければならない。

財とサービス

政府はさまざまな財を購入する。例えば、陸軍へ戦車、空軍へ戦闘機、海軍へ戦艦、そしてスペース·シャトルも購入する。オフィスビル、公園に利用する土地、学校と図書館のための資本財も必要だ。クリップや紙、PC、机、ファイル用キャビネット、椅子、石鹸、ガソリンも必要になる。

政府は、職員を雇い軍隊を配備しなければならない。これらのサービスに対する歳出には、大統領、知事、公立高校の教師、市長などの政府職員への賃金や給与が含まれる。

政府が提供する財やサービスの多くは公共財——特定の個人ではなく集団で消費する財——である。公共財には高速道路、国防、学校、消防、警察などがある。

移転支出

2つめの政府歳出は**移転支出（transfer payment）**——政府が支払っても見返りとして財やサービスの提供を受けない支出——である。個人に対する移転支出には、社会保障、福祉、失業手当、身体障害者に対する援助などがある。援助が必要だからこそ、この移転支出が行われている。

ある政府から自治体などへの移転支出は**補助金（grant-in-aid）**と呼ばれる。州をまたぐ高速道路建設計画は、補助金が給付される典型的な例だ。連邦政府は、コストの大半を賄う補助金を与え、残りの資金は高速道路が建設される州が支払う。新たに建設される公立学校にも、補助金が支給される。

移転支出には助成金もある。助成金はある経済的活動を援助したり、保護するために個人や産業全体に支払われる給付金だ。例えば、農民は助成金を受け取って、収入を安定させる。航空業界も過去助成金を受け取っていた。

政府歳出の影響

政府歳出には複雑な問題も含まれている。公共部門の規模が大きいので、政府歳出は人々の日常生活にさまざまな影響をおよぼす可能性がある。重要な影響のいくつかを以下で検討する。

資源配分への影響

政府歳出は、資源配分に直接的に影響する。政府が、都会の社会福祉プログラムではなく田舎でのミサイル･システム開発に歳入を振り向けると、資源の移動によって、その田舎では経済活動が刺激される。

資源配分は間接的な影響も受ける。牛乳、穀物、たばこ、ピーナッツの価格が維持されることが決まると、生産要素はこの業界に留まる。政府の援助がなければ生じるはずの、遊休地、失業者、余剰資本は生じないことになる。

所得配分への影響

政府歳出は、**所得分配（distribution of income）**——所得が家族、個人などに割り当てられる方法である——にも影響を与える。例えば、貧困にあえぐ家庭では移転支出の増減は、生活に直結している。

政府が何に支出するかを決めると、所得に間接的な影響も出る。例えば、戦闘機の購入先を変更すると、双方の工場の近隣地域に影響が出る。どちらの工場とも直接の関係はない多くの企業が影響を感じるのは、労働者が解雇されるか雇用されたときと、その地域でのお金の使い方が変わったときだ。

１９９０年代の軍事基地の閉鎖は、所得の分配に深刻な意味をもった。軍事施設の周辺地域は所得の激減に遭遇した。

民間部門との競合

政府が自ら財やサービスを生産すると、民間部門との競合が起こることが多い。国防や司法システムを提供しても競合は起こらないが、こういうことばかりではない。

医療分野では、政府は退役軍人のための病院を経営している。この病院は税金で建設されており、同様のサービスを提供している民間部門の病院と競合している。郡や市の保健所も予防接種などのサービスを提供しているところが多く、民間病院と競合している。

REVIEW　8－1　政府歳出の経済学

用語とポイント

1. 以下の用語を定義しなさい。
1人あたり、公共部門、民間部門、移転支出、補助金、所得分配

2. 1940年以来の1人あたりの政府歳出について説明しなさい。

3. 2種類の政府歳出を説明しなさい。

4. 政府歳出が経済に与える影響を3つあげなさい。

クリティカル・シンキング

5. 多くの人が政府歳出は多くなり過ぎているといっている、という考え方に賛成かどうか、5人に意見を聞き、あなたの考えをまとめなさい。

経済概念の応用　移転支出

6. 失業保険のような移転支出は経済的な安定の達成に貢献するだろうか。

第9章 貨幣

Money

1. 貨幣の進化

貨幣は、ないということが考えられないものだ。しかし、貨幣のない暮らしはどんなものだろう。**物々交換経済(barter economy)**、すなわち、貨幣を使わない物と物との交換に依存する経済と貨幣経済とでは、暮らしはまったく異なる。貨幣がなければ、財やサービスの交換は大いに妨げられる。支払いにあてる生産物は、支払手段として受け入れられないとか、分割できないとかの問題が起こるからだ。貨幣は、我々が気にも留めなかった方法で、皆が便利に暮らせるような役割を負っている。

貨幣とは何か

基本的に、どんなものでも貨幣になる。**貨幣(money)**は交換手段、価値尺度、価値貯蔵手段という機能を備えている物質であれば何でもかまわない。

交換手段

貨幣は、**交換手段(medium of exchange)**として財やサービスの支払手段として一般的に受け入れられている。物々交換では、取引は交換手段を用いずに行われる。例えば、植民地時代には、布を売って鶏を受け取った。医者は医療サービスを提供してジャガイモを手にした。しかし、社会が複雑化すると、物々交換は困難になる。

価値尺度

貨幣は、**価値尺度(measure of value)**として多くの人が理解できる物差しで価値を表す。自転車1台は、テレビ1台や玉ねぎ50袋と等価だといわれても、安いのか高いのかわかりにくいだろう。しかし、自転車にドルで表示された値札が付いていれば、たいていの人が価値を判断できる。物の価格はドルという貨幣で比較される。消費者が貨幣という共通の基準を使って取引を行うことができるのは、価値を測る物差しが1つだからだ。

価値貯蔵手段

貨幣は、**価値貯蔵手段(store of value)**としても機能する。財やサービスは貨幣に交換されると、将来まで容易に価値を蓄積できる。貨幣を介することで、収入を得てすぐに支出する必要がなくなる。

古代の貨幣

貨幣を利用するようになって、人々は、より快適に暮らせるようになった。貨幣はお互いにまったく接触のない社会で独自に進化し、また、その発生時期もさまざまだった。その結果、貨幣には信じられないほど多くの種類、形態、大きさがある。

最も古い貨幣の1つは、南太平洋とアフリカの一部に見られる明るい色づけがされたコヤスガイだ。ニュー・ギニアでは犬の歯が、マーシャル諸島では釣り針が貨幣の役割を果たした。南太平洋のサンタ・クルーズ諸島では、ミツスイの羽が短い棒に取りつけられて貨幣として流通していた。古代中国では茶葉を圧縮して「煉瓦」のようにしたもの、初期のロシアでは押しつぶされたチーズが貨幣として用いられた。東アフリカのマサイ族は、小型の鉄の矢尻をネックレスにまとめて硬貨として使用した。

この手の貨幣は今日、**商品貨幣(commodity money)**──商品としても利用できる貨幣──に分類される。例えば、圧縮された茶葉は、交換する必要がないときには、本来の用途で用いられた。その他に**不換貨幣(fiat money)**──政令によって定められた貨幣──もある。紀元前7世紀に小アジアで使われた小さな金属製の硬貨は不換貨幣だった。これは商品としての使用価値はあまりないが、貨幣として機能した理由は、政府がこれは貨幣であると認めたことにある。

貨幣が受け入れられたのは、そうすることが皆の利益にかなっているからだ。この意味では、貨幣は、法律や政府が一般的に受け入れられているのと同様に、当時でも現在でも社会的慣習である。

貨幣の特徴

古代の貨幣の研究は、貨幣が価値をもつ特徴を特定するのに役立つ。優れた交換手段となるには、貨幣は携帯性、耐久性、可分性があり、供給が制限されていなければならない。

携帯性

まず、貨幣は、携帯性があり、容易に譲渡できなければならない。古代社会の貨幣――犬の歯、鳥の羽、圧縮されたお茶やチーズの固まりなど――は携帯性に優れているものが多い。

耐久性

貨幣は、適度に耐久性がなければならない。入植初期の通貨は耐久性が高いものが多い。例えば、貝殻玉は、取扱いに特別の注意を払わなくても長持ちした。入植時代の不換紙幣でさえ、使い古されると新紙幣が容易に発行されたので一種の耐久性を備えていたといえる。

可分性

貨幣は、小さな単位に分けることができ、取引に必要な量に分割できなければならない。古代の貨幣には優れた可分性があるものが多い。マサイ族が使った鉄製矢尻の硬貨の場合、ネックレスは分解され、矢尻のいくつかが貨幣として利用された。お茶やチーズの固まりはナイフで切断して利用された。

利用可能性の制限

最後に、何かが貨幣として機能するには、入手できるが、供給に制限がなければならない。例えば、ニュー・ギニアの犬の歯は、野犬から採取された。島民は歯を求めて犬を狩るので、野犬は決して大幅に増加しなかった。

貨幣も供給が増えると価値を失う。これが多くの商品貨幣の欠点である。例えば、バージニアでは、誰もがたばこを栽培しはじめた結果、たばこの価格が1ポンドあたり36ペニーから1ペニーに値下がりしてしまった。

REVIEW　9−1　貨幣の進化

用語とポイント

1. 以下の用語を定義しなさい。
物々交換経済、貨幣、交換手段、価値尺度、価値貯蔵手段、商品貨幣、不換貨幣

2. 貨幣の機能を3つあげなさい。

3. 貨幣の4つの特徴をあげなさい。

クリティカル・シンキング

4. 貨幣の色、形態、大きさが変わるという噂を耳にすることがある。これらの変更は貨幣の役割にどんな影響があるか説明しなさい。

経済概念の応用　貨幣

5. 次の文に対する短い意見を書きなさい。「貨幣は我々の生活を楽にするために発明された。したがって、それは使うものであって、使われるものではない。お金を自分の主人としている者は、お金の本質を理解していない。」

第10章 連邦準備制度と金融政策

The Federal Reserve System and Monetary Policy

1. 連邦準備制度

1913年12月23日、議会はアメリカの中央銀行として連邦準備制度を創設する法案を可決した。連邦準備制度(Federal Reserve System)は今日、政府に対して金融サービスを提供し、金融機関を規制し、決済システムを管理し、消費者保護法を執行し、金融政策を実行する。人は誰もがお金と関わっているので、連邦準備制度の活動はすべての人に影響をおよぼす。

連邦準備制度の特徴

連邦準備制度は、中央銀行としては特異な歴史を持つ。連邦準備制度は分権的銀行システムとして始まり、政府ではなく民間銀行によって所有されている。

地区制

議会は連邦準備制度を創設するとき、全国を12地区に分割した。12の地区にそれぞれ連邦準備銀行が置かれ、独立して運営されることになっていた。これらの地区連銀はワシントンの連邦準備制度理事会(FRB)によってごく緩やかに連携することになっていた。

この分権的組織構造は、2つの理由から望ましいと考えられていた。まず、議会は個々の地区連銀の権限を制限したいと考えていた。地区連銀の数が増えれば規模が小さくなるので、その権限は弱まる。第2に、地区制は中央集権的な制度より地域のニーズに応えやすくなると、議会は考えた。

当初、地区連銀それぞれは、独立して自己の担当地区の信用状況を管理することになっていた。対等であることのシンボルとして、それぞれの標章をつけた硬貨を発行した。しかし、大恐慌時の銀行破綻を経て、議会は地区連銀から独立性を奪い、その権限をワシントンの連邦準備制度理事会へ移管した。それ以降、連邦準備制度は唯一の統一された中央銀行としての役割を果たしている。

民間所有

もう1つの特徴は、連邦準備銀行は**加盟銀行(member banks)**——連邦準備制度に参加している銀行——によって所有されている点だ。政府が連邦準備銀行を所有しているわけではないのだ。民間銀行による所有は、1913年の連邦準備制度設立時に議会は十分な設立資金がなかったため、この制度に参加する銀行に資本拠出を求めたことに由来している。加盟銀行は出資の対価として地区連銀の株式を受け取る。十分な参加を募るために、全国展開している銀行すべてが参加を要求された。

地区連銀の株式も普通の株式と似ている。地区連銀は株主である加盟銀行に配当を支払う。加盟銀行には地区連銀理事会の理事の過半数を選出する権利が与えられており、その理事が各地区の連銀総裁を指名する。しかし、連邦準備制度の活動は影響が大きいので、それを指揮監督する連邦準備制度理事会(FRB)の理事は大統領が指名し、議会が承認することになっている。

連邦準備制度の構造

[図10-1]は連邦準備制度の組織構造の概要を示している。連邦準備制度の主要組織は、1930年代の世界大恐慌からほとんど変わっていない。

連邦準備制度理事会(FRB)

大統領は、7人で構成される任期14年の連邦準備制度理事会(FRB)の理事を指名する。ワシントンを本拠地として、理事会は連邦準備制度の活動全般を指揮、監督する。就任には上院の承認が必要になり、任期がずれているので、2年ごとに1人のポストが空く。議長は理事の中から選出される。

FRBは主として指揮、監督を行う機関である。これは地区連銀と加盟銀行が従うべき方針を策定し、州認可の加盟銀行の営業を規制し、金融政策を実行する。また、議会に対して毎年報告を行い、国内外の金融政策に関する冊子を毎月発行している。

連邦公開市場委員会(FOMC)

連邦公開市場委員会(FOMC)はマネー・サプライと金利水準に関する決定をする。FOMCは連邦準備制度理事会の7人の理事、1年交代の5人の地区連銀総裁から構成されている。

この委員会は年8回、ワシントンで会合を開き、経済状況について詳細に検討し、金利とマネー・サプライについて決定を下す。決定は非公開で行われるが、しばらくすると議事録が公表される。

連邦諮問会議

12の地区連銀は、連邦準備制度理事会に経済状況に関する情報提供を行う。この情報提供は連邦諮問会議を通して行われる。会議のメンバーは12人で、それぞれの地区の加盟銀行によって任命される。連邦諮問会議は、連邦準備制度の日々の業務にあまり影響を与えない。理事会とは年4回、会合を持つ。

［図10-1］連邦準備制度の仕組み

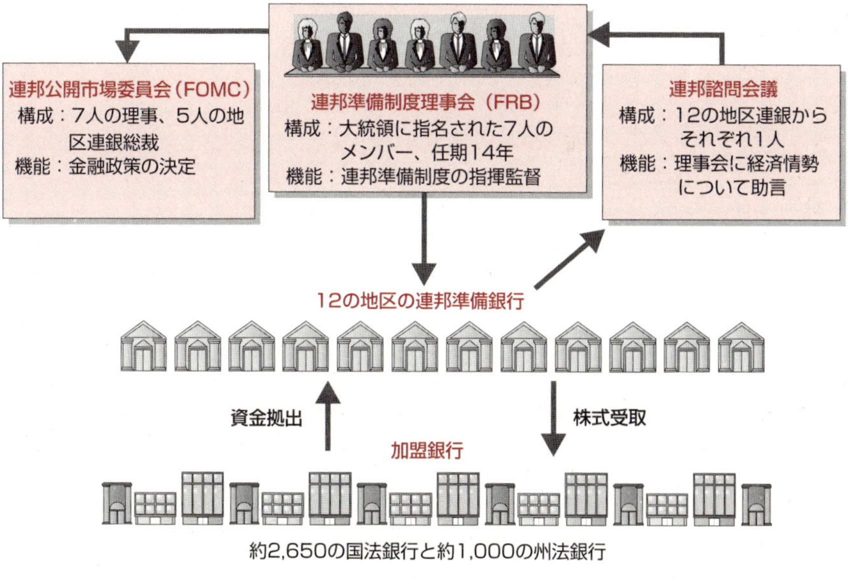

FRBは極めて簡素な組織になっている。大統領が指名し上院が承認した7人の理事で構成される連邦準備制度理事会（FRB）が連邦準備制度を指揮、監督している。理事は重要な金融政策が決定されるFOMCでも多数を占めている。加盟銀行は資金を拠出し、所有権を表す株式を受け取る。加盟銀行も各連銀地区からの代表12人で構成される連邦諮問会議を通して理事会に助言を行う。理事会（FRB）はどんな役割を負っているか。

規制責任

連邦準備制度の業務は多岐に亘る。それは銀行の監督、小切手の決済、マネー・サプライの管理、消費者保護法の施行などにもおよぶ。以下では、これらの業務について述べる。

さらに、連邦準備制度は金利とマネー・サプライに影響を与える金融政策の責任も負っている。金融政策については本章第2節で取りあげる。

州加盟銀行の監督

商業銀行(commercial bank)、貯蓄銀行、貯蓄金融機関、**クレジット・ユニオン(credit union)**を含むすべての預金受入金融機関は、顧客の預金に対して準備預金を積まなければならない。連邦準備制度は**州法銀行(state bank)**の準備預金積立状況を監視するが、連邦準備制度に加盟していない銀行などの準備預金は、他の連邦政府の機関が監視する。

準備預金は、今日では2つの重要な役割を果たしている。1つは、準備預金は銀行が小切手を精算するために用いられること。もう1つは、連邦準備制度は準備預金を操作してマネー・サプライを調節しようとすることだ。

銀行持株会社

連邦準備制度は**銀行持株会社(bank holding companies)**──銀行を所有している会社──にも幅広い規制権限を持っている。持株会社は、銀行ではないので、預金を受け入れたり貸出しを行ったりしない。銀行持株会社は、単に銀行を所有しているだけの会社である。今日ではある銀行の株式を購入するといえば、複数の銀行を所有する銀行持株会社の株式を購入することが多い。

これは不思議に思えるかもしれないが、歴史的変遷を経てできあがった仕組みだ。大恐慌中に銀行破綻が相次いだことによって、銀行には多くの規制がかけられるようになった。そこで、銀行は規制を回避するために、銀行法の規制を受けない銀行持株会社を設立した。なぜなら、銀行持株会社はそれまでの定義では銀行ではなかったからだ。しかし、議会は後に連邦準備制度に銀行持株会社の活動を規制する権限を与えたので、銀行持株会社を設立して銀行法の規制を回避することはできなくなった。

現在約6,000の銀行持株会社が、約7,000の商業銀行を傘下に収めている。銀行持株会社という組織形態は、規制当局からさまざまな規制や監督を受ける。例えば、連邦準備制度に加盟していない州法銀行を3行所有する銀行グループの場合、傘下の銀行はそれぞれ連邦預金保険公社(FDIC)によって検査、監督され、銀行持株会社自体は連邦準備制度の規制を受けることになる。

国際業務

外国銀行は、アメリカ経済で大きな存在感を持っている。60ヵ国の銀行が、アメリカにおよそ500の支店や代理店を置いている。さらに、外国銀行はアメリカの大手銀行の株式を大量に保有している。外国銀行は、アメリカの銀行貸出額全体の約20%を占めている。

連邦準備制度は、この外国銀行を監督し規制する広範な権限も有している。外国銀行の支店や事務所は毎年検査を受け、連邦準備制度の権限によってアメリカでの営業を停止させられることもある。

また、連邦準備制度はアメリカの加盟銀行と持株会社の海外業務を承認し監督する。現在、連邦準備制度に加盟しているアメリカの銀行は、海外におよそ800の支店を持っている。

加盟銀行の合併

複数の銀行の合併には、しかるべき連邦銀行規制当局の承認が必要となる。存続会社が州法で認可を受けた加盟銀行であれば、連邦準備制度によって合併を承認されなければならない。

これ以外の合併では、他の銀行規制当局が承認する。国法銀行2行が合併する場合、連邦通貨監督局の合併認可を受けなければならない。非加盟州法銀行2行の合併では、合併を承認するのはFDICである。

小切手の精算

連邦準備制度が提供する重要なサービスの1つは、銀行システムで準備預金を大量に使用する小切手の精算である。一般に、加盟銀行が連邦準備銀行に預けている準備預金は、小切手の決済のためにも使われる。

[図10-2]は小切手の決済過程を説明している。例中の人物は、5ドルの小切手を切る。小切手が銀行間で処理される間、資金は銀行が地区連銀に持っている口座間を移動する。最後に発行者の当座預金から資金が支払われる。

地区連銀は常時何百万枚もの小切手を精算する。そのために、最新の高速小切手

[図10-2] 小切手の決済

ルース	
DDA	~~$100~~
	95

小切手はルースに戻される。

X銀行は次に、その月に彼女が書いた小切手と一緒に月末にルースの小切手を彼女に返却する。ルースが支払済み小切手を手にしたとき、彼女の記録が銀行の記録と一致していることを確かめるために、小切手帳とつき合わせる。

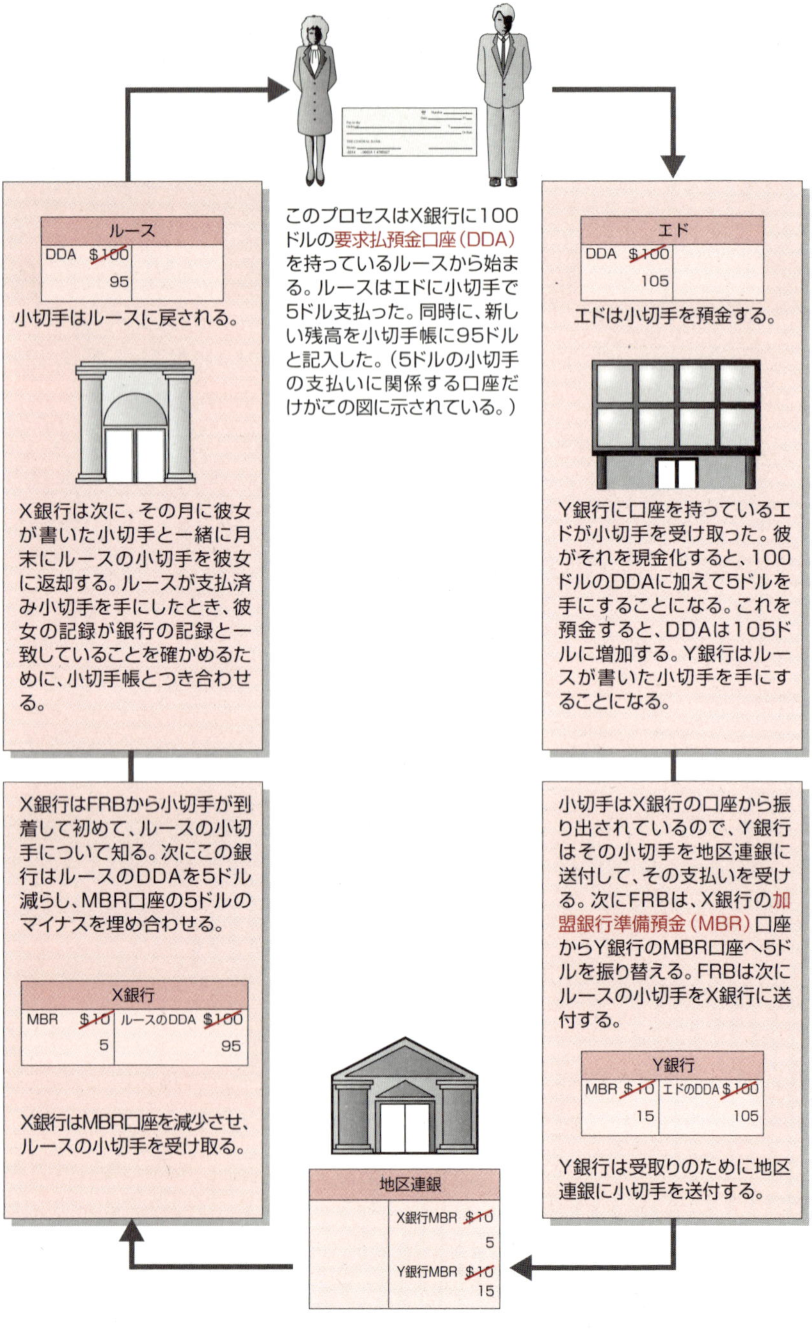

このプロセスはX銀行に100ドルの<u>要求払預金口座（DDA）</u>を持っているルースから始まる。ルースはエドに小切手で5ドル支払った。同時に、新しい残高を小切手帳に95ドルと記入した。（5ドルの小切手の支払いに関係する口座だけがこの図に示されている。）

エド	
DDA	~~$100~~
	105

エドは小切手を預金する。

Y銀行に口座を持っているエドが小切手を受け取った。彼がそれを現金化すると、100ドルのDDAに加えて5ドルを手にすることになる。これを預金すると、DDAは105ドルに増加する。Y銀行はルースが書いた小切手を手にすることになる。

X銀行はFRBから小切手が到着して初めて、ルースの小切手について知る。次にこの銀行はルースのDDAを5ドル減らし、MBR口座の5ドルのマイナスを埋め合わせる。

X銀行			
MBR	~~$10~~	ルースのDDA	~~$100~~
	5		95

X銀行はMBR口座を減少させ、ルースの小切手を受け取る。

小切手はX銀行の口座から振り出されているので、Y銀行はその小切手を地区連銀に送付して、その支払いを受ける。次にFRBは、X銀行の<u>加盟銀行準備預金（MBR）</u>口座からY銀行のMBR口座へ5ドルを振り替える。FRBは次にルースの小切手をX銀行に送付する。

Y銀行			
MBR	~~$10~~	エドのDDA	~~$100~~
	15		105

Y銀行は受取りのために地区連銀に小切手を送付する。

地区連銀	
X銀行MBR	~~$10~~
	5
Y銀行MBR	~~$10~~
	15

仕分け装置を使っている。小切手を受け入れるとそこから情報を収集し、それをコンピュータで利用できるファイルに変換する銀行もある。このファイルは地区連銀に伝送され、地区連銀はこの情報を使って加盟銀行の口座を調整する。この方法では、加盟銀行の差額振替えに小切手自体が全体のシステムを通過する必要はない。

消費者保護

連邦準備制度はいくつかの消費者立法、なかでも**真実貸付法(truth-in-lending laws)**に責任を持っている。真実貸付法は、クレジットで買い物をする人に対して販売者は完全で正確な情報開示をしなければならないというものだ。**レギュレーション Z(Regulation Z)**の下で、企業、小売店、自動車販売店、銀行、貸付機関は、消費者に真実貸付法上必要とされる情報を開示する。

例えば、ローンで家具や車を購入しようとすると、販売者が購入前にいくつかの項目を説明するのに気づくだろう。その項目には、頭金、返済回数、月あたりの返済額、利子の総額などがある。大まかにいえば、議会は適切な情報開示を義務づけ、それを受けて連邦準備制度は消費者にとって最も価値がある情報の詳細を定めているのだ。

貨幣

今日利用されている**紙幣(currency)**である連邦準備紙幣——連邦準備銀行が発行する不換紙幣で、印刷局で印刷される——は、1ドル、2ドル、5ドル、10ドル、20ドル、50ドル、100ドルの額面で発行されている。これらは保管のために地区連銀に配送され、それは求めに応じて加盟銀行に送られる。

損傷などの理由で使用できない紙幣があれば、銀行はそれを地区連銀で新しいものと交換してもらう。地区連銀は、その紙幣が流通しないように破棄する。

造幣局は1セント、5セント、10セント、25セント、1ドルの**硬貨(coins)**を鋳造している。鋳造された硬貨も保管のために地区連銀に配送され、地区連銀は加盟銀行が必要になるまで保管する。

REVIEW 10－1 連邦準備制度

用語とポイント

1. 以下の用語を定義しなさい。
加盟銀行、銀行持株会社、真実貸付法、レギュレーションZ、紙幣、硬貨

2. 連邦準備制度の構造を説明しなさい。

3. 連邦準備制度が法的な責任を負っている領域をあげなさい。

経済概念の応用　真実貸付法

4. 電気製品、自動車、家具などの財をクレジットで販売している店舗に行ってみよう。セールが実施されるときに開示が要求される情報について、オーナーやマネージャーにたずねてみよう。ディスクロージャーのコピーを手に入れ、クラスで検討しなさい。

2. 金融政策

中央銀行の最も重要な責任の1つが、金融政策である。**金融政策(monetary policy)**はマネー・サプライの増減を通じて金利に影響をおよぼし、経済活動を左右する。

金融政策を実行する過程は、複雑で高度に構造化されている。金融政策をよりよく理解するために、金融システムの基礎となっている準備預金制度の知識が必要だ。

準備預金制度

アメリカの銀行は**準備預金制度(fractional reserve system)**の下で営業しており、預金受入金融機関は預金の一定割合を準備預金として連邦準備銀行に預けることが要求されている。金融機関が保有しなければならない準備預金を計算するために使われるのが**預金準備率(reserve requirement)**である。例えば、連邦準備制度が預金受入金融機関に預金の3%を準備預金に充てるよう要求するというように、適当と考えられる水準に預金準備率を変更することができる。

預金準備率を満たすために用いられる現金、預金が**法定準備金(legal reserves)**だ。法定準備金は、地区連銀など規制当局に認められた場所にある預金に加え、自行の金庫にある資金のこともある。

加盟銀行が地区連銀に預けている法定準備金は、**加盟銀行準備預金(member bank reserves)(MBR)**と呼ばれる。非加盟銀行は連邦準備制度の加盟銀行に法定準備金を預けるか、規制当局の許可を得て法定準備金を別の場所で積み立てる。

銀行はどう経営されているか

銀行がどう経営されているかを理解するために、銀行の負債と資産について考えてみる。**負債(liabilities)**とは借入れと他人に対する支払義務である。**資産(assets)**は、不動産、所有物、他人に対する請求権である。負債と資産は一般的に**バランス・シート(balance sheet)**――ある一時点での全資産と全負債を示す要約された計算書――にまとめて記載される。このバランス・シートは企業の価値を表す尺度の1つである**自己資本(net worth)**――資産マイナス負債――も表している。

銀行を設立する

ある人がハイランド・ハイツ銀行という仮想上の銀行の設立認可を受けたとしよう。その銀行は株式会社として設立され、オーナーは20ドル出資し、その資金で建物や家具を取得して事業を開始する。この出資と引換えに、オーナーは株式を受け取る。出資金は自己資本として計上される。[図10-3]のパネルAは銀行の設立時のバランス・シートを示している。

バランス・シートでは左側に資産、右側に負債と自己資本が表示される。自己資本がバランス・シートの右側に置かれている理由を理解するために、自己資本の定義を再整理してみよう。

資産－負債＝自己資本

資産＝負債+自己資本

図のバランス・シートは見た目にちなんでT勘定と呼ばれており、上記の等式同様に資産と負債、自己資本とが区分して記録されている。T勘定も等式と同様に左側と右側の金額が常に一致しなければならない。

預金を受け入れる

今、顧客が来店し、100ドルの当座預金を開設したとする。[図10-3]のパネルBに示されたこの取引はバランス・シートの両側に記入される。まず、預金は預金者に払い戻す義務があるので、100ドルが負債として記録される。次に、現金は銀行が所有することとなるので、バランス・シートの資産側に計上される。

実際には、資産側では100ドルが2個所に分けて記帳される。90ドルは現金として、10ドルは法定準備金──預金者保護のため法律に従って積み立てられる資金──となる。準備預金の額は預金準備率によって決まり、この例では10%とされている。預金準備率が15%ならば、15ドルが積み立てられることになる。

貸出しを行う

銀行は手元に現金ができたので、貸出しを行うことができる。法定準備金を超えた資金、すなわち、**余剰準備(excess reserves)**は自由に貸し出せる。現段階で、余剰準備は90ドルである。

顧客が銀行に来店し、余剰準備と同額の資金を借り入れると、バランス・シートでは90ドルの計上先は現金から貸出しに変わる。この変化はパネルCに表示されている。総資産には変化がなく、その内訳だけが変化──利子を生まない資産(現金)から

［図10-3］ハイランド・ハイツ銀行のバランスシート記帳

A）銀行が株式会社として組織されたとき、オーナーは現金を出資し建物と家具を購入した。出資と引き換えに、所有者は株式を受け取った。

資　産		負債・自己資本	
法定準備金		当座預金	
現金			
貸出		自己資本	$20
債券			
建物と家具	$20		
	$20		**$20**

B）顧客が預金をしたとき、預金の一部は法定準備金として積み立てられる。自己資本は変わらないままである。

資　産		負債・自己資本	
法定準備金	$10	当座預金	$100
現金	$90		
貸出		自己資本	$20
債券			
建物と家具	$20		
	$120		**$120**

C）別の人が資金を借りに来ると、銀行は要求法定準備金以外の現金をすべて貸し出すことができる。

資　産		負債・自己資本	
法定準備金	$10	当座預金	$100
現金			
貸出	$90	自己資本	$20
債券			
建物と家具	$20		
	$120		**$120**

仮想銀行のT勘定によって、受け入れた預金の貸出しを行う過程を明らかにすることができる。預金が満期を迎える頃には、それは貸付け、法定準備金、現金、政府証券などのいろいろな資産を保有しているだろう。バランス・シートの反対側には、CD、当座預金、貯蓄預金、自己資本が表れる。預金準備率が20%であれば、銀行はいくら貸出しを行うことができるだろうか。

利子を生む資産（消費者向け貸出し）への変化──する。

金利12%で90ドル貸し出すと、毎年10.80ドルの利子を得ることになる。他の貸出しから得られた所得と共に、この所得は役職員の給料、公共料金、税金、その他の経費、株式配当などの支払いに充てられる。

満期

銀行は上記の過程を繰り返して資産と負債を多様化させ、成長し繁栄する。銀行の預金の多くは貸出しとして地域社会に還流し、貸出しのうちいくらかは預金として銀行に戻る。

銀行は余剰準備の一部で、国債や地方債などの有価証券を購入することもある。債券などの有価証券が有益な理由は2つある。それらは利子を生むので、現金より魅力が高い。また**流動性（liquidity）**——短期間で現金に換えることができる可能性——も高い。流動性によって顧客へよりよいサービスを提供することができる。ローンの需要が高まれば、銀行は債券を売却し、現金を顧客に貸し出すことができる。

銀行は新商品を導入すれば、新たに資金を調達できる。1つは**譲渡性預金証書（certificate of deposit）**——投資家が銀行に対して利子付きの貸付けを行ったことを示す証書——である。多くの銀行は**普通預金（savings accounts）**や**定期預金（time deposits）**——小切手では引き出せない利子が発生する口座——も提供する。定期預金を引き出す場合には前もって銀行に知らせなければならないが、普通預金にはその必要がないという点を除いて、この2つの口座は似ている。

銀行は、貸出しを譲渡性預金、預金口座、定期預金などの借入れに対する金利に2%から3%の「利鞘」を見込んだ水準で行う。そうすれば、経費が極端に高くなければ、利益を確保することができる。つまり、調達金利が6%だとすれば、費用をまかなったうえに十分な利益をあげるには、少なくとも8%から9%の金利で貸出しを行わなければならない。

預金準備とマネー・サプライの増加

準備預金制度によって、銀行が保有する資金は何倍にも増加する。[図10-4]は、これがどのように起こるかを示している。預金準備率には20%を使っている。

貸出しとマネー・サプライの増加

図では、フレッドという名の預金者が月曜日に1,000ドルの要求払預金（DDA）を銀行に預けている。法に則り、フレッドの預金のうち200ドルは手元現金として積み立てられるか、**加盟銀行準備預金（MBR）**——加盟銀行が準備預金を満たすために地区連銀に維持している預金——として積み立てられる。残りの800ドルの余剰準備は、銀行の貸出余力となる。

火曜日に銀行は、800ドルの余剰準備をビルに貸し出す。ビルはその貸出しを現金でも、銀行のDDAでも受け取ることができる。ビルがDDAで受け取ると、資金は銀行に留まる。さらに、DDAは新規の預金として扱われ、20%の160ドルが法定準備金として積み立てられ、残りの640ドルは誰か他の人に貸し出すことができる。

水曜日には、マリアが銀行で640ドル借りる。彼女もまた借入金を現金かDDAで受け取ることができる。もしDDAで受け取るならば、640ドルの新規預金が発生し、その20%は法定準備金として積み立てられ、余剰準備は512ドルになる。

水曜日までに、フレッドは1,000ドルのDDA、ビルは800ドルのDDA、マリアは640ドルの現金またはDDAを手にすることになる。この合計2,440ドルは月曜日の1,000ドルの預金から始まったプロセスから生じている。銀行に余剰準備がある限り、新規の貸出しは可能だ。

準備預金とマネー・サプライ

上記の例のように新規貸出額は減少していくので、マネー・サプライの増加はいずれ止まることになる。法定準備金、準備預金率、マネー・サプライの3つの要素間には明確な関係が存在する。例えば、預金準備率がマネー・サプライの20%ならば、以下のようになる。

法定準備金総額＝0.20×マネー・サプライ

1,000ドル÷0.20＝マネー・サプライ

従って、5,000ドル＝マネー・サプライ

［図10-4］準備預金とマネー・サプライ

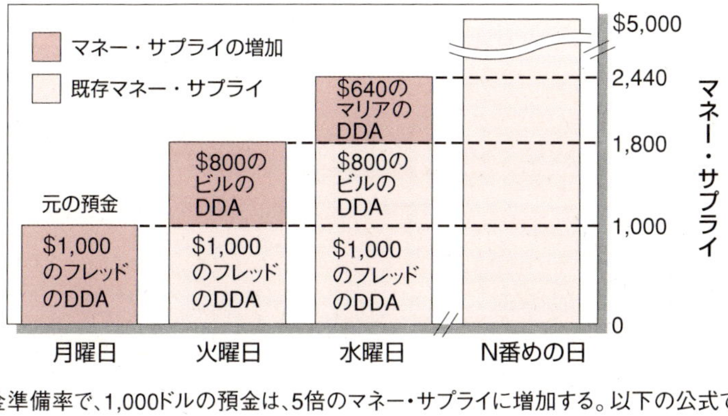

20%の預金準備率で、1,000ドルの預金は、5倍のマネー・サプライに増加する。以下の公式でマネー・サプライの最大増加額を計算できる。

法定準備金総額 ÷ 預金準備率 ＝ マネー・サプライ

$1,000 ÷ 0.20＝ $5,000

元の預金が$2,000ならば、マネー・サプライはいくらまで増加するか。

20％の預金準備率に対して、1,000ドルの法定準備金を積むと5,000ドルのマネー・サプライが生じ得ることを示している。この額は、フレッドの元々の預金が生みだすマネー·サプライの最大額である。

しかし、マリアが借入れを現金で受け取ったとすると、マネー・サプライの増加はいったん止まる。やがてマリアがその資金を使うと、その資金は別の銀行に預けられ、マネー・サプライの増加プロセスは再開する。銀行借入金のほとんどは、現金ではなくDDAのような口座に振り込まれるので、増加プロセスの一時的中断はそれほど重要なことではない。

マネー・サプライが限界まで増加すると、今度は法定準備金の変化がマネー・サプライに影響を与えるようになる。Δという記号で変化という意味を表すと、以下のようなことがわかる。

Δ法定準備金＝0.20×Δマネー・サプライ

Δ法定準備金÷0.20＝Δマネー・サプライ

例えば銀行が法定準備金を5ドル引き出したとする。この場合のマネー・サプライは以下の額だけ変化する。

Δ法定準備金÷0.20＝Δマネー・サプライ

−5ドル÷0.20＝−25ドル

換言すれば、マネー・サプライは25ドル減少し、5,000ドルから4,975ドルになる。

金融政策のツール

FRBには金融政策を実行するために重要なツール3つと、重要性がやや低いツールが2つある。それぞれのツールは金融システム中の余剰準備に影響を与え、上述のマネー・サプライの増加過程に影響を与える。金融政策によって、金利とマネー・サプライに影響がおよぶ。変化の方向は金融政策の目的によって決まる。

金融緩和政策(easy money policy)のもとでは、FRBはマネー・サプライを増加させ、金利を低下させることによって、経済を刺激する。金利が低ければ、クレジットでモノを買う人が増える。これによって、小売店の売上げや工場の生産は増加する。企業も資金が低利で調達できるならば、資金を借り入れて、新しい工場や設備に投資することが多い。**金融引締政策(tight money policy)**ではFRBはマネー・サプライの増加を抑制し、金利は上昇する。金利が上がると、消費者も企業も借入れや支出を減らすので、経済成長の鈍化につながる。

預金準備率

金融政策の第1のツールは、預金準備率の変更である。議会が設定する限度内で、FRBはすべての当座預金、定期預金、普通預金の預金準備率を変更できる。

このツールによってFRBはマネー・サプライをかなり制御できる。例えば、前述の例でFRBが20%から10%に預金準備率を引き下げたとしよう。ビル、マリアなどに貸し出すことのできる資金は増加し、マネー・サプライは10,000ドルに達す

［図10-5］金融政策の道具としての預金準備率

マネー・サプライの増加（10%の預金準備率）

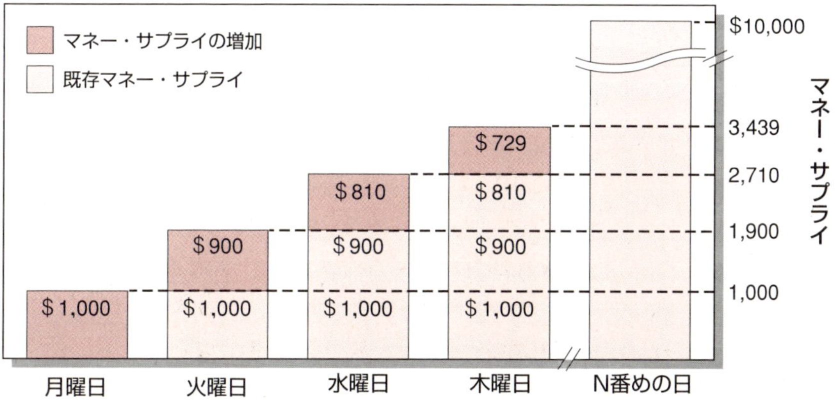

マネー・サプライの増加（40%の預金準備率）

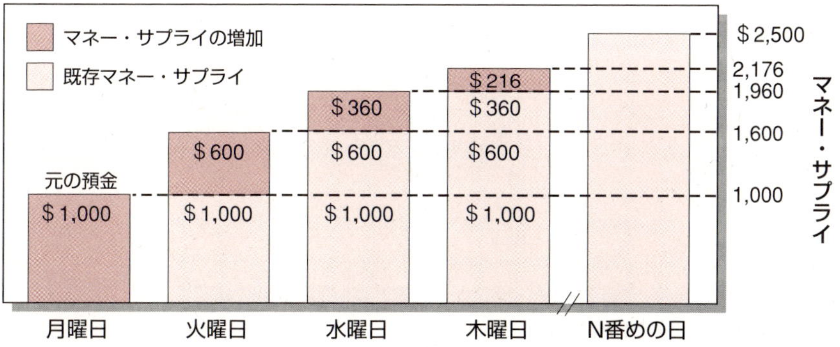

FRBがマネー・サプライを制御したい場合、預金準備率を変更することができる。預金準備が10%の方が40%の場合よりマネー・サプライは増加する。

低い預金準備率　$1,000 ÷ 0.10 = $10,000

高い預金準備率　$1,000 ÷ 0.40 = $2,500

FRBが金融政策のツールとして預金準備率を使いたがらないのはなぜだろうか。

る。ところが、FRBが預金準備率を40%に引き上げると、貸出せる資金が減少し、マネー・サプライも減少することになる。預金準備率の変動による効果が[図10-5]に示されている。

FRBは今まで金融政策として預金準備率を変更するのをためらってきた。他の金融政策の方がうまく機能していたことが一因であるが、実行されれば、預金準備率の操作は非常に強力な武器になり得る。[図10-6]は、以下で説明される金融政策の影響とともに、預金準備率の変化がマネー・サプライに与える影響を要約している。

公開市場操作

第2のツールは、金融政策の中で最もよく知られている**公開市場操作(open market operations)**——金融市場での政府証券の売買——である。公開市場操作は銀行システムの余剰準備、つまり、新規貸出余力に影響を与える。

FRBがマネー・サプライを増加させたいとしよう。そのために、ニューヨーク連銀は大口取引に特化したディーラーから政府証券を購入する。ニューヨーク連銀は証券の購入代金の支払いを小切手で行い、ディーラーは小切手を銀行へ預ける。小切手を預かった銀行は、小切手をニューヨーク連銀に送り支払いを請求する。この時点で、ニューヨーク連銀は小切手を送ってきた銀行のMBRを増加させることで

[図10-6]　金融政策の要約

ツール	FRBの行動	余剰準備への影響	マネー・サプライ
預金準備率	低下	現在の預金に見合う準備預金が減少するので、余剰準備は増加する。	増加
	上昇	預金に見合う法定準備金が増加し、余剰準備が減少する。	減少
公開市場操作	債券買	FRBが振り出した小切手が銀行の余剰準備に追加される。	増加
	債券売	買い手の支払う小切手が余剰準備から差引かれ、銀行の余剰準備は減少する。	減少
公定歩合	低下	追加の準備預金を調達するコストが低下するので、余剰準備は増加する。	増加
	上昇	借入れでの準備金追加コストが上昇するので、余剰準備は減少する。	減少

金融政策のカギは、銀行の余剰準備にどういう影響があるかを把握することである。FRBが余剰準備を増加させた場合、マネー・サプライに何が起こるか。余剰準備を減らすのはどんなときか。

「購入代金を支払う」ことになる。したがって、ニューヨーク連銀が小切手を切るときには必ず、銀行の余剰準備が増加するのである。既存の預金に必要な法定準備金は限られているので、余剰準備は貸出しにまわされ、マネー・サプライが増加するのだ。

ニューヨーク連銀がマネー・サプライを減少させて、金利を引き上げたい場合は、大量の政府証券をディーラーに売却すればよい。ディーラーは証券の購入代金を自分の銀行から引き落とされる小切手で支払う。ニューヨーク連銀はディーラーの取引銀行のMBRを減少させることで小切手を処理する。銀行の余剰準備が減少することで、貸出しが減少し、マネー・サプライも収縮する。

公開市場操作を実行するのは、金融政策の変更を検討、提言する連邦公開市場委員会(FOMC)である。FOMCは通常、金利とマネー・サプライの適切な水準を判断しようとする。委員会が投票で目標値を設定すると、トレーディング・デスクの職員が公開市場操作を実行に移す。**トレーディング・デスク(trading desk)**はニューヨーク連銀の証券売買が実際に行われる場所である。そのデスクの職員が、FOMCで設定された目標を日々維持するように債券の売買を行う。デスクは金融の中心地ニューヨークの近くに昔から変わることなく置かれている。

公定歩合

中央銀行として、地区連銀は他の金融機関に貸出しを行う。**公定歩合(discount rate)**――地区連銀が金融機関に対して貸出しを行うときの金利――は第3の重要な金融政策である。

銀行が地区連銀から資金を借りる理由は2つある。1つは、MBRの予期せぬ減少によって余剰準備が不足したときであり、この場合、銀行は地区連銀から不足分を補う短期融資を受ける。もう1つは、銀行が貸出しの季節的需要に直面したときである。例えば、農業地域では種まき時期に借入れの需要が高まる。この場合、春の貸出しを支える追加のMBRが必要になる。

窓口貸出し(discount window)は、金融機関が利用する地区連銀の窓口でMBRを借り入れることだ。ただし、融資条件の決定は、銀行が実際に資金を借り入れる前に行う。次に、金融機関は窓口で借入れの返済を保証する資産や証券を**担保(collateral)**として差し出す。そして、すべてが整ったら、地区連銀から貸出しが承認されて、MBRに資金が入る。

公定歩合の変更は、MBRの借入金利に影響をおよぼす。FRBは金融緩和をしたいなら、公定歩合を引き下げ、貸出しを増加させる。これは、FRBが窓口を「開いた」といわれることがある。金融引締めをしたいなら、公定歩合を引き上げ、貸出しを減少させる。この場合、窓口が「閉じた」という。

加盟銀行、非加盟銀行、貯蓄金融機関、クレジット・ユニオンを含む多くの銀行が連邦準備銀行から資金を借り入れることができる。しかし、FRBは、借入れは誰にでも与えられる権利ではなく特別な場合にだけ許される特権であると考えており、そのため、1つの金融機関が借入れを行うことができる回数を制限している。

他の道具

FRBがマネー・サプライを制御するツールには、他に2つある。市場との対話と貸出統制である。

市場との対話(moral suasion)とは、アナウンスメント、プレス・リリース、新聞、雑誌の記事、議会証言などの手段を用いることである。市場との対話は、銀行が金融政策の変更を予測しようとしているため効果がある。

仮にFRB議長が、議会で経済状態に関する意見を述べたとする。そこで、金利は幾分低いので、金利を引き上げても経済に悪影響はないだろう、と証言すると、今後数週間で金利が引き上げられることを銀行に期待させるだろう。その結果、銀行は余剰準備の貸出しを差し控え、貸出し金利を少し上げることもある。結局、議長は単に意見を述べたに過ぎなくても、マネー・サプライは若干減少するだろう。

2つめのツールは、**貸出統制(selective credit controls)**——特別な商品や目的のための貸出しのルール——である。この統制は、第2次世界大戦や朝鮮戦争中の自動車などの消費財に対する頭金の最低額を設定することに表れた。この貸出統制は、戦争物資を生産するために工場を解放するべく実行された。

REVIEW 10－2 金融政策

用語とポイント

1. 以下の用語を定義しなさい。
   金融政策、準備預金制度、預金準備率、法定準備金、加盟銀行準備金（MBR）、負債、資産、バランス・シート、自己資本、余剰準備、流動性、譲渡性預金証書、普通預金、定期預金、金融緩和策、金融引き締め策、公開市場操作、トレーディング・デスク、公定歩合、窓口貸出し、担保、市場との対話、貸出統制
2. 余剰準備が銀行の新規貸出にどう影響するか説明しなさい。
3. 金融政策の主要なツールを3つ述べなさい。

クリティカル・シンキング

4. 信用の高い人でも借入れを断られることがある。そのとき、来週もう一度お越しくださいと言われたとする。これから銀行の準備預金に関してどんなことがわかるか。消費者はこのような状況にどう対応すべきか。

経済概念の応用　法定準備金

5. 国法銀行は、法定準備金を地下金庫室に現金で保管するか、連銀に加盟銀行準備預金として預けることが要求されている。株式、不動産のような資産が法定準備金として適当でない理由は何だろうか。

3. 金融政策、銀行業、経済

経済における金融政策の影響は複雑である。短期では、金融政策は金利とマネー・サプライに影響がおよぶ。長期では、インフレに影響を与える。さらに、金融政策の効果が経済にどの時点で表れるのかは、正確には誰にもわからない。

短期の影響

短期では、マネー・サプライの増減は金利、すなわち、信用の価格に影響する。FRBがマネー・サプライを増加させると、金利は低下する。FRBがマネー・サプライを減少させると、金利は上昇する。

短期における、マネー・サプライと金利の関係は[図10-7]に示されている。貨幣の需要曲線も通常の需要曲線と同じ形状をしており、金利が低いと資金需要が増加することを示している。しかし、供給曲線は通常の形状とは異なる。それは垂直で、通貨の供給は金利によって変化しないことを表している。

市場が変化する前、パネルAに示された金利は12%であった。FRBが通貨供給をS_1S_1に増加させると、金利は10%に下落する。パネルBのようにマネー・サプライを減少させると金利は12%から14%に上昇する。

[図10-7] 金融政策の短期の影響

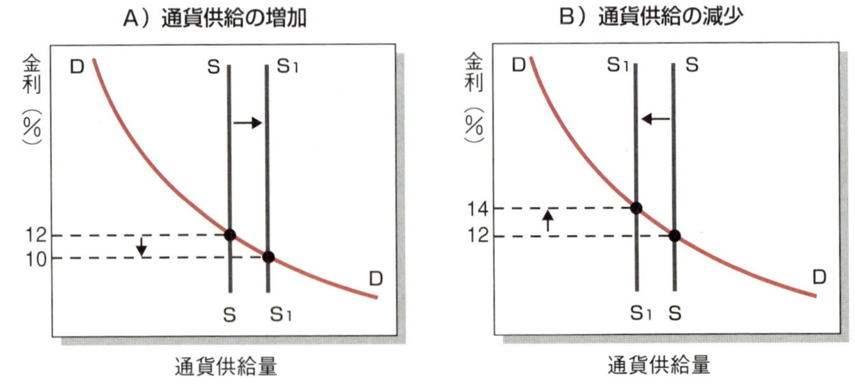

短期では、金融政策は金利に影響を与える。マネー・サプライが増加すれば、金利は下落する。マネー・サプライが減少すれば、金利は上昇する。なぜ通貨の供給曲線、SS、は垂直線として示されるのか。

FRBは経済にとって最善だと考えられる政策を実行しようとするが、人々は必ずしもその決定に同意しているわけではない。例えば、1981年にFRBは金利上昇を容認したと批判された。その年のプライム・レート(prime rate)──商業銀行が顧客から徴収する最も低い金利──は21.5%に達した。FRBがマネー・サプライを増加させて金利を下げていれば、経済はずっと健全になっていただろうと批判する者もいた。これに対して、この政策を支持する者は、これによってインフレは退けられたと賞賛した。

長期の影響

長期では、マネー・サプライの変化は物価水準に影響を与える。貨幣数量説(quantity theory of money)として知られているこの関係は、歴史の中で繰り返されてきた。

前例

スペインが1700年代にアメリカから母国へ金と銀を持ち帰ったとき、マネー・サプライの上昇によって、100年続くインフレが始まった。独立戦争時に大陸会議が2億5,000万ドルの通貨を発行し、経済は厳しいインフレに悩まされた。南北戦争時にもおよそ5億ドルの紙幣が発行され、同様の事態が生じている。

マネタイジング

連邦政府が1960年代にベトナム戦争の戦費を国債の発行で調達しようとしたとき、クラウディング・アウト効果(crowding-out effect)(後述)が懸念された。そのため、金利の上昇を防ぐ目的で、FRBはマネタイジング(monetize the debt)──国債発行に伴う資金需要を、資金供給で埋め合わせること──を行った。

マネタイジングの過程が[図10-8]で説明されている。DDとSSが貨幣のもとの需要と供給を表している。政府は250億ドルの借入れを行い、貨幣の需要曲線がDDからD_1D_1に移動したとしよう。FRBが何もしなければ、金利は10%から12%に上昇し、民間投資には締め出される(クラウディング・アウトする) ものも出てくる。FRBが金利上昇を防ぎたければ、マネー・サプライをSSからS_1S_1に増加させ、これによって金利は元の水準に戻る。

短期では、FRBは金利上昇を防ぐだけ、マネー・サプライを増加させることができる。これは、頻繁に行うのでなければ効果が期待できる。しかし、金利を低く抑

［図10-8］マネタイジング

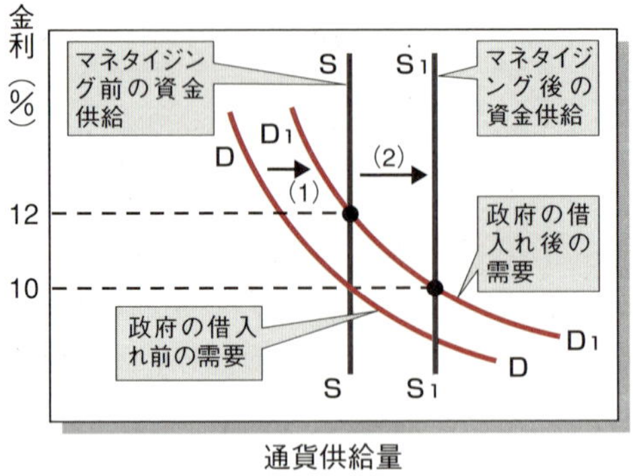

（1）政府が連邦赤字を埋めるため国債を発行すると、借入れの需要増大のため金利が上昇し、クラウディング・アウトの可能性が高まる。（2）FRBが借入れを相殺するためにマネーサプライを増加させると、金利に変化が起こらないかもしれない。マネタイジングの長期の影響は何か。

えようとこの短期の試みを続けると、マネー・サプライの長期にわたる増加につながり、インフレが悪化することになる。

インフレを制御する

政府負債の多くは、1960年代の後半から1970年代の後半にかけてマネタイジングされた。この期間、マネー・サプライの増加率は何年も12%を上まわっていた。インフレが悪化するにつれて、多くの財やサービスの価格──金利も含まれる──も上昇した。マネー・サプライの増加で金利を低く維持するFRBの試みは短期ではうまくいったが、長期ではインフレの進行を招いたのである。

1980年には、FRBは低金利かインフレ抑制かの選択を迫られていることを認識していた。FRBはインフレの抑制を選択した結果、プライム・レートが1981年には21.5%に達した。当時としては高金利政策の評判は悪かったが、今では金融引締策は当時のインフレ抑制に必要だったと認識されている。

他の金融政策の問題

FRBは金融政策を実行するとき、考えるべき問題がいくつかある。最初の問題は金融政策のタイミングと影響である。

タイミングと影響

金融引締策の効果は6ヵ月で表れることもあれば、2年間たっても効果が感じられないこともある。金融緩和策にも同じことがいえる。効果が表れるタイミングにばらつきがあるので、経済を微調整するために金融政策を実行するのは容易ではない。

第2の問題は、金融政策が経済に与える影響は一様ではないことだ。FRBがインフレを抑制するために金融引締めを行うと、金利は上がる。この金利上昇によって借入れコストが上昇するので、特に住宅産業、自動車産業は損害を被る。反対に金融緩和を行うと金利が低下するので、住宅産業や自動車産業は他の産業よりも大きなメリットを享受することになる。

現在と将来の資源分配

FRBは、金利とインフレが現在と将来の希少な資源の配分に影響を与えることにも十分配慮しなければならない。金利が低いとき、車や住宅の購入資金や大学教育の資金を調達するのは比較的容易だ。ただし、現在消費を増やすと、貯蓄は減少することになる――したがって、将来の消費が減少することになる。

高金利の場合は、これとは対照的だ。金利が高ければ、一般に希望の商品を購入するのに十分な資金が貯まるまで消費は先延ばしにされる。その結果、将来消費することのできる資金が増加し、いくつかの資源は現在ではなく将来利用されるようになる。

金利は人々の消費と貯蓄の選択に影響を与えるが、インフレにも影響を与える。FRBは金融政策を実行するときには、実質金利（名目の市場金利－インフレ率）を考慮する。例えば、1981年の21.5%の名目金利は、インフレ率10.5%を考慮すると、見た目ほどは高くはなかった。名目金利からインフレ率を差し引くと、実質金利は11.0%に過ぎない。

金利の政治学

金融政策を実行する権限ゆえ、FRBは強烈な政治的圧力にさらされている。例えば、大統領は連邦準備理事会の理事を任命することで一定の影響力を行使しようとする。しかし、就任後理事は自分達の信念に基づいて金融政策を実行できる。自身の影響力を高めようとしてFRBを批判した大統領もいれば、FRBの独立性を弱める法律を可決しようとした大統領もいる。

こういった法律は未だ可決されていないが、FRBはその脅威には十分注意を払っ

[図10-9] マネー・サプライの主要な構成要素

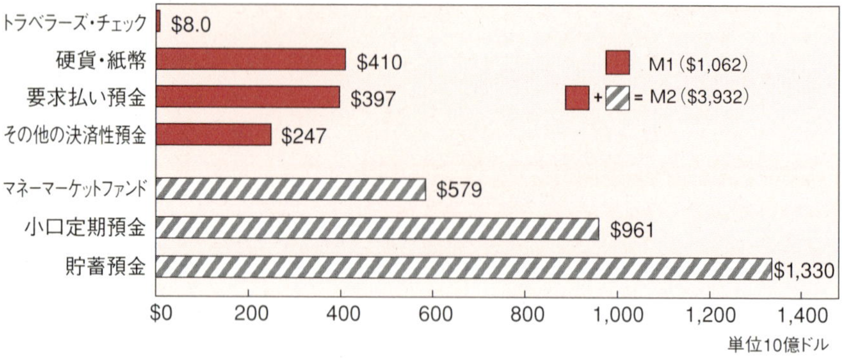

出所：連邦準備制度 1996年

ている。脅威を感じても、金融緩和の要求にやすやすと応じないのは、インフレを警戒しているからだ。政治家は選挙の年には金融緩和を主張することが多いが、FRBは長期の経済状態により関心を払っている。

金利は経済状態全般をはかる物差しとして利用されることがある。とりわけ金利が低いときには、経済は健全だと考えられる。したがって、FRBが金利を引き上げると、政治家は困難に直面することになる。

貨幣の定義

金融機関がさまざまな金融商品を提供しているので、連邦準備制度はそれをも含む新しい貨幣の定義を開発してきた。

[図10-9]にマネー・サプライの構成要素、すなわち、人々が貨幣を所有するために選択した要素をリストにしている。連邦準備制度は機能に応じてこれらをグループ化し、名前を付けている。まず、**M1**は、マネー・サプライの交換手段としての機能に着目した分類である。トラベラーズ・チェック、硬貨、紙幣、要求払預金、決済性預金などが含まれる。

M2は、価値貯蔵手段として貨幣の役割と最も密接に関係している貨幣の尺度である。M2にはM1に加え少額の定期預金、普通預金、MMFなどが含まれる。

REVIEW　10−3　金融政策、銀行業、経済

用語とポイント

1. 以下の用語を定義しなさい。
プライム・レート、貨幣数量説、マネタイジング、M1、M2

2. 金融政策の短期での影響を述べなさい。

3. 金融政策の長期での影響を述べなさい。

4. 金融政策のタイミングと影響に関連する問題を説明しなさい。

経済概念の応用　**貨幣**

5. 貨幣を保有する方法だけでなく、マネー・サプライの構成も長年に亘って変化してきた。アメリカのマネー・サプライに将来変化をもたらすと思われるものを1つか2つあげなさい。

第11章 投資、市場、株式

Financial Investments, Markets, and Equities

1. 貯蓄と金融システム

経済が成長するには、資本──生産過程で使用される設備、道具、機械──を生産しなければならない。資本を生産するには、貯蓄が行われて生産資源が利用できるようにならなければならない。経済学では、**倹約(saving)**は支出を差し控えること、**貯蓄(savings)**は支出を差し控えた後に残った資金のことを指している。双方ともアメリカ経済にとって不可欠のものだ。

倹約と資本形成

貯蓄が行われると、その資金は誰か他の人が利用できるようになる。企業が貯蓄から生まれた資金を借りると、新商品や新サービスが開発されたり、新工場が建設されたり、新設備が導入されたり、雇用が創出されたりする。貯蓄によって経済成長が可能になるのだ。

ある起業家が事業を立ち上げたいと考えているとしよう。この起業家は、開業資金が貯まるまで、所得のいくらかを手元に置いておいたり、銀行に預けたりして、資金を貯めていく。そして、投資に十分な資金が貯まった段階で事業を開始する。

一方、銀行から資金を借りて今すぐ事業を始める起業家もいる。他の誰かが所得のいくらかを銀行に預金したとすると、銀行には貸出しを行うことができる資金が生まれる。しかし、所得が銀行に預金されないですべて消費されてしまったとしたら、銀行は貸出しを行うことができなくなる。

投資が実行されるには、誰かが貯蓄をしなければならない。前者の例のように貯蓄と投資を同時に行う起業家もいるが、後者のように他人が貯蓄した資金を借りて投資する起業家もいる。貯蓄によって消費は抑制されるが、この貯蓄は別の人にとっては借りることができる資金となる。この貯蓄によって投資が可能になっている。

金融資産と金融システム

人々が他の人の貯蓄を利用するには、**金融システム(financial system)**――貯蓄を借り手に移転する方法――が必要だ。

金融資産

資金を貯蓄する方法はさまざまだ。普通預金に預けたり、国債、社債を購入したりすることもできる。どのケースでも、資金提供者は、自分が貯めた資金の証となるものを受け取る。

普通預金口座では預金通帳や月次報告書が預金の証となる。国債や社債は高品質な紙に印刷され、高級感を漂わせている。

経済学ではこれらの証となるものを**金融資産(financial assets)**――借り手の資産や収入に対する貸し手の請求権――と呼ぶ。この証書は価値ある所有物なので資産である。これには、貸出金額や貸出条件が明示されているので、借り手に対する貸し手の請求権を表している。借り手が債務を履行できないときには、貸し手は、資金を貸し出していた証拠として、金融資産の証書を提出する。

資金が個人や企業に貸し出されると、金融資産が生まれる。この資産は、我々の金融システムにとって極めて重要なものである。

金融システム

金融システムの重要な2つの要素について、すでに学んだ。それは、まず、資金保有者から借り手に移る資金である。第2は、貸出しが行われた証しとなる金融資産である。[図11-1]で説明されているように、金融システムを構成する残りの3つの要素は、資金提供者、借り手、余剰資金と金融資産を仲介する金融機関である。

経済のどんな部門でも資金を提供できるが、なかでも重要なのは家計と企業だ。地方公共団体の中には資金の提供者となっているものもあるが、政府部門全体で見れば資金の借り手となっている。[図11-1]で説明されているように、資金提供者は資金を借り手に直接提供することがある。それは、家計や企業が、政府や企業から直接債券を購入するような場合である。その他の少額な資金は金融機関に預けられ、金融機関は資金をプールして貸出しを行う。

この金融機関は**金融仲介業者(financial intermediaries)**と呼ばれ、貯蓄を資金提供者から借り手に移動させる貯蓄受入れ金融機関、生命保険会社、年金基金などが含まれる。この業者は、限られた資金しか持たない人には特に有益だ。

[図11-1] 金融システムの概要

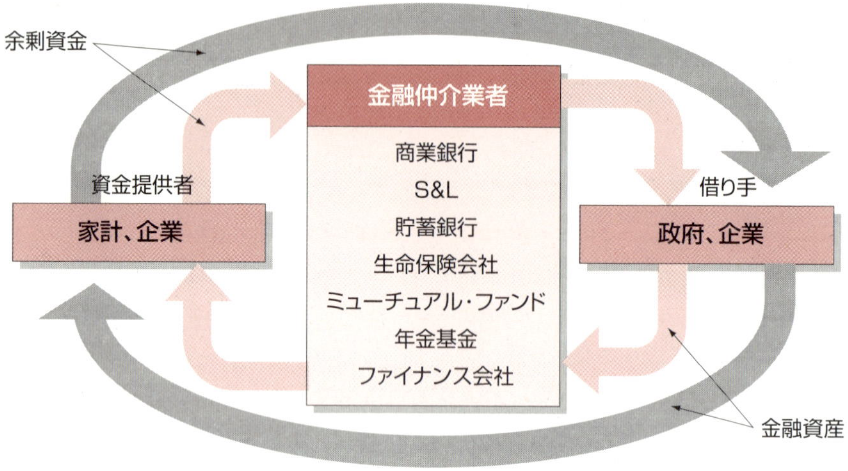

金融仲介業者は、資金提供者から資金を使う借り手へ余剰資金を仲介する。資金の見返りに、貸し手は金融資産――当座預金、政府短期証券、国債、ミューチュアル・ファンドなど――を受け取る。金融資産は、何を表しているか。

最後の要素は、借り手だ。企業は、資金提供者から直接資金を調達するとき、また、金融仲介業者を通じて間接的に資金を調達するときには、社債などの金融資産を発行する。同様に、政府が資金を調達する場合には、国債などの金融資産を投資家に発行する。

したがって、金融システムにはほとんどすべての人が参加している。このシステムを通じて資金がスムーズに流れることで、貯蓄者は貯蓄手段を確保することができる。同様に、借り手は資金調達源を確保することができる。

投資

企業や個人の多くは、利益の見込める投資機会を探している。なかでも、投資を行うことができる金融資産――社債、国債、普通預金口座など――を探している。

ノンバンク金融仲介業者

貯蓄銀行、商業銀行、貯蓄組合は、顧客や組合員などからの預金で資金を調達している。金融仲介業者の重要なグループには**ノンバンク金融仲介業者**(nonbank financial institutions)もある。ファイナンス会社、生命保険会社、年金基金などがこれにあたる。

ファイナンス会社

ファイナンス会社(finance company)は消費者に直接ローンを提供し、クレジットで商品を販売した業者から分割払契約を購入することに特化している企業である。ファイナンス会社が存在しなければ、小規模の商人は事業を行うことが困難になるだろう。例えば、多くの商人は、顧客が高価な商品の購入代金を分割払いで支払い終えるまで何年も待っている余裕はない。その代わり、店主は顧客の分割払契約をファイナンス会社に一括で売却する。これで、店主はスピード融資や支払条件の緩さをウリにしつつも、ローンを満期まで保有したり、不払口座の損を被ったり、顧客を裁判に訴えたりすることもなくなる。

ファイナンス会社には、ローンを直接顧客に提供しているところもある。この場合には、消費者の信用度を調べ、その個人が一定の要件を満たしている場合にだけ資金を貸し出していることが多い。ファイナンス会社は「リスクの高い」顧客にもローンを供与している上に、資金調達コストも高いので、商業銀行より高い金利を設定している。

多くの消費者金融会社が提供している人気のあるローンに、請求書統合ローン(bill consolidation loan)──請求書すべてを統合して支払うローン──がある。

生命保険会社

預金で資金を集めない金融機関には、生命保険会社もある。その最も重要な目的は生存している人への経済的保護を与えることにあり、生命保険会社は大量の資金を集めている。

例えば、世帯主が自分の死に備えて、配偶者や子供に資金を残すため生命保険に加入したとする。この保険に支払われるのが保険料(premium)であり、これは保険期間に定期的に支払われる。保険会社は、定期的に資金が集まるので、余剰金は貸出しにまわしている。その貸出しは、銀行や消費者金融会社に対して行われている。

ミューチュアル・ファンド

ミューチュアル・ファンド(mutual fund)は投資家に自社の株式を発行し、受け取った資金で別の企業が発行した株式や債券へ投資する会社である。ミューチュアル・ファンドの株主は、ミューチュアル・ファンドが投資から得た配当を受け取る。ファンドの保有者は、株式と同様に、ミューチュアル・ファンドを売却して利益を得ることもできる。

ミューチュアル・ファンドによって、少数の企業にリスクを集中させることなく資金を投資することが可能になる。ミューチュアル・ファンドは規模が大きいので、専門家を雇って証券の分析や売買を行っている。

多くのファンドは資金量が多いので、さまざまな株式や債券を購入することが可能になり、個人ではなかなか実現できない分散したポートフォリオを構築することができる。投資対象のうち１銘柄が急落したとしても、ファンド全体に対する影響はわずかなものになるだろう。

年金基金

年金基金も非貯蓄金融機関になる。**年金(pension)**とは、一定期間働いた人、ある年齢に達した人、または、一定の障害に苦しんでいる人への所得保障を提供する定期給付金である。**年金基金(pension fund)**とは、保険料を徴収し、退職給付、老齢給付、身体障害給付の資格がある人たちに所得保障を提供するために設立された基金である。

企業年金基金では、雇用者が労働者の給与の一定割合を源泉徴収して基金に蓄える。貯蓄してから、労働者が一般にそれを使うまでの30年から40年のあいだ、資金は通常社債や株式に投資される。政府年金基金も、基金に定期的に拠出が行われる点で、企業年金基金と似ている。

REVIEW　11－1　貯蓄と金融システム

用語とポイント

1. 以下の用語を定義しなさい。
検約、貯蓄、金融システム、金融資産、金融仲介業者、ノンバンク金融仲介業者、ファイナンス会社、請求書統合ローン、保険料、ミューチュアル・ファンド、年金、年金基金

2. 倹約が資本形成にとって必要な理由は何か。

3. 金融資産をいくつかあげなさい。

4. ノンバンク金融仲介業者をあげなさい。

クリティカル・シンキング

5. ある人が商業銀行よりも高い金利を要求するファイナンス会社から資金を借りようとするのはなぜか。

経済概念の応用　金融資産

6. あなたが友人から受け取った借用書は金融資産である。なぜそれが金融資産と呼ばれるのか説明しなさい。

2. 金融資産への投資

金融資産への投資をする前に、ある程度の知識は必要だ。その知識には、基本的な投資の留意点、金融資産としての債券の特徴、その他の金融資産の特徴などがある。

基本的な投資の留意点

金融資産に投資するとき、いくつかのポイントを理解することが重要だ。第1はリスクとリターンの関係である。第2は投資家自身の投資の目的だ。第3は投資の継続性、最後は避けるべき投資である。

リスク・リターンの関係

市場での最も重要な関係の1つが、リスクとリターンの関係である。経済学で**リスク(risk)**とは、投資成果は確定していないが、その確率が推定できる状態のことである。

投資家は、金融資産にリスクがあることは認識している。資産価格は変動するし、金融資産の発行者がそれを弁済できず、投資家に損失を生じさせることもある。したがって、投資家は、高いリスクにはそれに見合う高いリターンを要求する。

このリスクとリターンの関係は[図11-2]で説明されている。この図は、リスクの高い資産は投資家を引きつけるために高いリターンを提供しなければならないことを示している。したがって、投資家としてまず考慮すべきことは、許容できるリスクの度合である。もし、このリスクが最も高い資産に不安を感じるなら、別の資産に投資すべきである。

投資目的

次に考慮すべき点は投資目的だ。投資目的が退職後の生活への備えならば、定期的な収益が生まれる資産よりは価値が上昇する可能性のある資産を購入するのがよい。休暇のための資金を蓄えたり、失業時の生活費を確保したりすることが目的ならば、速やかに換金できる流動性の高い資産に投資する戦略がよいだろう。債券のように定期的な収益を生み出す資産を好む投資家もいれば、限界税率が高い投資家には、課税所得が増える資産を敬遠する人もいる。

［図11-2］リスクとリターンの関係

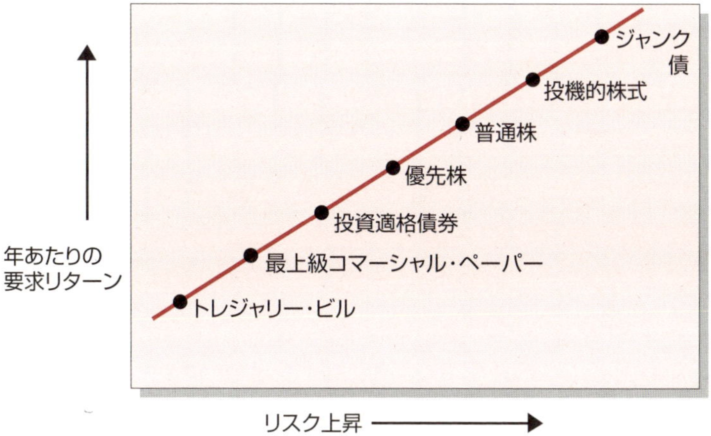

短期国債は最も安全な投資対象だと考えられており、収益率は最も低い。ジャンク債は、リスクが高いが、リターンも大きい。投資家はなぜある投資に対して高いリターンを要求するか。

投資にまわす収入の特徴によって、投資対象が決まることもある。あなたが安定した給与を受け取っていて、他にさしたる収入がなければ、退職金や国債の給与積立プランに投資するのがよいだろう。ボーナス、印税などの臨時の収入があるなら、社債などの購入単位の大きな金融資産に投資するのもよい。

結局、投資家一人ひとりが、自分の置かれている状況と投資目的を考慮しなければならない。投資家は、金融資産、株式など多くの投資対象から選択することができるが、自分の投資目的を認識すれば、選択すべき投資対象を絞り込むことができる。

継続性

長期間継続して投資することも、投資で成功するには重要だ。定期的に投資していることが、いくら投資するかということより重要なことが多い。

［図11-3］は、月に10ドルの少額の投資金額が、5年から30年の期間でさまざまな金利環境に応じてどう増加していくかを示している。口座残高は、低めの金利水準でもそれなりの速さで増えている。10ドルといった少額ではなく、もし月に25ドル、50ドル、100ドル貯めていくとどうなるか想像してみよう。したがって、投資アドバイザーはたとえ少額でも毎月いくらかは貯蓄するように勧めることが多い。

［図11-3］ 複利の力

年　利	年数経過後の金額					
(%)	5	10	15	20	25	30
0	$600	$1,200	$1,800	$2,000	$2,500	$3,600
2	$630	$1,327	$2,097	$2,948	$3,888	$4,927
4	$663	$1,472	$2,461	$3,668	$5,141	$6,940
6	$698	$1,639	$2,908	$4,620	$6,930	$10,045
8	$735	$1,829	$3,460	$5,890	$9,510	$14,904
10	$774	$2,048	$4,145	$7,594	$13,268	$22,605
12	$817	$2,300	$4,996	$9,893	$18,788	$36,950

このテーブルは、毎月10ドルずつ貯めていくと、口座残高がどうなるかを示している。将来金融資産を貯えるのに、どんな戦略が重要か。

複雑な投資を避ける

理解できる対象だけに投資せよ、というアドバイスを耳にすることが多い。世にある何千もの投資対象を利用することはできるが、その中には複雑なものも多い。優れた投資家になるためにすべてを理解する必要はないが、2、3の基本を押さえておくことが重要だ。

多くの投資家が従っているルールの1つは、ある投資があまりに複雑に思えるならそれには手を出すな、というものだ。同様に、ありそうもない利益を約束していたり、あまりに虫が好すぎたりする投資にも気をつけなければならない。幸運な人もいないことはないが、大半の投資家は、継続的に投資し、普通の投資とあまりにかけ離れたような投資には手を出さなかったことで富を築いている。

金融資産としての債券

政府や企業は、長期資金を調達する必要があるときには、債券を発行することが多い。**債券(bonds)**は、一定期間所定の金利を支払うことを約束した、長期におよぶ債務である。

債券の構成要素

債券には3つの主要な構成要素がある。つまり、債券に対する所定の利子である**クーポン(coupon)**、債券の返済期日である**満期(maturity)(償還期限)**、償還時に投資家に返済される金額である**額面(par value)**である。

例えば、ある企業がクーポン6%、償還期限20年、額面1,000ドル、年2回利払いの債券を発行したとする。債券保有者に対するクーポン支払額は、半年で30ドル(0.06×1,000ドル÷2)である。債券が20年後に償還を迎えると、その債券を発行した企業は債券保有者に対して1,000ドルの額面金額を支払い、債券を償還させる。

債券価格

投資家にとっては、その債券は20年間に亘って半年ごとに30ドルのクーポンと償還時に1,000ドルの額面を受け取ることができる金融資産である。投資家は、将来のこの一連の受取金額に対して950ドル、1,000ドル、1,100ドルなどさまざまな価格で債券を購入する。投資家は将来の金利変動、その企業が債務不履行になるリスクなどを考慮に入れて購入価格を決める。最終的には、需給によって債券の価格は決まる。

債券利回り

債券を比較するために投資家は債券の**直利(current yield)**、年あたり利金÷購入金額を計算することがある。投資家が上記の条件の債券を950ドルで購入すれば、直利は60ドル÷950ドルで6.31%になる。1,100ドルで購入すれば、直利は60ドル÷1,100ドルで5.45%になる。発行会社が債券を発行したときに債券に対するリターンが一定に決まってしまうように思えるかもしれないが、途中で売買する場合には受取利子と売買金額が決まらなければ、債券の実際の利回りは決まらない。

企業や政府の信用力によって、クーポン6%、20年償還、額面1,000ドルという同一の条件の債券でも価格は異なる。債券の元利金は保証されておらず、発行者が債券を償還する20年後まで存続しているという保証もない。したがって、投資家は高い信用格付けを持っている債券には高い値段をつけ、低い信用格付けの企業が発行する同様の債券には低い価格をつける。

債券格付け

幸運にも、投資家には債券の信用度をチェックする方法がある。スタンダード・アンド・プアーズとムーディーズという2大格付会社が債券格付けを公表している。債券は発行者の財務状態、将来の元利金支払能力、過去の信用履歴などの多くの要因に基づいて格付けされている。

[図11-4]に示されているように、債券格付けは、最も高い投資格付けであるAAAから、一般に債務不履行を示すDまでの記号で表される。債券が債務不履行になれば、発行者は利子や償還金を約束通りに払わない。格付けは一般に公表されているので、投資家は購入しようとしている債券の格付けを調べるには、購入しようとしている業者にたずねればよい。

格付けの高い債券は、格付けの低い債券よりも高い価格で売買される。AAA格付けでクーポン6%、償還20年、額面1,000ドルの債券が、1,100ドル、直利5.45%で売買されているとする。別の企業が発行するクーポン6%、償還20年、額面1,000ドルの債券がBBBの格付けならば、リスクが高くなるので950ドルで売買されるかもしれない。しかし、この債券は6.31%で比較的高い直利になる。これは、リスク・リターンの関係の本質を表している──つまり、リスクが高ければそれに見合った高いリターンが要求されるのである。

金融資産とその特徴

投資家は現在、幅広い金融資産の中から投資対象を選択することができる。これらは、コスト、償還期日、リスクなどが異なる。

[図11-4] 債券分類

スタンダード・アンド・プアーズ		ムーディーズ	
最高の投資格付け	AAA	Aaa	最高の信用力
高い格付け	AA	Aa	高い信用力
中程度の中でも高い格付け	A	A	中の上の格付け
中程度の格付け	BBB	Baa	中程度の格付け
中程度の中でも低い格付け	BB	Ba	投機的要素を持つ
投機的	B	B	一般的に望ましくない
デフォルトしやすい	CCC	Caa	債務不履行の可能性
CCCの負債に次いで低い格付け	CC	Ca	非常に投機的、債務不履行陥り易い
CCの負債に次いで低い格付け	C	C	債務不履行が迫っている
債務不履行になった債券	D	D	債務不履行

出所：スタンダード・アンド・プアーズ、ムーディーズ

スタンダード・アンド・プアーズとムーディーズは、よく似た債券格付けを発表している。BBまたはBa以下の格付けの債券であるジャンク債は一般にリスクが高い。債券格付けは債券価格にどう影響を与えるか。

社債

社債は、株式発行に次いで重要な企業の資金調達源である。社債の額面は、1,000ドルのものもあるが、10,000ドルの方が一般的である。債券を実際に売買できる価格は、需給によって決まるので、額面とは異なる。

投資家は、自分が受け入れることのできる最大限のリスクを決め、直利が最も高い債券を探すことが多い。スタンダード・アンド・プアーズでBB以下、ムーディーズでBa以下の格付けの極めてリスクの高い債券は、**「ジャンク」債(低格付け債)(junk bonds)**とも呼ばれている。ジャンク債は、債務不履行の可能性に対する対価として高いリターンを提供している。

投資家は、社債を長期投資の対象として購入するが、何かの理由で現金が急に必要になったときには売却して現金を手にすることもできる。内国歳入庁は、社債に対する利金を課税所得と考えているので、投資家は債券に投資する場合にはこのことも考慮に入れておかなければならない。

地方債

地方債(municipal bonds)は、地方自治体が発行する債券だ。州は債券を発行して、高速道路や建築物の建設費や公共事業費を賄う。市は債券発行で調達した資金によって、野球場、アメリカン・フットボール・スタジアム、図書館、公園などを建設し市民生活の向上に役立てる。

地方債が魅力ある投資対象となっている理由は、いくつかある。まず、地方自治体は倒産することがないので安全だと、一般的に考えられていることだ。自治体には課税権があるので、将来元利金を支払うことができると考えられている。

最も重要なのは、地方債は一般的に**非課税(tax-exempt)**であることだ。つまり、連邦政府は投資家が受け取る利子に課税しない。債券を発行する州の地方税も非課税にして、投資家への魅力を一層高めているところもある。非課税という特徴によって、地方政府は債券の利払いを抑え、借入れコストも低下させている。

個人向け国債

連邦政府は、個人向け国債という金融資産を提供している。**個人向け国債(savings bonds)**は、アメリカ政府が発行する額面金額が小さく、譲渡できない債券で、たいてい給与天引きで購入されている。

この債券は50ドルから10,000ドルの額面があり、額面から割り引かれて発行されている。例えば、額面50ドルの新規発行の個人向け国債は25ドルで購入できるが、金利情勢にもよるが50ドルを手にするまでには、18年かかる。政府はこの債券に利子を支払うが、小切手を送るのではなく償還価格に利子を組み込むことによって利子を支払う。

個人向け国債は、購入が容易で債務不履行リスクが実質的にないのが、魅力的だ。この債券は、現金が必要な場合に誰か他の人に売却することができないが、金利の一部を放棄することで、償還前でも現金化できる。投資家は、給与天引きで長期の貯蓄手段として個人向け国債を購入することが多い。

外債

アメリカ以外にも多くの国が国債を発行している。これらの債券は、年金基金、保険会社、現金を豊富に持つ大企業が購入している。外債のリスクは国内の債券よりわかりずらいので、投資家は十分に注意を払わなければならない。

外債のもう1つの特徴は、クーポンと元金が外貨で支払われることである。したがって、将来元利金が支払われるとき、その通貨がドルと比べて高くなっているかどうかは、誰にもわからないのである。

マネー・マーケット・ファンド

ミューチュアル・ファンドの中の一形態が、**マネー・マーケット・ファンド(money market fund)**である。マネー・マーケット・ファンドは、小口投資家から資金を集め、大口CDなどで運用する。

銀行に預けるよりも利回りが高いので、マネー・マーケット・ファンドは投資家に好まれている。欠点は、FDIC(連邦預金保険会社)の保険が、運用先のCDにもファンドへの投資資金にも適用されないことだ。マネー・マーケット・ファンドは、通常のCDよりもわずかにリスクが高いので、その分高い利回りを提供している。

トレジャリー・ノート、トレジャリー・ボンド

連邦政府は1年以上の資金を調達するとき、トレジャリー・ノートやトレジャリー・ボンドを発行する。**トレジャリー・ノート(Treasury notes)**は償還期限が2年から10年のアメリカ政府が発行する債券であり、**トレジャリー・ボンド(Treasury bonds)**は償還期限が10年超30年以下になっている。この国債の担保になっているのは、アメリカ政府への信頼と信用だけである。

トレジャリー・ノートとトレジャリー・ボンドの額面は償還期限が2年から3年のものは5,000ドルで、4年以上のものは1,000ドルである。政府は債券保有者の記録を持っているので、それに基づいて定期的な金利の支払いを行う。

この国債には担保はないが、すべての金融資産の中で最も安全性が高いと考えられており、投資家の人気が高い。しかし、リスクとリターンのトレード・オフのため、リターンは全金融資産の中で最も低くなっている。

トレジャリー・ビル

連邦政府は、**トレジャリー・ビル(Treasury bill)**という金融資産も発行している。Tビルとしても知られているトレジャリー・ビルは、短期の債券で、償還期限が13週、26週、52週で、最低額面が10,000ドルである。

Tビルは利払いはなく、個人向け国債のように割引形式で発行される。例えば、投資家は10,000ドルで償還する52週満期のトレジャリー・ビルを9,300ドルで購入する。支払額と受取額の差額である700ドルが投資家のリターンとなる。投資家は9,300ドルの投資金額に対して700ドルを受け取るので7.5%のリターンとなる。

REVIEW　11−2　金融資産への投資

用語とポイント

1. 以下の用語を定義しなさい。
リスク、クーポン、満期、額面、直利、ジャンク債、地方債、非課税、個人向け国債、マネー・マーケット・ファンド、トレジャリー・ノート、トレジャリー・ボンド、トレジャリー・ビル

2. リスクとリターンの関係とは何か。

3. 債券の特徴を3つあげなさい。

4. 金融資産をいくつかあげなさい。

クリティカル・シンキング

5. 投資の留意点4つのうち、どれが最も重要だと思うか理由を述べなさい。

経済概念の応用　リスクとリターンの関係

6. あなたが投資にまわせる資金を持っているとしたら、どの金融資産に投資するだろうか。それはなぜか。

3. 株式・先物・オプション投資

金融資産に加えて、投資家は**株式(equities)**も購入することができる。株式とは企業の所有権を分割したものである。一般的に言って、同一の商品に多数の売り手と買い手が存在し、適度に優れた情報が市場に存在すれば、その商品の価格はほぼ同じになる。この考え方によって、なぜ商業銀行、貯蓄銀行などの貯蓄受入金融機関が、同じ満期を持つCDにほぼ同じ水準の金利を支払っているかが説明できる。

市場の効率性

株式市場は、いくつかの点で上記の性質を有している。多数の買い手と売り手が存在し、株式と発行企業の情報は、適度に共有されている。唯一の違いは、株式は銘柄ごとに価格が異なることだ。

多くの要因が株価に影響を与えている。規模が大きく、利益が上がっており、発行株式数が少ない企業の株価は、それより規模が小さく、利益が上がっていなくて、発行株式数が多い企業の株価より高い。将来に対する期待も株価に影響する。例えば、将来への期待を除いてすべての点で等しい企業があったとすると、成長期待が高い企業の株価は他方より高くなる。

効率的市場仮説(Efficient Market Hypothesis)(EMH)で株価が説明されることがある。これによると、株価は常にほぼ適正な価格で取引されており、割安株を探すのは困難である。この問題に関する専門家は、その理由を次のように説明している。

> EMHの基本はこうだ。およそ100,000人の高等教育を受けた専門のアナリストやトレーダーがマーケットで働き、約3,000の主要銘柄をフォローしている。それぞれのアナリストが30銘柄を担当しているとすれば、ある1銘柄の株式をフォローしているアナリストは1,000人いることになる。さらに、これらのアナリストはメリル・リンチやプルデンシャル保険のような組織で働いており、その組織は割安銘柄を発見できれば何十万ドルも利益を上げることができる。ある株式に関する新しい情報が発信されると、この1,000人のアナリストは全員その情報をほぼ同時に受け取り、評価を加える。したがって、株価は新しい情報をすぐに織り込むことが多い。
>
> ユージン・F.・ブリガム 財務マネッジメントの基礎

この仮説が投資家に対して示唆しているのは、「市場を出し抜くこと」はほぼ不可能ということだ。すべての株式がほぼ正しく価格付けされていれば、どの株を買うかは問題ではない。幸運にもまさに上昇しようとしている株式を選択するかもしれないし、不幸にもまさに下落しようとしている株式を選択するかもしれないのである。したがって、**分散投資（portfolio diversification）**——いくつかの株式の上昇が、その他の下落を相殺するようにいろいろな株式を保有すること——が最も優れた投資戦略になる。

株式を購入するには、株式の仲介業務を行っている証券会社に口座を開設する。証券会社は、証券取引所で株を購入できるようにしてくれたり、在庫から株式を提供してくれたり、他のブローカーから株式を仕入れてくれる。

組織化された証券取引所

多くの組織化された**証券取引所（securities exchanges）**——売り手と買い手が証券を売買するために集う場所——が存在する。取引所という名前はその事業自体を表している。取引所会員は参加費を支払い、売買は取引所のフロアでのみ行われる。[図11-5]にあるように、取引高はニューヨーク証券取引所が他を圧倒している。

[図11-5]　取引高

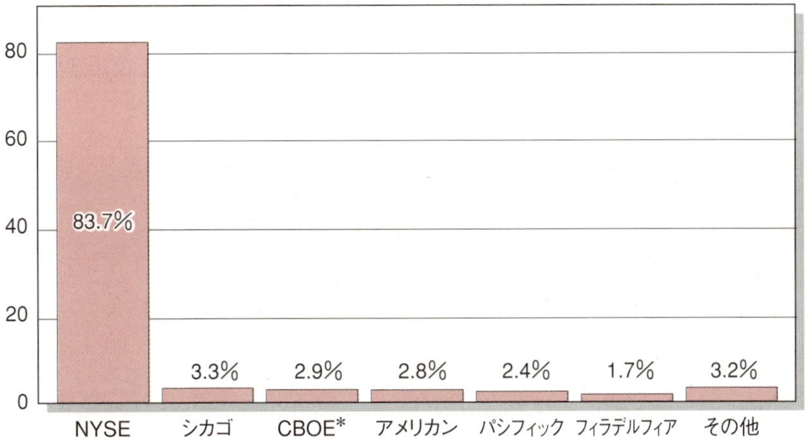

出所：現代アメリカデータ総覧 1996年　＊シカゴ・ボード・オプション取引所

ニューヨーク証券取引所は、株式、オプションの売買で主要な市場であり、すべての組織化された証券取引所の売買は80%を超えている。ここにあげられた取引所以外では、株式はどこで取引されているか。

ニューヨーク証券取引所

アメリカで最も歴史があり、規模が大きく、有名な証券取引所は、ニューヨーク市のウォール街にあるニューヨーク証券取引所(NYSE)である。NYSEは他の取引所と同じく、取引所の会員と取引所に上場している企業に一定のルールを定めている。

NYSEには約1,400の**シート(seats)**がある。シートとは、トレーディング・フロアの利用が許される会員権である。メリル・リンチのような大きなブローカーは、常時20シートは保有している。1シートを購入するには、100万ドルを超える資金が必要だ。会員は取引所の役員を選出する権利を有し、取引所を統治するルールや規制を定める。

NYSEにはおよそ3,000銘柄の株式が上場している。ここへ上場する企業は、収益性や企業規模に関連する厳しい要件を満たさなければならない。したがって、NYSEの上場企業は、公開企業の中で規模も利益も最大級の企業であることを保証している。

アメリカン証券取引所

次の全国規模の証券取引所はアメリカン証券取引所(AMEX)で、これもニューヨーク市に位置している。そこには約1,000社が上場している。

AMEXは、かつてNYSEに次ぐ規模を誇る証券取引所だった。次第に成長が鈍化し、地方証券取引所の中にはAMEXをしのぐところも出てきた。現在ではAMEXは、アメリカで4番めの規模の取引所である。AMEXに上場している企業はNYSEと比べて全体的に規模が小さく、リスクが大きい傾向がある。

地方証券取引所

地方証券取引所は、シカゴ、パシフィック、フィラデルフィア、ボストン、メンフィスといった都市やこれより小規模な都市にもある。規模が小さかったり、設立後まだ間もないためNYSEやAMEXに上場できない企業が、これらの証券取引所に上場している。今日では多くの株式が、NYSEと地方証券取引所の両取引所に上場している。また、地方証券取引所は、地方の中小企業の公開ニーズを満たしている。

世界の証券取引所

証券取引所は世界中にある。取引所は、シドニー、東京、香港、シンガポール、ヨハネスブルグ、フランクフルトなどの都市にある。コンピュータと電子取引の発展によってこれらの取引所は接続され、主要な株式は24時間世界のどこかで取引されている。

店頭市場

組織化された証券取引所は重要な役割を果たしているが、アメリカの株式の大多数は、取引所で取引されているわけではない。そういった株式は**店頭市場(Over-The-Counter market)(OTC)**──組織化された取引所で取引されていない証券のための電子市場──で取引されている。

店頭市場で取引されている証券はナショナル・マーケット・システムと呼ばれる高度なコンピュータ・ネットワークで取引されている。OTC市場のメンバーは全米証券業協会(NASD)に属している。NASDAQはNASDの会員が取引している株式の店頭市場である。NASDAQとNYSEの大きな違いは、NASDAQで取引されている株式は新興企業によって発行されているものがほとんどなので、配当を支払っている企業が少ないことだ。

株式パフォーマンスの指標

株式のパフォーマンスに関心がある投資家は多く、最もよく知られている2つのインデックスを参考にすることが多い。

ダウ・ジョーンズ工業株平均

[図11-6]の**ダウ・ジョーンズ工業株平均(Dow-Jones Industrial Average)(DJIA)**は、NYSEの株式のパフォーマンスを表す代表的な指標だ。ダウ・ジョーンズ社は1884年に活発に取引されている11銘柄の終値の平均値を公表し始めた。採用銘柄数は1928年に30銘柄に拡大している。

かつては、DJIAの1ポイントの変化が平均的な株式の1ドルの変化を表していた。しかし、これは今ではあてはまらない。したがって、ポイント数の変化よりも変化の割合に注目したほうがよい。

スタンダード・アンド・プアーズ500

株式のパフォーマンスを示す指標には**スタンダード・アンド・プアーズ500(Standard & Poor's 500)(S&P500)**もある。これは、NYSEに限らずアメリカ

［図11-6］ DJIAとS&P500

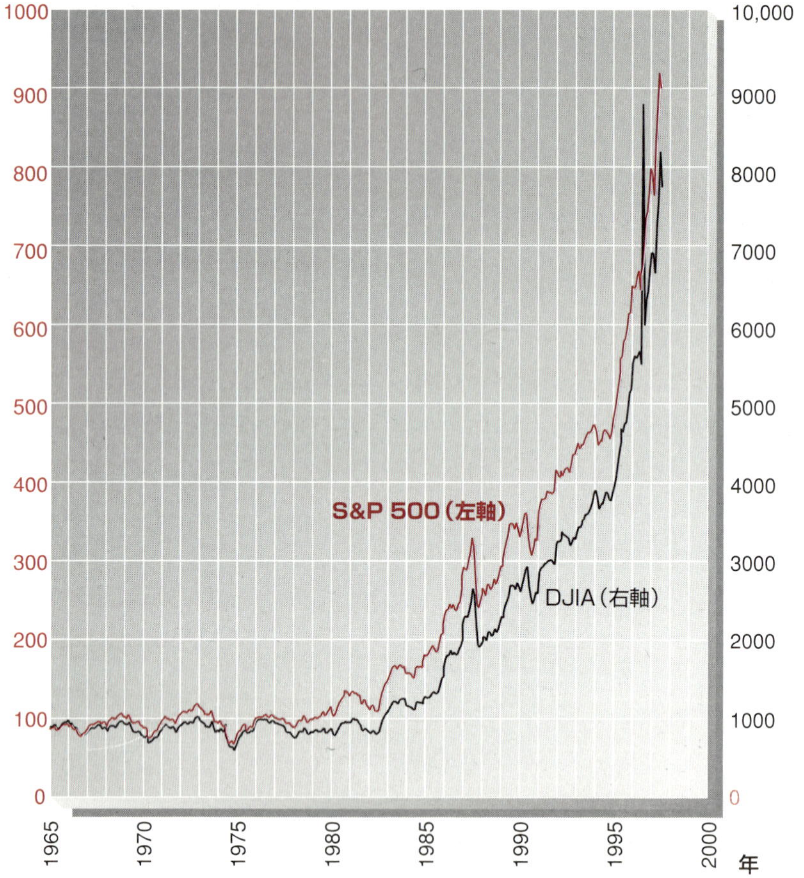

ダウ・ジョーンズ工業株平均とスタンダード・アンド・プアーズ500は株価を知るために利用される2つの株価指標である。どちらがNYSEだけをカバーする株価指標で、どちらがNYSE、AMEX、OTCをカバーする株価指標か。

の株式市場全体のパフォーマンス指標として代表的な500銘柄の価格変化を示している。500銘柄の株価の合計はあまりに大きくなるので、それは指数に換算されている。ダウ・ジョーンズ工業株指数と異なり、スタンダード・アンド・プアーズ500はNYSE、AMEX、OTCに公開している株式を採用している。

将来を取引する

金融資産を分類する属性には時間があるが、時間に基づいて分類すると、市場にはスポット市場、先物市場、オプション市場がある。

スポット市場

スポット市場(spot market)は、取引の受渡しが即座に時価で実行される市場である。例えば、ロンドンの金スポット価格は、ロンドンで即座に決済される価格である。スポットという言葉は「即座の」という意味で、スポット市場と先物市場やオプション市場といった将来を取引する市場とを区別するために使われる。

先物市場

先物(futures)は将来の特定の日に、現在決めた価格で現物を売買する契約である。例えば、売買当事者は1オンス450ドルで3、6、9ヵ月後に一定量の金を売買することを取り決めることができる。決済日が来れば、買い手は現在決めた価格を支払い、売り手は商品を納品する。

先物市場(futures market)は先物契約が売買される市場である。この市場の多くは中西部で始まった穀物と家畜の取引と関係している。先物市場には、ニューヨーク・マーカンタイル取引所、シカゴ・ボード・オブ・トレード、シカゴ・マーカンタイル取引所、ニューヨーク綿花取引所、カンザス・シティー・ボード・オブ・トレードなどがある。

オプション市場

オプション(options)は、現在決めた価格で将来のある時点で商品や金融商品を売買する権利を提供する契約である。オプションは先物とよく似ているが、異なるのはオプションでは当事者の一方に取引から手を引く機会を与えている点である。

例えば、あなたが現在5ドルで**コール・オプション(call option)**――将来のある時点で事前に決まった価格で株式を購入する権利――を購入したとする。そのコール・オプションは70ドルで株式を購入する権利だとすると、株価が30ドルに下落すればそのオプションを放棄して時価で株式を購入する。一方、株価が100ドルに上昇すると権利行使して、あなたはその株式を70ドルで購入することができる。いずれにせよ、5ドルのオプションは将来選択をする権利を与えている。

もし、株式を購入するのではなく売却したいなら、**プット・オプション(put option)**

──将来のある時点で決まった価格で株式を売却する権利──を購入すればよい。50ドルで売却する権利を3ドルで購入し、株価が40ドルまで下落すれば、証券を購入することになっている人に50ドルでその株式を売却することができる。株価が80ドルに上昇した場合には、オプションを放棄し80ドルの時価で株式を売却できる。いずれにせよ、3ドルのオプションは将来あなたが選択を行う権利を与えている。

オプション市場(options market)はオプションが取引されている市場である。先物を売買している取引所の多くが、オプションも取り扱っている。

REVIEW　11－3　株式・先物・オプション投資

用語とポイント

1. 以下の用語を定義しなさい。
株式、効率的市場仮説、分散投資、証券取引所、シート、店頭市場、ダウ・ジョーンズ工業株平均、S&P500、スポット市場、先物、先物市場、オプション、コール・オプション、プット・オプション、オプション市場

2. アメリカの主要な組織化された証券取引所をあげなさい。

3. 株式のパフォーマンスを示す指標を2つあげなさい。

4. 先物契約とオプション契約の違いをあげなさい。

クリティカル・シンキング

5. 効率的市場仮説は、市場を出し抜こうという考えを支持するものか、それとも否定するものか。

経済概念の応用　先物市場

6. いままでに先物市場に投資したことがあるだろうか。それはなぜか。

第4部　マクロ経済学：政策

MACROECONOMICS: POLICIES

人は、隣人が失業したときは景気後退であり、あなた自身が失業したときには恐慌だと思うものだ。

―ハリー・S・トルーマン

PREVIEW
経済学の考え方を日常生活に適用する

国内総生産

年を重ねるごとに、立派な自動車、快適な住居が欲しくなり、余暇を増大させたいと思うだろう。他の人も同じだ。国内で1年間に生産される最終財の価値が国内総生産（GDP）である。GDPはあなたにも他の人にも重要なので、この言葉を耳にすることが多いのだ。

経済成長

あなたは豊かに暮らしたいだろうか。質の高い教育、よい仕事、いわゆる快適な生活を手に入れたいだろうか。他の人も同じ事を考えているだろうか。国の経済成長は、すべての人のよりよい未来のカギである。経済が成長すると生産が拡大し、それによって多くの人が欲しいものを手に入れることができるようになるからだ。

経済的安定

将来に不安がないだろうか。就職、所得、インフレが心配なのは、あなただけではない。将来に不安があるので、経済的安定が保たれていることが重要なのだ。

金融政策

金利が支払われる銀行口座を持っているだろうか。近頃、金利は上昇してきただろうか。もしそうなら、FRBはインフレを沈静化し、預金を促そうとしている。FRBが金利を操作するのは金融政策の1例である。

第12章 国内総生産

Gross Domestic Product

1. 生産量の測定

経済学では、個々の生産者が市場に供給する財やサービスの量を検討するのに加えて、経済全体が生産する財やサービスの量も考察する。この膨大な量の生産量を調べるために、**国民所得勘定(national income accounting)**——経済の生産、消費、貯蓄、投資を記録する統計と会計のシステム——が用いられる。

このデータは、アメリカ商務省の国民所得・生産勘定(NIPA)の一部になっている。これは経済状態を評価し、長期のトレンドを追跡するために用いられる。NIPAはアメリカ人に現在地と来し方を示す道路地図のような統計である。

国内総生産

経済全体の実績を評価するための最も重要な指標が、**国内総生産(GDP)**——国内で1年間に生産されたすべての最終財と最終サービスの合計金額——である。GDPは、経済の実績に関する最も包括的な統計の1つだ。

計算

概念的には、GDPの計算方法は容易に理解できる。基本的には、12ヵ月間に生産された最終財と最終サービスの数量に価格を掛ければ、生産金額が算出できる。

[図12-1]はこの方法でのGDPの計算例を示している。最初の列は、NIPAで使用される広範な3つの生産カテゴリーである、財、サービス、**構築物(structures)**が示されている。3つめのカテゴリーである構築物には、住宅、アパート、商業用ビルなどが含まれる。第2列めは、その年に生産された最終財と最終サービスがいくつか取りあげられている。次の2列には、商品の生産数量とそれぞれの平均価格が示されている。GDPの値を得るには、それぞれの数量と価格を掛け合わせ、最後

の列の最終行に示されているように、その結果を合計すればよい。

サンプリングと調査方法

今日の経済で[図12-1]のような完全な一覧表を作成しようとしても、項目があまりに多くなり過ぎて、それらをすべて集めることはできない。したがって、政府の統計編集者は個々の生産物の数量や価格を推定するのために、サンプリングなどの技法を使う。ところが、サンプリングという技術を用いると、数値の正確性は低下する。

GDPを計算するための数値は、経験に基づいて推定されている数値もわずかに存在するが、そのほとんどが科学的な方法に基づいて推定されているので、十分に信頼できるものになっている。例えば、学生が近隣の住人のために行った芝刈りというサービスの正確な価値を計算するのがどれだけ難しいか、想像してみよう。ただし、その価値の合理的な概算値を計算することはできよう。GDPの数値は、ある経

［図12-1］国内総生産の推定

商品		数量（百万）	価格（1単位あたり）	金額（百万）
財	自動車	6	$16,000	$96,000
	交換タイヤ	10	$40	$400
	靴	55	$40	$2,200
	･･･＊	･･･＊	･･･＊	･･･＊
サービス	散髪	150	$8	$1,200
	所得税申請	30	$150	$4,500
	法的アドバイス	45	$200	$9,000
	･･･＊	･･･＊	･･･＊	･･･＊
構築物	1世帯住宅	3	$75,000	$225,000
	共同住宅	5	$300,000	$1,500,000
	商業用建築	1	$1,000,000	$1,000,000
	･･･＊	･･･＊	･･･＊	･･･＊
				国内総生産$7兆

注：＊は、その他の財、サービス、構築物

国内総生産は1年間に国内で生産された最終財、最終サービス、構築物の合計金額である。概念的には、生産物それぞれの数量と価格を掛け合わせ、それぞれの結果を合計することで求められる。このケースでは、GDPは7兆ドルになる。GDPがサンプリング技術を用いることでどんな問題が起こっているか。

済の1年間の総生産を表すのに、完全に正確なものではないが、十分に正確なものとして受け入れられている。

中間生産物

商務省は、報告されてくる膨大なデータを分析するとき、GDPに算入されるべきもの、されるべきでないものに関していくつかの判断を下さなければならない。

その1つには、**中間生産物(intermediate products)**——GDPにすでに算入されている生産物の生産に用いられた生産物——の排除が含まれる。例えば、自動車の交換用タイヤはGDPに算入されるが、新車に装着されたタイヤはそれに算入されない。生産されたばかりのタイヤが新車に装着された場合、その価値は新車の価格に含まれている。中間生産物の価値がGDPから取り除かれなければ、それは二重計上されることになり、GDPを実際より過大に計上してしまうことになる。

同じ問題は小麦粉、砂糖、塩のような中間生産物でも起こる。消費者がこれらの商品を最終消費のために購入した場合には、最終消費としてGDPに計上される。これらの財が、消費者が購入するパンなどを生産するために中間生産物として使われた場合にはGDPに算入されない。

中古品の売買

また、**中古品の売買(secondhand sales)**も除外されなければならない。すでに生産された商品が、ある個人や団体から別の個人や団体に譲渡されても、新たな富が創造されたわけではない。中古車、中古住宅、中古衣類、中古CDプレーヤーの売買は、売却した側には新たに何かを購入する資金を与えることになるが、富が創造されているわけではないので、新たに生産された生産物の売買しかGDPには含まれない。

国内での生産

GDPの最後の特徴は、生産設備を保有するのが誰かということとは関わりなく、それは国内の総生産を表していることだ。ケンタッキー州、インディアナ州、オハイオ州、テネシー州で生産される日本メーカーの自動車は、アメリカ国外に住んでいる投資家がその工場を所有しているとしても、GDPにカウントされる。逆に、メキシコ、カナダなどの海外にあるアメリカ企業の工場は、アメリカのGDPには算入されない。

その他の要因

GDPは最も包括的な経済の生産の尺度であるが、その信頼性を弱める要素がいくつかある。こういった要因が、GDPの最終的な生産の尺度としての有用性を傷つけることはないが、その要因を正しく捉えるのが重要である。

報告の遅延

GDPは、その算出プロセスの複雑さから、報告までいくらか時間がかかることはは避けられない。計算プロセスには、膨大なデータが含まれるため、GDPの推計値は3ヵ月、つまり、四半期ごとにしか公表されない。GDPはその後何度か改定されるので、経済が実際にどういう状態だったのかを知るまでしばらく時間がかかる。したがって、実際のGDPと公表済みGDPにはズレが生じる。現在の経済実態が判明するには、およそ6ヵ月後に公表される確報値を待たなければならない。

生産物の構成

GDPの増加は、一般に失業の減少と所得の増加を伴うので、好ましいと考えられる。しかし、GDPという全体を表す数値だけでは、生産物の構成がどうなっているかは、まったくわからない。例えば、GDPが100億ドル増加すれば、生産が増加していることはわかる。生産が増加していれば最初は好ましいことと考えられるかもしれないが、学校、図書館、公園などの建設が進んだのではなく軍事用神経ガスの備蓄が増加したことがわかれば、そうは感じないだろう。

GDPの減少は、経済が悪化していると解釈されることが多い。しかし、これが、医療サービスの必要性を減らし、既存の医薬品を陳腐化させる安価で魔法のような新薬の出現によるものだと聞いても、落胆するだろうか。長期的には、その医薬品は人々の健康状態を改善し、生産を増加させる。

生活の質

GDPからは、生産が生活の質におよぼす影響について、あまりわからない。10,000戸の住宅を建設することは当初、経済にとって好ましいことのように思える。しかし、その住宅が野生生物の脅威となり、その地域の自然の美しさを破壊するようであれば、住宅の価値も異なって見える。実際、GDPは生活の質の問題を考慮に入れていないので、この問題を意識しておくことはGDPの理解を深めるのに重要である。

GDPに一定の調整を加える経済福祉水準(measure of economic welfare)の利用を提案する経済学者もいる。交通渋滞で失われた時間、大気汚染や水質汚染のコスト、犯罪のコストはGDPから控除される。一方、余暇の増大、健康的な生活といった要因はGDPに加算される。

非市場取引の排除

GDPのもう1つの特徴は、**非市場取引(nonmarket transaction)**――市場で行われない取引――を除外していることだ。これは、計測に困難を伴うのでGDPの算出から排除されている。自分の家の芝生を刈ったり、自宅の修理を行ったりした場合、これらはGDPに含まれない。これらの活動は、自宅以外で対価を伴って行われた場合にだけGDPに算入される。

GDPから排除されている最大の非市場取引は、主婦が提供している家事サービスである。主婦が、料理、掃除、洗濯、子育てなどの家事から支払いを受け取ったら、毎年何十億ドルもの対価がこのサービスに支払われるだろう。

違法な活動

市場で行われた活動でも、違法であるか報告されていないために、GDPから排除されている取引もある。博打、密輸、売春、麻薬、偽造のような報告されない活動がある。これらの報告されていない違法な活動は、**地下経済(underground economy)**の一部となっている。

GDP分析の重要性

限界があるにもかかわらず、GDPは経済全体の健全性を示す非常に優れた指標であるということに、多くの経済学者は同意している。適切に解釈されれば、GDPの分析は経済を理解する有益な道具となる。これは、経済的パフォーマンスや経済の一般的状況の物差しと見なされる数少ない統計の1つである。

経済的パフォーマンス

多くのアメリカ人は、一般にアメリカのGDPは大きいということを聞きたがっている。生産は、人々の欲求を満たし、生活様式を改善する財やサービスの供給を増加させる主要な方法なので、価値がある。GDPを計測する際に、アメリカ人は生産を記録して現状、過去を認識し、将来を占う。

経済状態

GDPが増加すると、生産物の増加が人々の欲求やニーズを満たしていることがわかる。GDPが増加しなければ、政府や政治家に不満を抱く。この不満を示す方法の1つが、大統領や国会議員への投票である。今までは、経済が下降局面にあると、特に現職者は選挙で苦しい思いをしてきた。

GDPが増加しないときには、新しい経済政策が経済を活性化すると信じて、提案、実行されてきた。これが成功したかどうかは、GDPが増加したかどうかという点から判断される。したがって、GDPは今日最も重要な経済統計となっている。

REVIEW　12－1　生産量の測定

用語とポイント

1. 以下の用語を定義しなさい。
国民所得勘定、構築物、中間生産物、中古品の売買、非市場取引、地下経済

2. GDPはどのように計測されるか。

3. GDPについて検討するときに、留意すべき点を5つあげなさい。

4. GDPの利用方法を2つあげなさい。

クリティカル・シンキング

5. GDPが低水準であることから、社会が利益を得ることができる状態というのはあるだろうか。

経済概念の応用　GDP

6. 仕事を辞めて大学へ通うとGDPの減少要因になるのはなぜか。

2. 所得の測定

国民所得・生産勘定（NIPA）には、一国の総所得を測る5つの基準がある。この所得は、経済の異なる部門に分配され、それぞれの部門はその所得を使って生産物を購入する。これは、第1章で説明した経済活動の循環という概念と似ている。

総収入という概念

すべてのものがアメリカで生産され、[図12-1]にリストアップされた財、サービス、構造物すべてが含まれれば、支払いは4つの生産要素――土地、資本、労働力、起業家――に分配される。

アメリカ経済が、外国との接触を一切持たない閉鎖経済であれば、GDPはコインの両面のようになる。すなわち片面では生産物の総量を表し、もう一方の面ではすべての生産要素の所得を表す。この経済ではGDPで生産だけでなく所得も把握することができる。

実際には、GDPにはアメリカ国内で外国資本の企業が生産した財が含まれている。また、GDPは、アメリカの国境の外で使われたアメリカが所有する資源から得られた所得も除いている。したがって、GDPはアメリカの市民が獲得した所得の総額を適切に測る物差しではない。しかし、GDPを基にして、所得を推計する5つの物差しが導かれる。

所得の5つの尺度

総生産から総収入を計算するのに、2つの調整がGDPに加えられなければならない。この新しい所得の物差しにいくつかの構成要素を加味することで、5つの国民所得の尺度が得られる。

国民総生産

[図12-2]に示されている、一国の経済の総所得を測る尺度のなかで最大のものが、**国民総生産（Gross National Product）（GNP）**である。GNPは、アメリカの居住者が供給する労働力と資産で1年間に生産される最終財、サービス、構築物の総額である。

GDPからGNPを計算するには、アメリカ人の国外からの所得受取額をすべて足し、アメリカ人以外が所有している資源に支払う金額をすべて差し引くことが必要になる。

[図12-2]からGDPとGNPがほぼ同額だということがわかる。しかし、2つの尺度は同じではないので、これは偶然に過ぎない。外国からアメリカへの投資額と、アメリカから外国への投資額とがたまたま同程度だったのだ。他の国では、GNPとGDPの金額の開きはもっと大きい。

国民純生産

国民所得の尺度の中で2番めに大きなものは、**国民純生産(net national product)(NNP)**——GNP－**固定資本減耗(capital consumption allowances)**——である。固定資本減耗は、生産の結果生じる資本設備の価値の低下を表している。

経済が、ある年に、一定量の財、サービス、構造物を生産すると、資本設備には使い尽くされてしまうものもある。[図12-2]によると、GNPは7兆8,440億ドルになる。消耗された資本財の額は8,690億ドルに上るので、生産のネットの額——国民純生産——は6兆9,750億ドルになる。

[図12-2] 国民所得・生産勘定(単位：10億ドル)

国内総生産(GDP)	**7,872**
プラス：国外からの受取所得	242
マイナス：国内で使われた外国人所有の資源に対する支払い	270
国民総生産(GNP)	**7,844**
マイナス：固定資本減耗	869
国民純生産(NNP)	**6,975**
マイナス：間接事業税と補助金	549
国民所得(NI)	**6,427**
プラス：個人に対する移転支出、個人受取利子	2,116
マイナス：内部保留、法人所得税、社会保障拠出金	1,844
個人所得(PI)	**6,698**
マイナス：租税等	919
個人可処分所得(DI)	**5,780**

国民所得・生産勘定はGDP——国家の総生産高の尺度——と国民所得の5つの指標を示している。
GDPとGNPの主要な相違点は何か。

国民所得

次の指標は**国民所得(national income)(NI)**である。国民所得は、事業を行うコストとして企業が支払わなければならないすべての税金(法人所得税を除く)がNNPから控除された所得である。この税金は**間接事業税(indirect business taxes)**として知られており、売上税、資産税、ライセンス料、関税、一般売上税などが含まれる。

個人所得

第4の国民所得の指標は**個人所得(personal income)(PI)**──個人所得税が差し引かれる前の消費者の全所得──である。国民所得から個人所得を計算するには、4つの調整が行われなければならない。

まず、消費者の手に入らない所得が国民所得から控除されなければならない。分配されない企業の利益である**内部留保(retained earnings)**がこれにあたる。これは新しい工場、設備に再投資するために企業が手元に残している利益である。

第2は、企業の所得に賦課される法人税である。これは政府の収入になる。第3は、社会保障費である。この3つの所得が国民所得から控除された後で、失業保険、社会保障、メディケイド(medicaid)(低所得者医療扶助制度)などの補助金の移転収入が足し戻されなければならない。この合計が個人所得になる。

個人可処分所得

第5は、所得指標で最も金額が少ない、**個人可処分所得（disposable personal income）（DI）**──消費部門の個人所得税の支払後自由に使える所得総額──である。これは消費部門が使える実際の資金量を表す重要な指標である。

経済部門と循環

経済がいくつかのパーツ、いわゆる部門(セクター)に分解できると考えるのは有用だ。この経済部門が、国民所得の中からそれぞれ所得を受け取り、生産物はこの所得で購入される。[図12-3]と以下で説明されているように、それぞれの経済部門は経済活動の循環を結びつける重要な存在である。

消費者部門

マクロ経済の経済部門の1つは消費者部門である。その基本単位は**家計**

(household)で、これは独立した生計を営む1軒の家やアパートの1室などに住む人全員で構成されている。家計には生計を共にする家族やそれ以外の人々——下宿人、養子、従業員——も含まれる。

家族と離れて住む人がいる限り、家計には**家族と関係ない個人(unrelated individual)**が含まれ得る。これは、家族がいるにもかかわらず、一人暮らしをしている人や親族以外と同居している人である。家計という概念は、**家族(family)**——血縁、婚姻、養子縁組でつながった複数の人間の集団——より広範な概念である。

アメリカ統計局にとって上の3語の定義は重要だ。家計の定義が特に有益なのは、コンロ、温水器、暖炉、冷蔵庫のような耐久財の需要は、家族の数よりも家計の数と密接に関係しているからだ。多くの家計は、血縁、婚姻、養子縁組がなくても、単一の経済主体として行動する傾向がある。

[図12-3]の「C」で示されている消費者部門が受け取る所得は、すでに説明した個人可処分所得である。消費者部門は、固定資本減耗、税金、社会保障費のすべてが支払われた後のすべての所得と、移転所得の合計を受け取っている。

[図12-3] 経済活動の循環

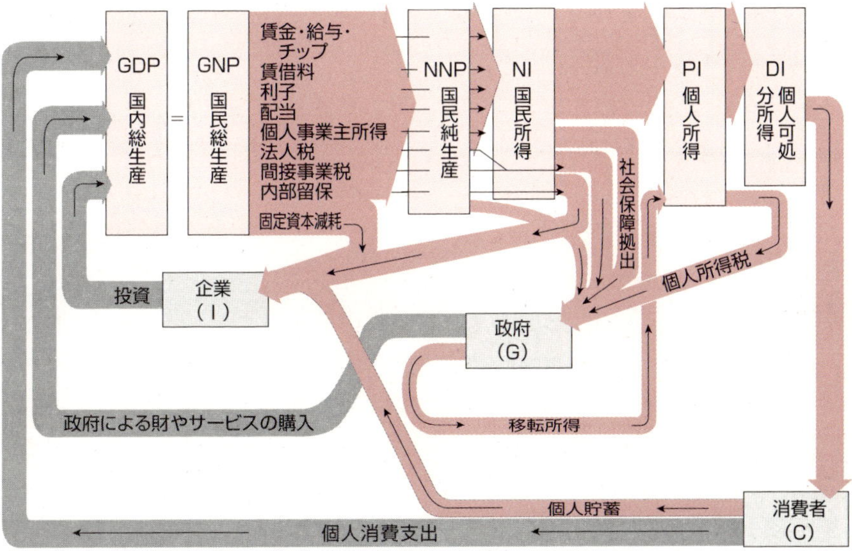

ここに示された閉鎖経済では、GDPはGNPと等しくなる。経済の3つのセクター——企業、政府、消費者——は、一国の生産物すべてを購入する。これが各部門に還流する所得を生み出している。この循環は生産・支出モデルとどう関係しているか。

投資部門

次は、企業部門つまり投資部門である。これは株式会社などから構成されている。生産要素を統合して生産する生産部門である。

[図12-3]で「I」の投資部門への収入は、固定資本減耗、留保利益、金融システムを通して消費者から調達された個人の貯蓄である。固定資本減耗が所得の一形態と考えられるのは、企業はそれを費用として扱い、税引前利益から控除できるからである。固定資本減耗は、決して企業から出て行かない非現金性支出なので、企業部門にとっては収入となる。

政府部門

第3は、政府部門つまり公共部門である。これにはすべての地方自治体と連邦政府が含まれる。政府部門というときには、連邦政府だけではなく地方自治体も含まれることに注意しなければならない。

[図12-3]に「G」と示されている政府部門の収入は、間接事業税、法人税、社会保障拠出金、個人所得税などからなっている。

海外部門

マクロ経済の第4の部門は、[図12-3]には表示されていないが通常「F」として表される海外部門である。この部門は、海外の消費者と生産者すべてが含まれる。他の部門と異なり、海外部門には独自の収入源はない。その代わり、この部門は輸出金額と輸入金額との差額を表している。この差額が少なければ、たとえ大量の財とサービスが取引されているとしても、海外部門は一見小さく表れる。

生産・支出モデル

[図12-3]の循環が完成するのは、**生産・支出モデル(output-expenditure model)**──消費者部門、投資部門、政府部門、海外部門の総需要を示すために使われる経済モデル──が導入されたときである。この関係をアルファベットで表すと、

$$GDP = C + I + G + F$$

この等式は、経済の実績を説明、分析するために用いられてきた生産・支出モデルである。

このモデルによると、消費者部門は家計によって使われる財やサービスに所得を費やす。この**個人消費支出(personal consumption expenditures)**には、食料、

雑貨、家賃、本、自動車、衣類などの人々が購入するあらゆるものが含まれる。

企業部門は、所得を工場、設備、在庫などの投資財に費やす。この投資は、**民間国内総投資(gross private domestic investment)**として知られており、ある年に作られた資本財の総価値を表している。総という用語が使われるのは、購入された資本財すべてが含まれているからだ。

政府部門は、所得を、国防、所得保障、債務の利払い、医療保険、道路、教育などの多くの分野に支出する。総支出に含まれない唯一の大きな政府支出は、移転支出である。なぜなら、この資金は他の人がGDPの一部である財やサービスを購入するために使われるからである。

海外部門もGDPを構成するトラクター、コンピュータ、飛行機、農産物のようにさまざまな財やサービスを購入する。イギリス製ウール製品、日本車、韓国のシャツ、ブラジルの靴などが海外部門から提供される。このため、海外部門の購入は、**財やサービスの純輸出(net exports of goods and services)**——アメリカの輸出と輸入の差額——と呼ばれる。

REVIEW　12－2　所得の測定

用語とポイント

1. 以下の用語を定義しなさい。
国民総生産（GNP）、国民純生産（NNP）、固定資本減耗、国民所得（NI）、間接事業税、個人所得、内部留保、個人可処分所得（DI）、家計、家族、家族と関係ない個人、生産・支出モデル、個人消費支出、民間国内総投資、財やサービスの純輸出

2. GNPとGDPの違いを説明しなさい。

3. 総所得の尺度を5つあげて、説明しなさい。

4. 生産・支出モデルで使われるセクターをあげなさい。

クリティカル・シンキング

5. 個人可処分所得は、生産・支出モデルの総支出の一部となる。このモデルの等式を書き、個人可処分所得はどの項目で支出されるかを示しなさい。

経済概念の応用　個人可処分所得

6. 消費部門が個人可処分所得を得ると、一部を貯蓄し残りを財やサービスに支出する。あなたの可処分所得の使い方とどの程度似ているだろうか。

3. GDPと物価水準の変化

GDPの主な問題点は、**インフレーション(inflation)**──物価水準の全般的な上昇──によって、歪められることにある。インフレによって、生産量が実際とは異なり、増加したように見えてしまう。

これがどのようにして起こるかを見るために、[図12-1]と[図12-4]のGDPを比較してみよう。[図12-4]は[図12-1]の1年後に作成されており、この間のインフレ率は10%であったと仮定する。それぞれの表の第2列と第3列から、生産物と生産数量は両年とも同じであることがわかる。換言すれば、生産された財やサービスの量は変化していないということだ。

しかし、それぞれの図の第4列、第5列は同じではない。[図12-4]の第4列、第5列はすべて、[図12-1]に対応する列より10%上昇している。したがって、GDP

[図12-4] 国内総生産の推定

商品		数量（百万）	価格（1単位あたり）	金額（百万）
財	自動車	6	$17,600	$105,600
	交換タイヤ	10	$44	$440
	靴	55	$44	$2,420
	・・・*	・・・*	・・・*	・・・*
サービス	散髪	150	$9	$1,350
	所得税申請	30	$165	$4,950
	法的アドバイス	45	$220	$9,900
	・・・*	・・・*	・・・*	・・・*
構築物	1家族住宅	3	$82,500	$247,500
	共同住宅	5	$330,000	$1,650,000
	商業用建築	1	$1,100,000	$1,100,000
	・・・*	・・・*	・・・*	・・・*
				国内総生産$7.7兆

注：*は、その他の財、サービス、構築物

インフレは、GDPを歪める可能性がある。この表のGDPは図12-1より10%増加している。この2つの表の比較からわかるのは、価格上昇によってのみこの表のGDPが増加しており、財、サービス、構築物の数量はまったく変化していない。GDPからインフレの影響を取り除くことはなぜ望ましいのか。

は10%だけ、7,000億ドル分上昇し、インフレの影響が表れている。問題は、最終生産物のドルでの価値が、生産された財やサービスの数量がまったく変化していなくても、GDPが増加してしまうことだ。

物価指数の構築

インフレーションの歪みを取り除くために、経済学では**物価指数(price index)**──長期に亘る物価の変動を測定するために利用される統計──を構築する。物価指数は、ある特定の生産物やいろいろな商品に対して作られる。

物価指数を作るのはそれほど難しくはない。まず、**基準期間(base year)**──他の年との比較の基準となる年──を決める。基準期間にはどんな年を選んでもよい。基準期間は、比較のためだけに用いられ、時間が経つとアップデートされるのが一般的だからだ。

次に、**マーケット・バスケット(market basket)**が選択される。これには長期に亘り購入される財の中から代表的なものが選ばれる。マーケット・バスケットの財の数は判断の問題であるが、いったん選択されたら固定されなければならない。マーケット・バスケットという考え方の優れた点は、価格の全体的なトレンドが把握できることにある。最後に、マーケット・バスケットの商品それぞれの価格を記録し合計する。この合計値が基準期間のマーケット・バスケットの価格を表し、これを100%とする。

[図12-5]は、多くの商品を包含する代表的マーケット・バスケットの物価指数がどうやって作られるかを示している。1993年から1995年が基準期間として使われているので、基準期間の列の物価は今日より低くなっている。市場価格の総額──1,792ドル──に100%の価値が割り当てられ、この年の物価指数が100%となる。

年ごとの価格変化を調べるために、それぞれの生産物の価格が基準期間から続けて記録されなければならない。2年めの生産物価格の合計──1895.94ドル──は初年度の合計より5.8%増加しているので、物価指数は105.8になる。以降毎年、価格を計算し、物価指数を算出しなければならない。これが、物価指数が使われなくなるまで繰り返される。

主要物価指数

物価指数はさまざまな目的のために構築される。単一の商品の価格変化を測定す

［図12-5］ 消費者物価指数を構築する

番号	品目	物価 基準期間 (1993–95年)	物価 第2期間 1997年	物価 8月 1998年
1	歯磨き粉（7オンス）	$1.40	$1.49	$2.25
2	牛乳（1ガロン）	1.29	1.29	1.79
3	ピーナッツ・バター（2ポンド瓶）	2.50	2.65	3.73
4	電球（60ワット）	0.45	0.48	0.65
…	…	…	…	…
364	自動車エンジン整備	40.00	42.00	64.75
マーケット・バスケットの総額		$1,792.00	$1,895.94	$1,952.81
指標		100%	105.8%	109.0%

労働統計局は1993年から95年の基準期間で物価を計測している。この時期の生産物の総額を100%とする。時間が経過するにつれ、価格は変化し、新しいマーケット・バスケットの価値は変わる。新しい物価指数は、新しいマーケット・バスケットの価格を古いバスケットの価格で割って算出される。なぜ、マーケット・バスケットは変わらないのか。

る指数や、輸入財や農産物の価格の変化を測る指数もある。なかでも、3つの指数が特に重要である。それは消費者物価指数、生産者物価指数、GDPデフレーターである。

消費者物価指数

消費者物価指数(consumer price index)(CPI)は、364のカテゴリーからなる約90,000の商品の価格変化を示している。現在サンプルとして利用されている財やサービスの価格は、85地域から取得されている。全国で調査される品目もあれば、一部の地域だけでしか調べられないものもある。

消費者物価は労働統計局が毎月編集し、公表している。地域ごとの指数も28存在している。

生産者物価指数

生産者物価指数(producer price index)は、国内生産者の販売価格の変化を表している。約3,000の商品の標本に基づいて作成され、1982年を基準期間としている。

生産者物価指数も労働統計局によって毎月公表されている。これはすべての商品を対象としているが、農産物、燃料、化学物質、ゴム、パルプ、紙、加工食品などのさまざまなサブカテゴリーに分解される。

潜在GDPデフレーター

潜在GDPデフレーター(implicit GDP price deflator)は、経済のすべての財やサービスの平均的な価格水準の指数である。1992年を基準期間として四半期ごとに算出されている。

GDPは財やサービスの最終生産物の指標であり対象商品が多いので、消費者が直面する良質な指標だと信じているエコノミストは多い。しかし、デフレーターは四半期ごとにしか公表されないので、毎月のインフレを知るために利用することはできない。

実質GDPと名目GDP

GDPがインフレーションの影響を取り除くように調整されていない場合、それは名目GDP(current GDP, nominal GDP)あるいは、単にGDPと呼ばれる。インフレーションによる歪みが取り除かれた場合、これは実質GDP(GDP in constant dollars, real GDP)と呼ばれる。

GDPを実質値に変える

GDPを実質GDPに換算したいとしよう。そのためには名目GDPをGDPデフレーターで割り、次に100を掛ければよい(GDPデフレーターはパーセント表示である)。

$$\text{実質GDP} = \frac{\text{名目GDP}}{\text{GDPデフレーター}} \times 100$$

例えば、1997年第2四半期のGDPが、8兆350億ドルだったとする。その期間のGDPデフレーターは112.14である。すなわち1997年の物価水準は、1992年の112.14%の水準であったということである。実質GDPを算出するために、GDPをデフレーターで割り、100を掛ける。

$$\text{実質GDP} = \frac{\text{8兆350億ドル}}{112.14} \times 100 = \text{7兆1650億ドル}$$

7兆1650億ドルという額は、1992年の物価水準で計算した場合の、生産されたすべての財とサービスの金額である。

［図12-6］名目GDPと実質GDP

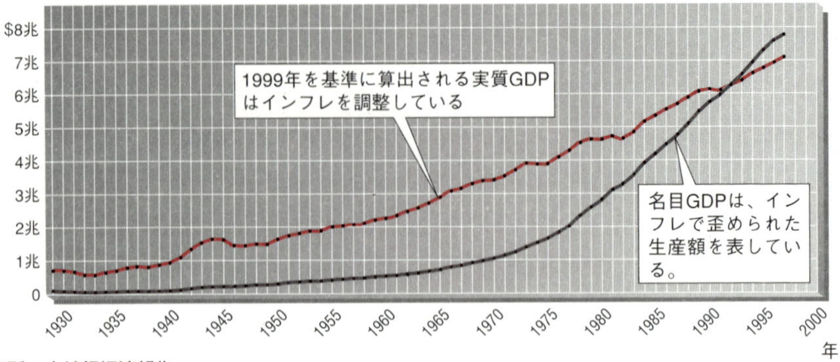

出所：大統領経済報告

インフレを調整して実質GDPを算出すると、経済のトレンドをより正確に把握できる。名目GDPでは、GDPが減少していることが明らかにならないことに注意しなさい。商務省は1992年を基準年としているので、その年は両GDPは共に同額になっている。

比較

名目値を実質値に変えると、長期の比較が可能になる。例えば、1997年第2四半期の名目GDPは、1996年第2四半期の名目GDPより増加している。この増加は、生産された財やサービスの量が実際に増加したことで起こったのだろうか。GDPの増加はインフレによって起こったのだろうか。

前記と同じ方法で、1996年第2四半期の名目GDPを1992年の物価水準に変換すると答えがわかる。

$$\text{実質GDP} = \frac{7\text{兆}6{,}080\text{億ドル}}{109.85} \times 100 = 6\text{兆}9{,}250\text{億ドル}$$

1992年を基準とした実質値で見ると、1996年の実質GDPは6兆9,250億ドルになる。1997年の実質GDPは7兆1650億ドルで1996年の実質値よりも増加しているので、インフレが原因ではない実質的なGDPの増加があったことがわかる。

REVIEW　12−3　GDPと物価水準の変化

用語とポイント

1. 以下の用語を定義しなさい。
物価指数、マーケット・バスケット、消費者物価指数、生産者物価指数、潜在GDPデフレーター、名目GDP、実質GDP

2. 物価指数が構成されるときにはいつも、マーケット・バスケットが用いられる理由を説明しなさい。

3. 主要な物価指数を3つあげなさい。

4. 実質GDPが名目GDPを上まわる例をあげなさい。

クリティカル・シンキング

5. マーケット・バスケットを使って長期に亘って比較を行うことの難しさは、その構成要素が変化することにある。構成要素の異なる20年前や将来のマーケット・バスケットと比較を行うことについてどう考えるか。

経済概念の応用　**マーケット・バスケット**

6. 高校生が典型的に消費する財やサービスのマーケット・バスケットを作るとしたら、どんなものを選択するか。

第13章 人口、経済成長、景気循環

Population, Economic Growth, and Business Cycles

1. 人口

人口の規模と増加は、どんな社会にとっても重要だ。人口は人手を意味し、人間が多いほど労働力も増える。労働力は、人々のニーズや欲求を満たすために活用される。

人口増加率は経済成長に影響をおよぼす。一国の人口増加があまりに急だと、1人あたりの生産高は低下し、国家は養うことができる以上の人口を抱えこむことになる。逆に、人口増加があまりに緩やかだと、経済成長を維持するのに十分な労働力を確保できないかもしれない。

アメリカの人口

アメリカ憲法は、政府が定期的に**人口調査（census）**──人口の公式な統計、居住地域の調査──を行うことを求めている。公式の人口調査は10年ごとに行われる。この国の創設者は、それぞれの州が選出する国会議員の数を割り当てるために人口調査を始めた。

人口を調査する

連邦政府は1790年に最初の人口調査を行った。1800年代には、10年ごとに臨時に設立される政府機関がその任にあたった。議会が常設の人口統計局を設置したのは1902年だった。現在では、人口統計局は規模などの人口の特質を月次で調査している。

人口統計局の人口調査は、家計を主たる調査単位としている。およそ5/6の家計が、数分で記入できる「ショート・フォーム」という質問票を受け取る。残りの家計は、質問項目が多く、より詳細な人口のプロフィールを作るための「ロング・フォーム」という質問票を受け取る。調査局の職員は、家計調査単位に含まれないホームレスなどの人数も調べる。

人口統計局はデータをさまざまなカテゴリーに分類し、公表している。その分類方法の1つは、**都市人口(urban population)**という規模に基づくものだ。都市人口とは2,500人以上が住んでいる村や町の人口である。対照的に、**農村人口(rural population)**は都市人口を除いた人口で、都市の周辺でまばらにしか人が住んでいない地域の人口を表している。

人口の歴史的増加

アメリカの人口は、入植時代から相当増加してきた。しかし、増加率は徐々に鈍化している。1790年から1860年まで人口は年3.02%で増加した。南北戦争の勃発から1900年までは、年平均の成長率は2.23%に下落する。1900年から第2次世界大戦の期間は1.38%まで落ち込む。人口増加率はその後もゆっくりとではあるが一貫して減少し、1994年には1%を下まわった——現在でも、この状況は変わっていない。

人口調査によれば、家計の構成員数は減少傾向にある。入植時代に、家計は平均5.8人で構成されていた。1960年には平均3.33人になり、今日では2.65人になっている。これは、他の先進国と同様、少子化傾向を反映している。また、1人暮らし世帯が今までになく増加していることも示している。

地域的変化

人口調査は、人々の居住地域の重要な移動を示唆してきた。[図13-1]は人口分布の変化の予測を示している。地図では、西部と南部の人口増加が、北東部やセントラル・プレインの人口減少を相殺することを示している。

人口予測トレンド

人口トレンドに興味を持つ集団は多い。例えば、政治家は、人口移動から投票行動の変化を読み取ろうとする。地域の指導者は、地域の人口の増減が、公衆衛生、教育、防犯、防火などのサービスにどういう影響があるかということに関心がある。企業は、新工場の立地、商品やサービス、販売地域の決定に人口データを使っている。

［図13-1］ 地域別人口分布予想、1988年－2010年

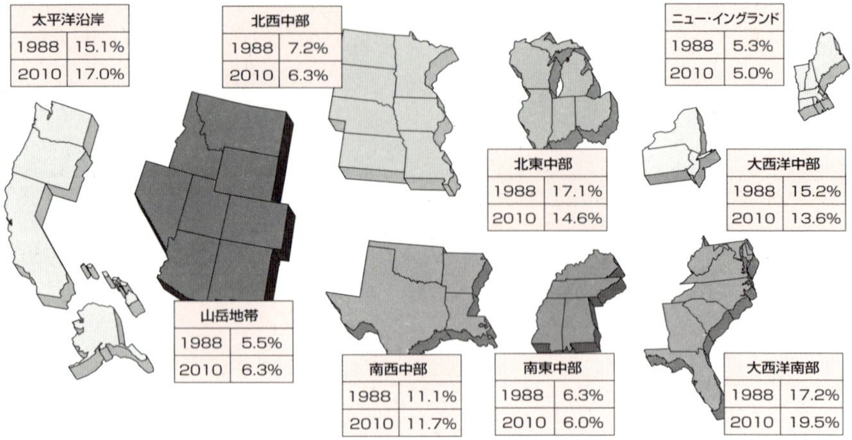

人口統計局の予測によると、全人口の割合の変化は、大西洋南部、南西中部、山岳地帯、太平洋沿岸で増加する。

人口増加に影響を与える要素

人口統計局は1992年11月、『年齢、性別、人種、ヒスパニックという分類に基づくアメリカの人口予測：1992年～2050年』という報告書を発表した。この報告書では、1990年から2050年までの3つの人口増加シナリオ――高い増加率、中程度の増加率、低い増加率――を提示している。

3つのシナリオは推測に過ぎない。この予測は、**人口統計学者(demographers)**――人口の増加、密度、その他の特徴を研究する人――が重要視する要素に基づいている。人口統計学者によれば、人口の増加に影響を与える3つの重要な要素は出産率、平均余命、純移住の水準である。

第1は、**出産率(fertility rate)**で、1,000人の女性が生涯に出産する子供の人数である。例えば、出産率が2,110人であれば、1人の女性が2.11人の子供を出産することになる（訳注：日本ではこの数値が合計特殊出生率と呼ばれる）。最も実現性が高い中程度の人口増加シナリオで、人口統計局は2,119人の出産率を前提としている。この出産率では、現在の人口はようやく維持されるに過ぎない。

第2は、**平均余命(life expectancy)**すなわち、ある年齢に達した人が死亡するまでの期間である。人口統計局は、出生時の平均余命(平均寿命)は、現在の約75.8歳から2050年には82.1歳になると予測している。

第3は、移民による人口のネットの変化である**純移民(net immigration)**だ。人口統計局は、年に約880,000人が継続的に純流入してくると見込んでいる（この数字は、1,040,000人の入国移民と160,000人の出国移民という前提に基づいている）。1991年の移民法の改正やメキシコやカリブ諸国からの違法入国移民なども考慮されている。

この3つの要素を考慮した中程度の増加シナリオに基づくと、アメリカの人口増加率は減少し続ける。人口増加率は2000年から2005年には0.82%に下落し、2050年には0.49%まで低下する。そのとき、アメリカの人口は約3億8,000万人になっている。

年齢と性別による予測

人口統計局は、ベビー・ブーマー世代の老齢化から多くの特徴が引き出されると想定している。1946年から1964年まで出産率が高かった時代の**ベビー・ブーム(baby boom)**に生まれた世代は、総人口で大きな割合を占めている。[図13-2]にあるように、ベビー・ブーム世代は、**人口ピラミッド(population pyramid)**―

[図13-2]　年齢別・性別人口分布、1990年

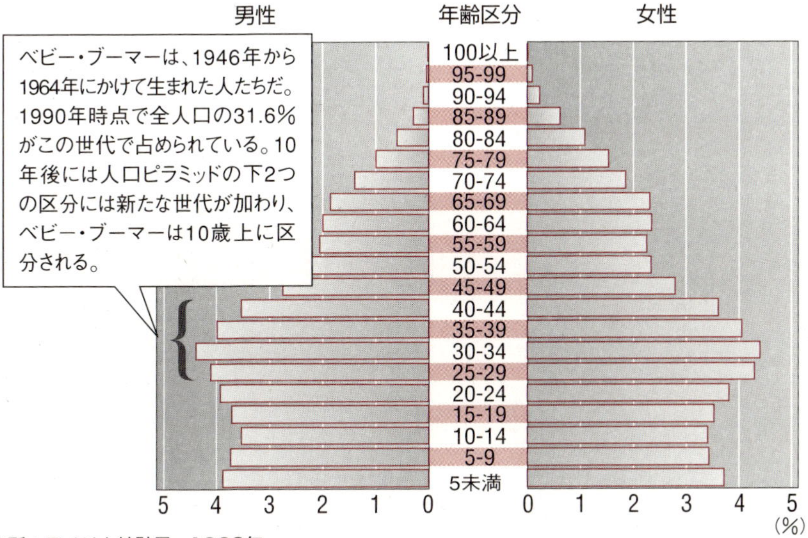

出所：アメリカ統計局、1998年

人口ピラミッドは人口分布を示す1つの方法である。2000年には15歳から24歳の男性と女性はどれくらいいるか。

年齢と性別による人口の内訳を示す棒グラフ──で目立った出っ張りとなっている。

1990年の人口ピラミッドでは、ベビー・ブーマーは25歳から44歳の区分に入っている。2000年の人口ピラミッドでは、ベビー・ブーマーは10歳年をとり、35歳から54歳の区分に入る。

いずれ、ベビー・ブーマーが定年退職し、年金、社会保障、メディケア（老齢者医療保険制度）の給付を受けるようになる。この給付の多くは移転支出なので、若い、比較的労働人口が少ない世代には重い負担となる。この負担は、**依存人口比率（dependency ratio）**──18歳から64歳の労働年齢100人あたりの子供と老齢者の割合──の変化に表れる。依存人口比率は1998年には63.9だが、人口統計局の予測によれば、2020年には67.5、2030年には77.5、2040年には78.0と増加してゆく。

最後に、この人口ピラミッドから性別についてどんな示唆が得られるだろうか。ピラミッドの左側と右側を見比べてみよう。高年齢層では右側のグラフのほうが長くなっているので、女性は男性より長生きする傾向があるのがわかる。この人口ピラミッドはあらゆる人種集団についても作成できる。

人種と民族集団による予想

人種と民族集団に対する人口統計局の予測が［図13-3］に示されている。1990

［図13-3］人種、民族集団別アメリカ人口構成の変化予想　1990年から2050年

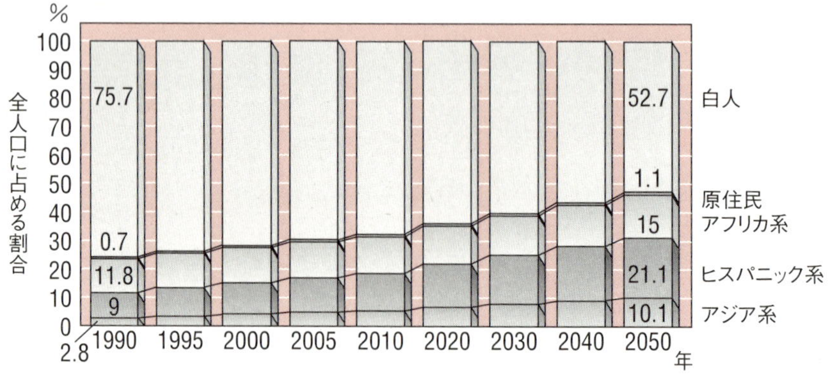

出所：アメリカ統計局『年齢、性別、人種、ヒスパニックという分類に基づく人口予測：1992年から2050年』

アメリカ人口統計局の予測によると、人種による人口分布は2050年までに劇的に変化する。どの人種または民族グループが最も増加すると予想されているか。最も減少するのはどのグループか。

年に、白人は全人口の中で最大の割合を占めていた。アフリカ系アメリカ人、ヒスパニック系アメリカ人、アジア系アメリカ人、アメリカ原住民がこの順番で続いている。

出産率、平均余命、移民率の変動は将来の人種構成を劇的に変える。2050年には、アジア系アメリカ人の割合が約4倍に達し、ヒスパニック系アメリカ人の割合も約2倍になることが予測されている。アフリカ系アメリカ人の割合も増加する。白人の割合は52.7%で、かろうじて過半数を維持する程度となるだろう。

REVIEW　13－1　人口

用語とポイント

1. 以下の用語を定義しなさい。
人口調査、都市人口、農村人口、人口統計学者、出産率、平均余命、純移民、ベビー・ブーム、人口ピラミッド、依存人口比率

2. 人口増加を決定する最も重要な要素を3つあげなさい。

クリティカル・シンキング

3. いずれベビー・ブーマーは定年に達する。このとき、あなたの世代はどんな影響を受けるか。ベビー・ブーマーはこのことをどう感じているだろうか。

2. 経済成長

経済成長は、すべての人の分け前を増やす可能性がある。このすべての人には、アメリカ人だけでなく外国人も含まれる。

アメリカの経済成長

経済成長の可能性を判断するには、その測定基準を知らなければならない。その測定基準には重要なものが2つある。これは前の章で説明されたトピックスとも関係している。

成長を測定する

短期──1年から5年──の経済成長を測る場合、実質GDPが優れた基準である。四半期あるいは年ベースでの実質GDPの変化は、ニュースで最もよく耳にする統計である。

しかし、長期になると実質GDPでは十分ではない。実質GDPだけでなく人口も増加するので、**1人あたりの実質GDP(real GDP per capita)**──実質GDPの額を人口1人あたりに計算し直した額──のほうが優れた基準である。多くのエコノミストはこれが長期の成長を測る最も重要な指標だと信じている。

［図13-4］ 実質GDPと1人あたりの実質GDP

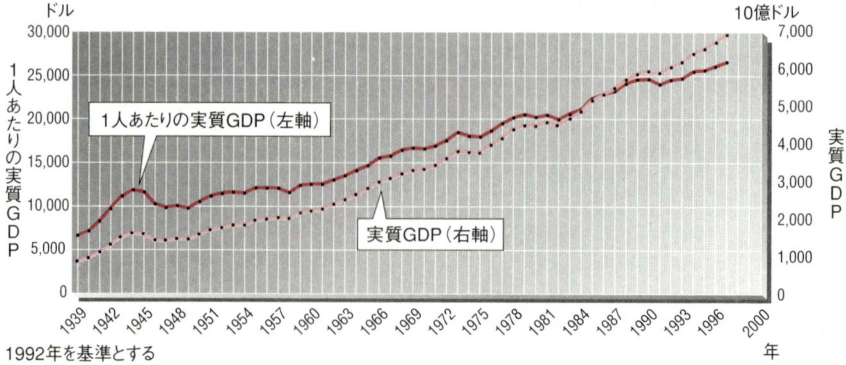

1992年を基準とする
出所：大統領経済報告

1人あたりのGDPは、人口が増加するときにはいつも、実質GDPより緩やかな成長になる。1980年代初期から1990年代にかけてのような低成長またはゼロ成長の時代には、人口が増加すると1人あたりのGDPは、マイナスになることもある。実質GDPと1人あたりの実質GDPはどう異なるか。

実質GDPを人口で割ると、1人あたりの実質GDPが算出できる。人口が実質GDPよりも増加するペースが速ければ、1人あたりの生産額は減少する。人口が実質GDPより緩やかに増加すると、人口1人あたりの財やサービスは増加する。

実績

[図13-4]は実質GDPと1人あたりの実質GDPを比較したものである。例えば、1997年に実質GDPはおよそ7兆2,000億ドルだった。その年の人口は2億6,800万人だったので、1人あたりの実質GDPは26,700ドルになる。

成長率は、**成長の三角形(growth triangle)**──さまざまな期間での成長率を示す表──から容易に把握できる。[図13-5]を見ると、1929年から1939年まで

[図13-5] 1人あたりの実質GDPの平均成長率

エンド													
1929													1929
1933	-8.3%												1933
1939	0.2%												1939
1940	0.8%												1940
1945	3.7%	10.3%											1945
1950	2.4%	4.0%	-1.9%										1950
1955	2.4%	3.6%	0.4%	2.6%									1955
1960	2.1%	2.9%	0.5%	1.7%	0.8%								1960
1965	2.3%	3.0%	1.2%	2.3%	2.1%	3.4%							1965
1970	2.3%	2.9%	1.4%	2.3%	2.1%	2.8%	2.2%						1970
1975	2.2%	2.7%	1.5%	2.1%	2.0%	2.4%	1.9%	1.6%					1975
1980	2.3%	2.6%	1.6%	2.2%	2.1%	2.4%	2.1%	2.0%	2.5%				1980
1985	2.2%	2.6%	1.6%	2.2%	2.1%	2.3%	2.1%	2.0%	2.2%	2.0%			1985
1990	2.2%	2.5%	1.7%	2.1%	2.1%	2.3%	2.0%	2.0%	2.1%	1.9%	1.9%		1990
1997	2.1%	2.3%	1.6%	2.0%	1.9%	2.1%	1.9%	1.8%	1.8%	1.6%	1.5%	1.2%	1997
	1929	1940	1945	1950	1955	1960	1965	1970	1975	1980	1985	1990	
スタート													

大恐慌中のマイナス成長のほとんどは1929年から1933年に生じた。

1970年代の平均成長率を見つけるために、水平軸にある1970年からスタートし、1980年の垂直軸を参照しなさい。

1人あたりのGDP成長率は、1970年代より1980年代のほうが低下しており、1990年代には一層鈍化している。

出所：大統領経済報告

人口増加を考慮しない実質GDPの変化では、経済成長は過大評価される。ある期間の年成長率を見つけるためには、水平軸からスタートする年を選び、垂直軸のエンドの年を参照しなさい。1人あたりの実質GDPは、なぜ長期の経済成長に最も適した尺度と考えられるのか。

は1人あたりの実質GDPがほとんど成長しなかったことがわかる。1人あたりの実質GDPは1940年から1970年には年率2.9%成長したが、1970年から1980年には2.0%に下落した。成長率は1980年から1990年にかけて1.9%まで鈍化し、1990年代は1.2%で今までで最も低くなっている。

上記のような低成長のため、エコノミストなどの専門家は、アメリカ経済に改善の余地があることを強く意識するようになった。近年の低成長は、驚きではなく心配の種となっている。したがって、長期の経済成長を刺激するために、多くの経済政策が提案された。将来は、そういう提案は疑いなく増加していくだろう。

経済成長の重要性

経済成長は国家に多様な利益をもたらす。生活水準を向上させ、政府の負担を減らし、国内問題を解決するのを助ける。貿易相手国の経済成長を押し上げることもできる。

生活水準

自由経済の重要な特徴は、生活水準を向上させるのに十分な1人あたりの実質生産を増加させることができることにある。**生活水準(standard of living)**とは、生活をより楽にする必需品と贅沢品の所有に基づく生活の質である。自由経済システムは人々の余暇を増加させ、家族、趣味、レクリエーションに注意を向けることを可能にする。

政府支出

経済成長は**税基盤(tax base)**――課税が可能な所得と資産――を拡大することで政府、自治体に利益をもたらす。税基盤の拡大によって政府の歳入は増加するので、公共サービスは量的に拡大し、質的にも向上する。

国内問題

世界の多くの国と同様に、アメリカも、貧困、不適切な医療、機会の不平等、経済的不公正に直面している。この問題は、経済的な理由から生じていることが多い。経済成長は、雇用や所得を増やし、社会的な病を根本から治癒するのに役立っている。

外国への援助

経済成長によって、アメリカの外国製品への需要は増加する。アメリカが外国の財を購入すると、外国では雇用と所得が創造される。外国は新たに得た所得で、アメリカの財やサービスを購入することが可能になり、翻って、アメリカにも新たな雇用が生まれる。アメリカと貿易相手国の消費者は、競争的な価格の財やサービスが豊富に存在することから利益を享受する。

貿易の増加は、他国が最も効率的に資源を配分するのにも役立つ。アメリカ人が外国製品を購入すると、外国の生産資源は成長する輸出産業に振り向けられる。そのため、多くの国の資源は最も効率的に配分されるようになる。長期では効率的な資源配分によって、世界経済の成長は刺激される。

世界の手本

新興国の多くは政治的、経済的イデオロギーを未だ確立していない。これらの国は、最も成功した経済システムをまねようとする傾向がある。アメリカ国民の多くは、新興国が市場経済システムを採用することで自立に成功することができると信じている。

過去、自由世界と共産主義世界は、新興国に影響をおよぼそうとしてきた。この競争はヨーロッパでの**共産主義(communism)**と、ソビエト連邦の崩壊によって終結した。アメリカの経済成長は、これらの国々が経済システムを選択する際の手本となるだろう。

経済成長に影響を与える要因

生産能力が一国の経済成長を左右する。経済成長には、生産要素――土地、資本、労働力、起業家――の量と質などの多くの要素が重要である。この生産資源がどれくらい入手できるのかということと、その組み合わせも経済成長の決め手となる。

土地

アメリカは豊富な天然資源を享受している。アメリカは、イギリスや日本のような島国とは異なり、原材料を過度に輸入に依存する必要がない。クロム、コバルト、原油、ダイアモンドなどの鉱物を除けば、多くの天然資源を十分に自国で賄うことができる。

それでも、アメリカは天然資源を保護する必要がある。たいていのアメリカ人が当然だと思っている天然資源の多く──きれいな空気、水、森林、肥沃な土地──は、急速に減少している。これらのうちいくらかは、**再生可能な資源（renewable resources）**──将来補給できる資源──である。例えば、再び種をまけば、森林はすべてではなくても一部を復活し、近い将来再び利用できるようになる。しかし、なかにはカリフォルニアのアメリカスギや巨大モミのように、成長するのに数世紀必要なものもある。

資本

高品質の資本ストックの供給は、経済発展にとって好ましい。アメリカの資本ストックは今日、年間3,000億ドルずつ増加している。

経済学では**資本労働率（capital-to-labor ratio）**──総資本蓄積を労働市場の労働者数で割ることで求められる──が話題になる。この比率は、労働者1人あたりの資本ストックを表している。今日、1人の労働者が150,000ドルを超える資本設備を使っている。高い資本労働率は経済成長を促すことになる。

資本は生産によってできたものである。したがって、資本の生産に影響をおよぼすことは可能である。そのために重要なのは貯蓄であり、貯蓄のカギとなるのは消費者である。消費者が消費を減らし、貯蓄や投資を行うと、生産要素を使って新しい資本を作ることができる。

消費を減らしても、貯蓄が必ずしも増加するわけではない。あまりに貧乏で、生存のために所得を使い切ってしまわなければならない国に住んでいる人もいる。これらの国には貯蓄がほとんどなく、したがって資本への投資も少ない。資本がなければ総生産量は低水準にとどまる。こういった国に住む人々はこの悪循環からなかなか抜け出せない。彼らは貧しすぎて貯蓄することができないが、資本の投資に必要な貯蓄がなければ所得は増加しない。

労働力

どんな経済でも、成長には熟練した労働力の増加が不可欠だ。一般に労働力は人口に依存している。アメリカの人口増加率が今までのように低下し続けると、労働力の増加率も鈍る。しかし、海外からの労働者で労働力不足を埋め合わせることは可能だ。今までは自宅に留まってきた退職者等を労働力に変えることができれば、労働力不足を解消するのに役立つ。

現在のアメリカの労働力は、かつてより熟練が進んでいると考える者もいる。例えば、労働者が教育を受けた期間の調査に基づいて、この結論に達した者もいる。1970年の就学年数の中央値は、12.1年であったが、1991年には12.7年になり、2000年には13年を超える。つまり、労働者の半分は高校教育と、少なくとも1年間の大学かそれと同等の教育を受けていることになる。

労働する意欲やモチベーションなどの多くの要素も、労働力の質に影響をおよぼす。現時点では、そういった要素を計測する信頼できる方法は存在しない。

起業家

起業家は変化を起こす主体となるので、経済成長のカギを握る。ある国に起業家以外のすべての成長可能性が揃っていても、革新を起こしリスクを取る起業家がいなければ、経済成長は遅れがちになる。

起業家は成功することができる事業環境を望んでいる。その環境とは、規制が少なく利益の多くを手元に残せる経済システムだ。たとえば限界税率が低い税制である。

生産性と成長

生産性とは、財やサービスを生産するために投入される生産要素の利用の効率性である。生産性の向上があって初めて、経済成長は成し遂げられる。

実績

労働力は生産要素の1つに過ぎないが、生産性は労働投入量を基準として測定される。労働力は可変投入量なので、生産性は通常**労働生産性(labor productivity)**──労働投入量1単位あたりの生産量──として定義される。

[図13-6]は、1959年からの労働生産性の推移を示している。1959年から1973年まで、生産性指標は54.3から80.8まで上昇し、年平均2.36%で上昇している。しかし、1973年から1995年には、生産性の上昇は年平均でわずかに1.15%であった。

生産性の向上は続いているが、そのペースは鈍化しており、経済成長や生活水準の脅威となっている。生産性の上昇率の鈍化は、アメリカの競争力に影を落としている。アメリカは、効率性が高い国に雇用と所得を奪われるリスクにさらされているのだ。

[図13-6] 労働生産性、1959年から1997年

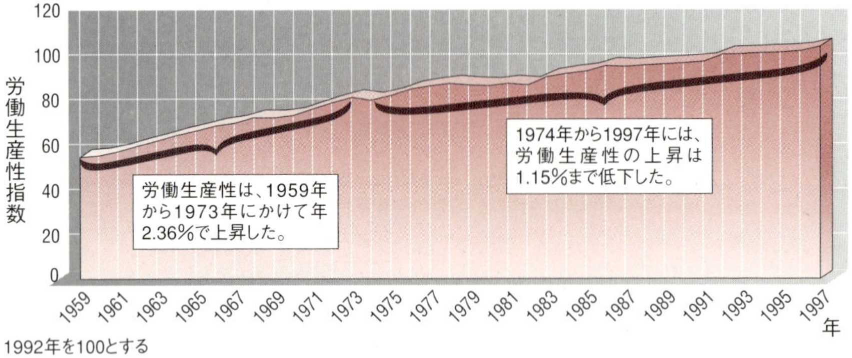

1992年を100とする
出所：大統領経済報告

労働生産性は、1959年から1973年まで着実に上昇したが、その後は上昇率が低下していった。なぜ生産性の低下が我々1人ひとりの問題となるのか。

影響

生産性の低迷は、経済全体の停滞につながる。アメリカで労働生産性の低下と物価上昇とが同時に起こると、海外の財やサービスの価格は国内製品より安価になる。輸入品価格が相対的に安くなると、個人や企業はアメリカの製品よりも海外の製品を購入するようになる。

生産性の低下にともなって、企業は人員を削減する。解雇された労働者全員が、他業界で職を見つけることができるわけではない。ある産業で高度な訓練を受けた労働者でさえ、他業界に職を求めなければならず、彼らの技能を完全に活かすことはできない。新たな技能を習得するのに時間を要すれば、経済は一層の生産性低下に苦しむことになる。

原因

生産性の全容は完全に解明されているわけではないが、経済学では、生産性を計測し、それを経済成長と関連づけることはできる。しかし、未解明なままなのは経済全体を牽引する要因である。

アメリカの生産性が低いのは、労働者の勤労意欲が低く、働いている会社に対する忠誠心が低いからだという者がいる。雇用者が労働者を大切に扱っていないことを問題にする者もいる。税制によって企業が利益を新たな資本や設備に投資する意欲を奪われているという者もいる。教育システムも批判の対象となっている。

それぞれの意見はそれなりに正しい。しかし、アメリカは生産性上昇率の停滞から抜け出せていないというのが現実問題として残っている。生産性をいかにして向上させるかという問題は、今日のアメリカ経済に課せられた課題の1つである。

REVIEW　13−2　経済成長

用語とポイント

1. 以下の用語を定義しなさい。
1人あたりの実質GDP、成長の三角形、生活水準、税基盤、再生可能な資源、資本労働率、労働生産性

2. 経済成長の2つの基準を説明しなさい。

3. 経済成長の重要な局面を5つあげなさい。

4. 経済成長に影響を与える要素をあげなさい。

5. 労働生産性の低下がもたらす影響を説明しなさい。

クリティカル・シンキング

6. なぜ生産性がある国の生活水準に対して重要か。

経済概念の応用　**生活水準**

7. あなたにとって最も価値のあるものをあげなさい。これがどのように生活水準を高めるか説明しなさい。

3. 景気循環と景気変動

経済学では、**景気循環(business cycles)**とは実質GDPの上昇と下落の繰り返しを意味する。循環という言葉からは、景気の拡大と後退が交互におそらく定期的に発生するであろうことが示唆される。これに対して、**景気変動(business fluctuations)**という経済用語も用いられる。変動という言葉には、実質GDPの変動は、不定期で予測できないという含みがある。

景気循環の局面

景気循環の2つの局面が［図13-7］で説明されている。1つは、**景気後退(recession)(リセッション)**——実質GDPが減少する期間——である。経済学の定義では、リセッションは6ヵ月続けて、つまり2四半期連続して実質GDPが減少することである。景気後退は、経済が**景気の山(peak)**——実質GDPの上昇が止まった時点——で始まり、**景気の谷(trough)**——実質GDPが減少から増加に転じる点——で終わる。

実質GDPが底を打って上昇に転じると、経済は景気循環のもう1つの局面に移行する。すなわち、リセッションからの回復期間にあたる**景気拡大(expansion)**である。景気拡大は新たな景気の山に達するまで続く。景気の振れがなければ、経済が辿るはずだった一定の成長軌道は**トレンド・ライン(trend line)**と呼ばれる。［図

［図13-7］景気循環の局面

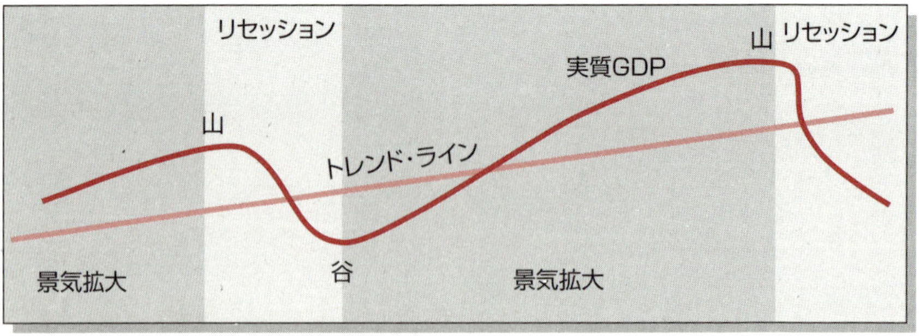

景気循環は景気後退と景気拡大を繰り返すことに特徴づけられる。実質GDPが2四半期連続で減少すると景気後退局面に入ったことになる。景気の谷は、実質GDPが増加に転じた時点を指す。グラフを使って景気後退をどう説明できるか。

13-7]が示すように、経済は景気の後退と拡大を通じて、トレンド・ラインからの乖離とそれへの接近を繰り返す。

景気後退が深刻になると、**恐慌(depression)**──失業者が大量に発生し、需要が大幅に不足し、工場は膨大な過剰設備を抱えているような経済状態──に突入する。1930年代の**大恐慌(Great depression)**がアメリカの経験した唯一の恐慌であるということで、多くの専門家の意見は一致している。

経済が景気拡大期にしっかりと成長を続けると、トレンド・ラインを突き抜けて過去最大の実質GDPを計上することもある。実質GDPの一時的減少があっても、上昇傾向は変わらない。しかし、2四半期連続で実質GDPが減少すると、定義により経済は景気後退に入ったことになる。

アメリカの景気循環

[図13-8]は、アメリカの経済が20世紀を通じて、不規則な経路をたどったことを示している。最も深刻で長期の景気後退は、大恐慌である。第2次世界大戦後の景気循環には特別な傾向があった。

大恐慌

1929年10月29日の株式市場の大暴落、「ブラック・チューズデイ」、で大恐慌は始まる。1929年から1933年までにGDPは約1,030億ドルから550億ドルに減少──GDPはおよそ半分になってしまった。同時に、失業者数は──160万人から1,280万人へ──恐慌前の800%の水準まで増加する。大恐慌の最悪期には、労働者の4人に1人は失業し、仕事に就いている人でさえ生活は苦しかった。1929年に製造業賃金は1時間55セントであったが、1933年には5セントに急落した。

全国各地で銀行が倒産した。FDICは当時存在しなかったので、預金者は保護されない。連邦政府は、パニックによる預金引出しを防ぐため1933年3月に「バンク・ホリデイ」を宣言した。全国の銀行はすべて数日間閉店したが、2度と開店されない銀行も多かった。

マネー・サプライは1/3減少した。通貨が不足していたので、町、郡、商工会議所、その他の市民団体が**不況紙幣(depression scrip)**として知られている独自の通貨を印刷した。何十億ドルもの不況紙幣が、教師、消防士、警察官などの地方政府職員への給与支払いに充てられた。

［図13-8］アメリカの景気の変遷

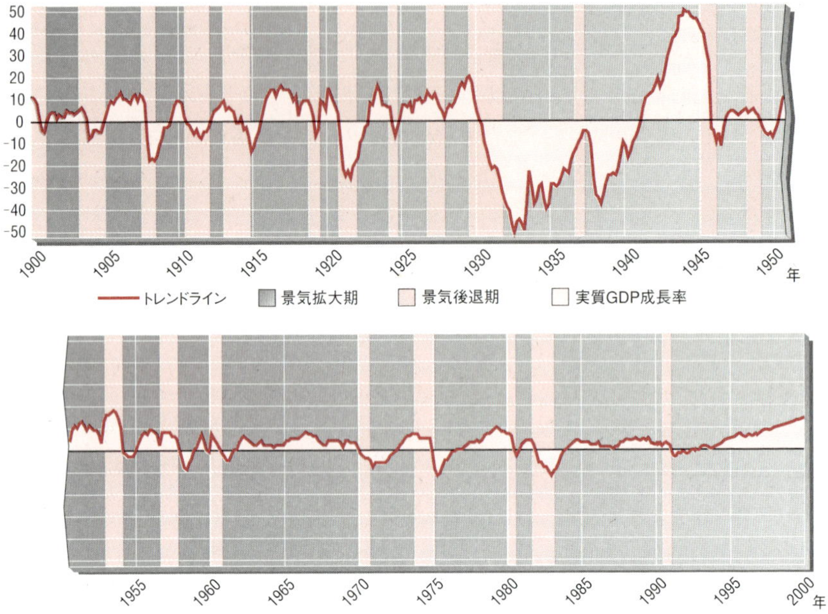

出所：オハイオ州クリーブランドのソサエティー銀行、ゲーリー E.クレイトン

アメリカには、景気の循環や変動の長い歴史がある。このグラフを検討すると、大恐慌は他の景気後退期とどのように異なっているだろうか。

大恐慌の原因

経済学者は、未だに大恐慌を引き起こした真の理由を突きとめていないが、さまざまな要因が重なったようだ。1つは所得分配の不均衡。当時のアメリカは、貧富の格差が大きかった。貧しい人は、ほとんどあるいはまったくお金を持っていなかったので、消費支出で経済を刺激することができなかった。豊かな人は、お金はあったが、株式への投機のような直接経済を刺激しない活動に資金を使うことが多かった。

安易な貸出しが豊富に行われていたことにも一因がある。1920年代に、多くの個人は過度に借入れを膨らませていた。その結果、彼らは信用収縮や金利高、わずかな景気変動にさえ、脆弱になっていた。危機が起こったとき、過度の借入れを行っていた人達はなすすべを持たなかった。

世界経済の状況も影響した。1920年代に、アメリカは高水準の国際貿易を支えるために大量の借款を供与していた。アメリカは大恐慌が始まる少し前に、借款を大量に引き揚げなければならなくなった。借款がなければ、アメリカから商品を購入できない国があったため、アメリカの輸出は急減した。

同時に、アメリカの輸入関税引上げによって、アメリカへ財を輸出することができない国が増加した。アメリカへの輸出に過度に依存していた国々も、まもなく経済危機に巻き込まれた。恐慌が外国へ広がるにつれ世界の貿易は縮小し、アメリカの輸出はそれ以上に縮小することとなった。

第2次大戦後の景気循環

大恐慌は1940年には終息し、アメリカ経済は再び成長軌道に戻った。同時に、戦争物資に対する膨大な政府支出が1940年代初期の経済へ刺激を与えた。

1945年にリセッションが再来したが、長くは続かなかった。大戦後すぐに、消費者は購買意欲を高め景気を刺激した。経済は1945年以降、景気後退を何度か経験したが、それに続く景気拡大と比べればそれは比較的短期で終わった。景気後退は平均11ヵ月間継続したのに対し、景気拡大は43ヵ月間続いた。

1945年からの景気後退は周期的に訪れた。しかし、覚えておく価値のある例外が2つある。1つは1960年代のベトナム戦争の時期だ。この時期には、戦争への莫大な支出によって、景気後退は避けられていた。

もう1つは、1980年代中期。2、3の経済指標が1987年に若干弱含んだが、景気後退に陥るほど実質GDPが減少することはなかった。1980年代の国債の大量発行による財政支出が経済を刺激し、景気後退は発生しなかった。

景気循環の要因

何年にも亘って、経済学者は、景気循環が生じる原因を研究してきた。どの理論にもいくらかの妥当性はあるが、どれも決定的な説明とはなっていない。いくつかの要素が重なって景気循環が生じていることが多い。

資本的支出

資本的支出の変動は、景気循環の要因の1つになっている。経済活動が拡大しているとき、企業は将来の売上げが増加すると見込んで、資本財へ多額の投資を行う。企業は、新しい工場を建てたり、工場の古い設備を買い換えたりする。

しばらくすると、企業は拡張し過ぎたと判断することがある。そうすると、資本的支出が抑制され、生産財産業に解雇が起こり、景気後退が始まる。

在庫調整

在庫調整は景気循環の2つめの要因である。何社かの企業は、景気減速の最初の兆候では在庫を削減し、景気拡大の最初の兆候で在庫を積み増す。この行動が設備投資――実質GDP――を変動させる。

在庫調整の影響は、1940年代後半の景気循環にはっきりと表れている。第2次世界大戦直後、アメリカ企業は戦争中に激減した在庫投資を大規模に行った。1948年には、消費者の需要は満たされ、人々の購入量は減少していた。在庫は商店や工場の棚に溢れ、企業は在庫投資を抑制した。その結果、1949年の景気後退は約1年続いた。

技術革新と模倣

景気循環の3つめの要因は、技術革新である。技術革新によって、新商品や仕事の新しいやり方が生まれることがある。技術革新は、コスト削減や売上増加によって、競争相手に対して優位に働くことが多い。いずれの場合にも、利益が増加し、企業は成長する。

同一業界の別の企業は遅れを取らないために、革新企業が行ったことを模倣するか、より優れた技術を導入すればよい。一般に、模倣会社はそのために大量に投資を行わなければならないので、投資ブームが続く。しかし、技術革新が模倣されてしまうと、状況は変わる。追加投資は不必要で、経済活動は停滞するかもしれない。このような投資の変動は、景気循環を作り出す。

通貨要因

第4の景気循環の要因は、商業銀行の貸出態度とFRBの政策である。「金融緩和」政策が実施されると、金利が低下し、融資を容易に受けることができる。金融緩和は民間部門の借入れと投資を刺激し、経済は短期では刺激される。やがて、融資への需要の増加によって、金利上昇を招き、新規借入れは抑制されることになる。

融資と支出が抑制されると、経済活動の水準は低迷する。銀行は新規ローンを提供したり、借り換えを促したりすることに二の足を踏む。やがて、FRBは経済を浮揚させるために金利を低下させ、景気循環が再び始まる。

外部ショック

最後の景気循環の要因は、石油価格の上昇、戦争、国際紛争などの外部ショックである。イギリスが1970年代に北海油田を発見したときのように、景気を浮揚させるショックもある。1970年代初頭の石油価格がアメリカを直撃したときのような場合のショックは、マイナスに作用する。

景気循環を予測する

経済が不安定であることのコストは膨大であるため、景気循環を予測するため多大な労力が払われる。経済学では、2つの方法で景気循環を予測する。1つはマクロ経済モデルで、もう1つは統計の予測値を用いることである。

計量経済モデル

計量経済モデル(econometric model)は、経済行動を説明するために数式を用いるマクロ経済モデルである。今日用いられているモデルの多くは、すでに検討した生産・支出モデルを改良したものであることが多い。

$$GDP=C+I+G+F$$

例えば、外国部門を表すFの代わりに、輸出にXを用い、輸入にMを当てはめる。

$$GDP=C+I+G+(X-M)$$

このモデルの式には、別の変数が代入されることもある。家計は、一定額aと、個人可処分所得(DI)の95%を消費すると仮定しよう。この場合、C=a+0.95(DI)となる。これが、生産・支出モデルのCに代入されると、等式は以下のようになる。

$$GDP=a+0.95(DI)+I+G+(X-M)$$

この式は、次々と小さな構成要素に分解される。計量経済モデルは、20から1,000もの変数に分解される。次の四半期のGDPを予測するために、マネー・サプライ、金利、輸出入額などの必要なデータの最新の値を代入する。計量経済モデルの多くは、コンピュータを利用して計算されるので、予測値を得るのにそれほど時間はいらない。

予測した期間の実際の値がわかると、予測値と比較される。このモデルは改良を加えられ、正確性が高まっていく。9ヵ月間は相当正確な予測を行うが、それ以降は正確性が著しく低下するモデルもある。全体としては、短期の計量経済モデルは価値を認められ、広く活用されている。

[図13-9] 景気先行指標

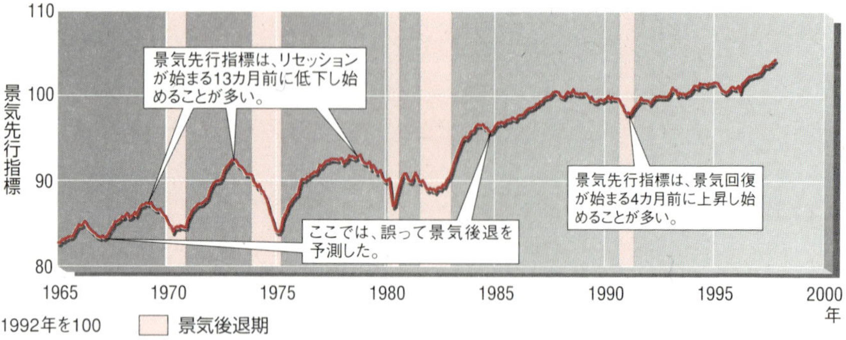
110
100
90
80
景気先行指標
景気先行指標は、リセッションが始まる13カ月前に低下し始めることが多い。
ここでは、誤って景気後退を予測した。
景気先行指標は、景気回復が始まる4カ月前に上昇し始めることが多い。
1965
1970
1975
1980
1985
1990
1995
2000年
1992年を100
景気後退期

出所：コンファレンス・ボード

景気先行指標は、将来の景気を予測するために用いられる道具の1つである。景気先行指標は、景気後退が始まる何ヵ月くらい前に低下し始めるか。

景気先行指標

景気循環の転換点を予測する道具には、**景気先行指標(index of leading indicators)**もある。景気先行指標は、実質GDPの動きに先んじて変動することが多い10の統計の合成指標である。

週平均労働時間──景気後退が始まる前に減少し始める傾向がある──のような統計的指標は、実質GDPの変動を予測するために用いられる。どんな単一の指標も完全に信頼できるということはない。この問題を解決するために、10の統計が実質GDPの動きを模倣する総合指標に統合され、先行指標を有益なものにしている。

景気先行指標の動きは[図13-9]に見られる。ピンクの部分が景気後退を表し、グレーが景気拡大を表している。指数の落ち込みと景気後退の始まりとの間には平均して約13ヵ月のタイムラグがある。指数の上昇と景気拡大の間は約4ヵ月ずれている。

一般に、先行指数が3ヵ月連続で落ち込むと、景気後退が予測される。しかし、1965年から3度、景気後退の誤った予測をしてしまった。1度めはベトナム戦争の巨額支出が行われた1966年。2度めは1980年代財政赤字の拡大時。3度めは、1995年初頭である。

景気先行指標は、将来の経済活動を予測するのに完璧ではないが、十分なものだ。したがって、これから得られる情報は、計量経済モデルの結果とともに用いられる。この結果によって、実質GDPが短期でどう動くかということを予測する。

REVIEW 13−3 景気循環と景気変動

用語とポイント

1. 以下の用語を定義しなさい。
   景気循環、景気変動、景気後退、景気の山、景気の谷、景気拡大、トレンド・ライン、恐慌、不況紙幣、計量経済モデル、景気先行指標
2. 景気循環の2つの重要な局面を説明しなさい。
3. 大恐慌がどれだけ厳しいものだったか説明しなさい。
4. 景気循環を予測する方法を2つあげなさい。

クリティカル・シンキング

5. 次の文章を支持する理由を述べなさい。「連邦政府の活動は経済に影響を与える。」

経済概念の応用　経済的安定

6. 将来の景気循環の正確な予測ができるなら、世帯主としてどんなものに支出するだろうか。

コラム　日本の景気循環

アメリカの場合と異なり、日本の景気の山・谷は内閣府が経済指標を総合的に判断して事後的に決定しています。日本では戦後、2002年に終わったものまで13回の景気循環がありました。主なものは1965年に始まった第6循環（いざなぎ景気）、86年に始まった第11循環（平成景気、いわゆるバブル）、最近のものでは99年に始まった第13循環（IT景気）等があります。

いざなぎ景気は、13回の景気循環の中で拡張期間が57ヵ月と最も長い景気です。国民総生産は1967年にイギリスとフランス、68年に西ドイツ（当時）を抜いて、資本主義諸国の中でアメリカに次ぐ世界第2の経済大国になりました。

平成景気は、全循環期間が83ヵ月と最も長いものです。拡張期間はいざなぎ景気に次ぐ51ヵ月です。当時としては未曾有の低金利（資金調達は楽）により、運用難の資金が土地や株に向かい地価や株価が上昇しました。資産価値が上がったことで消費や企業の投資も活発になり、さらに景気がよくなる好循環が起きました。バブル崩壊後は地価・株価の下落により不良債権が大量に発生、後退期間が長引きました。

IT景気は、政府の経済対策により景気が回復していましたが、インターネットの普及に代表されるIT（情報技術）の発達とそれに関わる企業の高成長・株高が加わり、そう呼ばれます。後にIT企業の株価が暴落したことからITバブルともいわれます。

戦後日本の景気循環

	谷	山	谷	期間			拡張期間の名称
				拡張	後退	全循環	
第１循環		51年６月	51年10月				
第２循環	51年10月	54年１月	54年11月	27ヵ月	10ヵ月	37ヵ月	
第３循環	54年11月	57年６月	58年６月	31ヵ月	12ヵ月	43ヵ月	神武景気
第４循環	58年６月	61年12月	62年10月	42ヵ月	10ヵ月	52ヵ月	岩戸景気
第５循環	62年10月	64年10月	65年10月	24ヵ月	12ヵ月	36ヵ月	オリンピック景気
第６循環	65年10月	70年７月	71年12月	57ヵ月	17ヵ月	74ヵ月	いざなぎ景気
第７循環	71年12月	73年11月	75年３月	23ヵ月	16ヵ月	39ヵ月	
第８循環	75年３月	77年１月	77年10月	22ヵ月	９ヵ月	31ヵ月	
第９循環	77年10月	80年２月	83年２月	28ヵ月	36ヵ月	64ヵ月	
第10循環	83年２月	85年６月	86年11月	28ヵ月	17ヵ月	45ヵ月	
第11循環	86年11月	91年２月	93年10月	51ヵ月	32ヵ月	83ヵ月	平成景気
第12循環	93年10月	97年５月	99年１月	43ヵ月	20ヵ月	63ヵ月	
第13循環	99年１月	2000年10月	2002年１月	21ヵ月	15ヵ月	36ヵ月	IT景気

参考文献
小峰隆夫「最新　日本経済入門　第2版」日本評論社　2003年
金森久雄・香西泰・大守隆　編「日本経済読本（第16版）」東洋経済新報社　2004年
三橋規宏・内田茂男・池田吉紀「ゼミナール日本経済入門〈2005年版〉」日本経済新聞社　2005年

第14章 失業、インフレーション、貧困

Unemployment, Inflation, and Poverty

1. 失業

アメリカの人口のおよそ半分は労働者であり、何百万もの人が常時失業している。失業はほとんどすべての人に影響をおよぼし、その影響も人によって異なる。完全雇用(後述)はアメリカの経済的、社会的目標の1つと位置づけられるほど重要なものである。

失業率の計測

失業の重大さを理解するために、まずその計測方法と指標の問題点を知ったほうがよい。失業を表す指標である失業率は、最も注目度が高い経済統計の1つである。

失業率

毎月半ば統計局の何千人もの専門家が、全50州、約2,000郡で50,000家計を対象に月次調査に着手する。統計局職員は、**失業者(unemployed)**——前月に仕事を探す努力を行い、最近1週間で賃金労働が1時間に満たない人——の人数を調査している。家族経営事業で賃金を受け取らず、週の労働時間が15時間に満たない者も失業者に分類される。

統計局職員がデータを収集すると、労働統計局はそれを分析し公表する。常時、何百万もの失業者が存在する。

失業は**失業率(unemployment rate)**——失業者数を労働者総数で割ったもの——という指標でも公表される。[図14-1]に示されているように、失業率は景気後退期に劇的に上昇し、その後ゆっくりと低下する傾向がある。失業は、実質GDPの減少にきわめて敏感に反応し、景気後退が長引いた場合のコストの1つになる。

[図14-1] 失業率

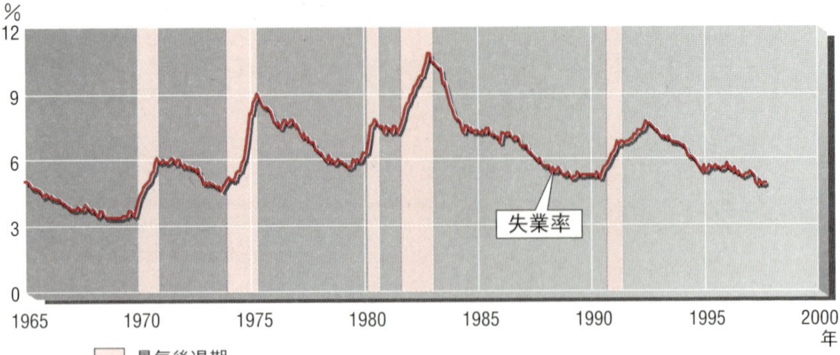

出所：アメリカ労働統計局、商務省

失業率は景気後退期に急上昇し、その後ゆっくりと低下する。失業率がわずか0.1%変動しただけで、約136,500人に影響がおよぶ。週に何時間賃金労働を行うと、就業していると分類されるか。

失業率の問題点

失業率は広範囲の調査に基づいて算出されているので、失業者数は過不足なく把握されているように思えるだろう。しかし、失業率は2つの理由で失業者数を控えめに見積もる傾向がある。

まず、失業者には挫折や落胆によって仕事を探そうとしなくなった人は除外されている。こういう「離脱者」は、景気後退期にはおよそ100万人にも達する。職業に就いていないにも関わらず、過去4週間、就職活動を行っていない人も、失業者には含まれていない。

第2に、アルバイトをしている人は失業者と見なされないことだ。給与の高い職を失い、週1時間最低賃金で働いている人でさえ雇用されていると分類される。したがって、正規の雇用を失った者も失業者と認識されない。

失業率がわずかに変動すると、経済には大きな影響が生じる。アメリカの労働人口は約1億3,650万人であるが、失業率が0.1%増加すると136,500人が失業することになる。これは、テキサス州ラレド、インディアナ州エバンスビル、アイダホ州ボイス、フロリダ州タラハッセといった町の人口よりも多いのだ。

失業の種類

失業には何種類かある。それぞれの性質と原因によって、失業者がどれだけ削減可能かということに影響がある。

コラム　日本の失業率

失業率の定義は、労働力人口に占める完全失業者数の割合です。失業者の定義は日本の場合、「過去1週間に求職活動を行ったか、過去の求職活動の結果を待っている者」ですが、アメリカの場合は「過去4週間以内に求職活動をした者」となっています。また、本文にあるように15時間未満の家族従業者はアメリカでは失業者とされるのに対し、日本では失業者とはしていません。

労働力人口というのは15歳以上（アメリカでは16歳以上）人口のうち、非労働力人口（学生、主婦、引退した高齢者など）を除いたものです。労働力人口は就業者と失業者に分けられます。

日本の失業率は、日本的雇用慣行といわれた終身雇用制で2%前後の低水準が続いてきましたが、バブル崩壊による不況で90年代後半には4～5%に上昇しました。景気回復により最近は低下傾向にありますが、以前に比べると高水準に留まっています。

労働力人口

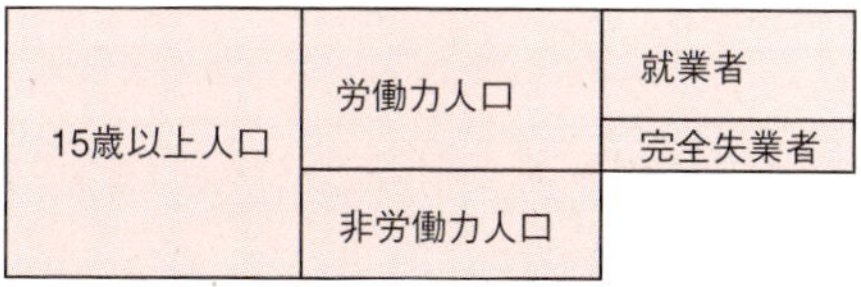

日本の失業率

出所：大和総研

参考文献
小峰隆夫「最新　日本経済入門　第2版」日本評論社　2003年
金森久雄・香西泰・大守隆　編「日本経済読本（第16版）」東洋経済新報社　2004年
三橋規宏・内田茂男・池田吉紀「ゼミナール日本経済入門〈2005年版〉」日本経済新聞社　2005年

摩擦的失業

第1は、**摩擦的失業(frictional unemployment)**——何らかの理由で職を離れ求職活動中の労働者の失業——である。こういった労働者は、離職して1週間経つと失業者として分類される。

経済には転職をする人が常にいくらかは存在する。したがって、転職者がいなくならない限り、摩擦的失業はなくならない。

構造的失業

第2は、より深刻な**構造的失業(structural unemployment)**である。経済活動の根本的変化によって労働者とその技術への需要が減少したために生じるのが、構造的失業である。

消費者の嗜好が変化すると、財やサービスには需要されなくなるものもある。1900年代初頭には、馬、馬車、馬車のムチへの需要が減少し、自動車の需要は増加した。後に、嗜好が変化して外国製自動車に需要が移った結果、ミシガン州、オハイオ州、北東産業地帯に深刻な失業が襲った。

ある産業での労働者のあり方が変わってしまうこともある。1990年から1991年の景気後退期には、買収とコスト削減が続いた結果、銀行とコンピュータ業界ではホワイトカラー労働力が減少した。この急激な変化で、何百万もの高い技能を持った人々が失業し、これらの労働者の多くは新しい技能を身につけて他産業で職を見つけなければならなかった。

政府が、政府事業の運営を変更すると、構造的失業が起こることがある。議会による1990年代の軍事基地の閉鎖決定は、その例だ。軍事基地は民間企業よりも遥かに規模が大きく、基地閉鎖の影響は特定の地域に集中する。失業者を多く雇用する事業を誘致することができた地域もあるが、多くの場合労働者は新たに技能を身につけ、別の地域で職に就かなければならなかった。

循環的失業

第3は、**循環的失業(cyclical unemployment)**——景気循環の振れと直接関係した失業——である。例えば、景気後退期には、自動車、冷蔵庫、洗濯機、乾燥機、住宅などの耐久材の購入を先延ばしにする人が多い。その結果、経済が回復するまで、労働者を解雇する業界もある。

循環的失業は他の失業と同時に起こることもある。1991年にホワイトカラーの構造的失業と景気後退に伴う循環的失業を同時に経験した。

循環的失業は深刻だが、景気後退のあおりを受けた労働者は、経済が回復すると職に再び就くことができる。したがって、多くの労働者は貯蓄を食い潰したり、アルバイトをしたりして景気後退が終わるのを待つことになる。

季節的失業

第4は、**季節的失業(seasonal unemployment)**──天候や商品需要の変化によって生じる失業──である。例えば、大工や建設業者は、春や夏に比べて冬には仕事が減ることが多い。屋根の取替えや基礎工事のような仕事は、寒い時期には困難さが増すからだ。小売店のレジ係のような労働者への需要は、年間売上高のおよそ25%が集中するクリスマスシーズンに高まる。

循環的失業と季節的失業の違いは、計測期間にある。循環的失業は3年から5年続く景気循環の中で発生し、季節的失業は経済全般の健全度とは関係なく毎年発生する。

技術的失業

第5は、**技術的失業(technological unemployment)**──技術、才能、教育をあまり必要としない労働を行う者が、同じ仕事をこなす機械に仕事を奪われたときに発生する失業──である。技術的失業は、労働者が**オートメーション（automation)**──労働者の必要性を減らす機械などによる生産方式──の脅威にさらされたときに発生する。

オートメーションは大量の失業につながることがある。例えば、日本企業は機械化された大規模な工場の開拓者である。日本の自動車業界や鉄鋼業界の組立ラインに配置されている人員の数は、アメリカの工場の1/5に過ぎない。

技術的失業は、新しい生産方法の導入が原因の1つになっているので、構造的失業と似ている。しかし、構造的失業は生産方法の効率性とまったく関係していない点が、技術的失業とは異なっている。

完全雇用の概念

経済学では完全雇用という概念に長い間取り組んできた。完全雇用は失業者がゼロであるということを意味しない。**完全雇用(full employment)**は、経済が成長し、すべての生産要素が可能な限り効率的に活用される、最も失業者が少ない状態のことをいう。

エコノミストは、完全雇用といえる失業水準についても議論してきた。1960年代には、4%以下の失業率が完全雇用と考えられていた。失業率はこの水準よりなかなか低下しないと考えている人が多かった。

ジョンソン大統領は、失業率を低下させるためのプログラムを実行したが、それでも1960年代の初期には5%から6%のままだった。戦争への支出が経済を刺激したベトナム戦争時でさえ、失業率は4%を下まわることはなかった。

景気循環のため、低い失業率が継続するのは難しい。[図14-1]は、1969年から1970年の景気後退期に失業率が6.1%に上昇したことを示している。1974年から始まる景気後退によって、1975年には失業率は9.0%に上昇し、1981年から1982年のリセッションでは10.8%まで悪化した。その後、失業率は低下したが、1991年の景気後退では失業率は7.8%を記録した。1997年半ばには5.0%を下まわったが、次の景気後退局面でも間違いなく失業率は上昇する。

こういった経緯に基づいて、4%を完全雇用と見なす考えは捨てられた。現在では、失業率が5%を下まわると完全雇用が達成されたとする人が多い。

REVIEW　14−1　失業

用語とポイント

1. 以下の用語を定義しなさい。
   失業者、失業率、摩擦的失業、構造的失業、循環的失業、季節的失業、技術的失業、オートメーション、完全雇用
2. 政府は雇用の月次データをどのようにして集めるか。
3. 代表的な失業の種類を5つあげなさい。
4. 多くの経済学者が完全雇用と考える雇用水準をあげ、その理由を説明しなさい。

クリティカル・シンキング　情報分析

5. 雇用統計はなぜミスリーディングなのか。

経済概念の応用　雇用

6. 構造的失業と技術的失業の類似点と相違点を述べ、それぞれの例をあげなさい。これらの失業が経済にとって深刻であるのはなぜか。

2. インフレーション

インフレーションは不安定な経済状態の1つである──雇用や生産の水準ではなく、物価水準の変化を取り扱っている。しかし、物価、雇用、生産の変化は互いに関連している。

アメリカでのインフレーション

インフレーションの理解を深めるために、その計測法を検討する。次いで、インフレの程度を示すさまざまな用語を説明する。

インフレーションの計測

物価を説明するのに2つの用語が用いられることが多い。物価水準とインフレーションである。**物価水準(price level)**とは、ある時点での相対的な物価であり、比較を行うために使われる。現在の物価水準は、5年前より高いとか、低いとか、ほぼ同じというふうに使われる。

物価水準を計測するために、財のマーケット・バスケットを選択し、消費者物価指数(CPI)、生産者物価指数、GDPデフレーターのような物価指数を構築する。[図

［図14-2］消費者物価指数

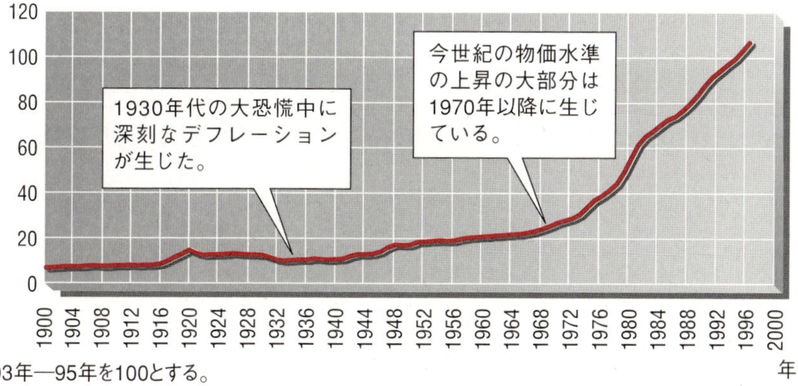

1993年―95年を100とする。

出所：アメリカ商務省経済分析局

消費者物価指数（CPI）は物価水準の尺度として普及している。CPIはインフレ率を計算するために使われるが、インフレ率そのものではない。物価水準とインフレ率の違いは何か。

［図14-3］インフレ率

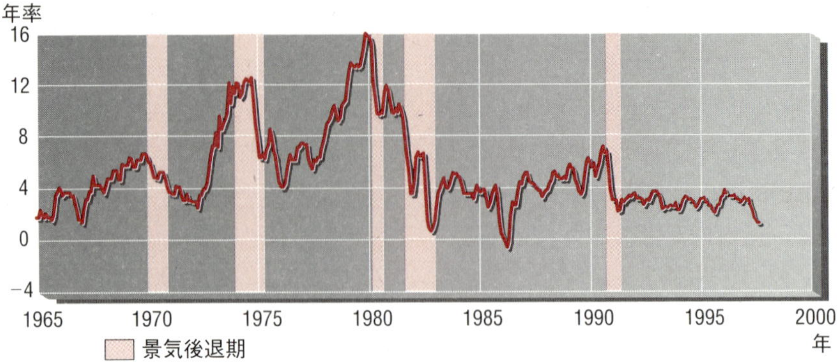

出所：アメリカ商務省経済分析局

インフレは景気拡大期に上昇し、景気後退期に低下する傾向がある。インフレ率はどうやって計算するのか。

14-2]は1900年から現在までの消費者物価指数の推移を示している。ここでは、1993年から1995年を基準期間とした物価を100としている。この図によると、1970年から物価水準の大幅な上昇が起こっていることがわかる。

インフレは、全体の物価水準の上昇を指し、一般に年間の変化率で表される。例えば、ある年の始めにCPIが111で、翌年初めに115だったとすると、インフレは以下のように計算される（小数点を%に変換するため100を掛けている）。

$$\text{インフレーション} = \frac{\text{物価水準の変化}}{\text{期初の物価水準}} \times 100$$

$$\text{インフレーション} = \frac{(115-111)}{111} \times 100 = 3.6\%$$

物価水準の変化をインフレに計算し直すと、インフレは［図14-3］のようになる。インフレは景気拡大期の終盤に上昇する傾向があるが、景気後退と失業によっていくらか緩和される。

まれに、**デフレーション（deflation）**——一般物価水準の低下——が起こる。20世紀には重大なデフレーションが2度発生した。第1次世界大戦後の1920年代初期の景気後退期と、1930年代の大恐慌の時期である。

インフレーションの度合い

インフレーションの程度を表現するために、いくつかの用語が用いられる。第1

コラム　日本の消費者物価上昇率

日本の消費者物価上昇率は2度のオイルショックでピークをつけ、その後原油価格の安定や円高により比較的安定的に推移してきました。最近ではデフレ（物価の下落）が問題になっています。

1973年に始まった第1次オイルショックにより1年あまりで石油価格が高騰、石油以外のものも値上げが続出、消費者物価が大きく上昇しました。78年の第2次オイルショックでも物価は上昇しましたが、第1次オイルショックの経験による省エネルギー政策、物価対策が効を奏し、第1次のときほどは上昇しませんでした。

90年代後半以降は、デフレの時代となっています。バブル崩壊後の不況により95年の物価上昇率はマイナスに転じました。消費税の税率アップにより97年には2%近く上昇しましたが99年から5年連続でマイナスとなりました。デフレの問題としては、企業の売上げが下がるけれども給料の支払いは下がりにくいので業績が悪化する、債務者（借金のある人）の収入は減るが債務の名目金額は変わらないので負担が重くなる、などが言われています。

消費者物価上昇率（2000年基準）

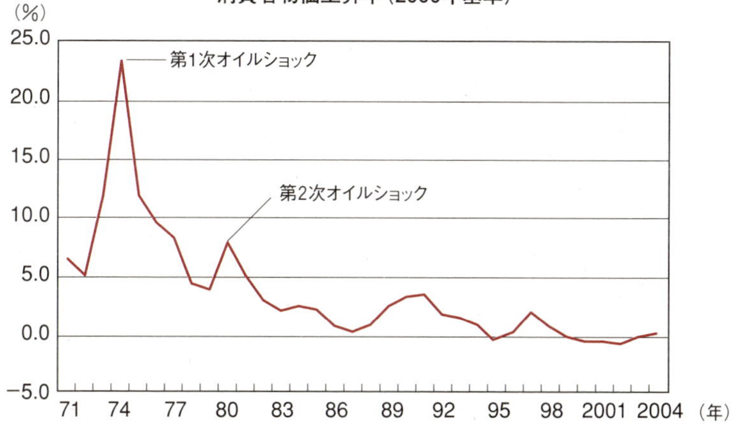

出所：総務省

参考文献
小峰隆夫「最新　日本経済入門　第2版」日本評論社　2003年
金森久雄・香西泰・大守隆　編「日本経済読本（第16版）」東洋経済新報社　2004年
三橋規宏・内田茂男・池田吉紀「ゼミナール日本経済入門〈2005年版〉」日本経済新聞社　2005年

は**クリーピング・インフレーション(creeping inflation)**——年率1%から3%のインフレーション——である。第2は、**ギャロッピング・インフレーション(galloping inflation)**——100%から300%のより激しいインフレーション——である。ラテン・アメリカ諸国、旧共産主義ブロックの国々の多くが、近年このくらいのインフレを経験している。インフレーションが完全に制御不可能になると——年率500%以上のインフレーション——**ハイパーインフレーション(hyperinflation)**になる。しかし、ハイパーインフレーションは頻繁に発生するわけではなく、貨幣の価値が完全になくなってしまう直前の段階である。

政府の財政赤字支払いのために大量の紙幣が印刷された第2次世界大戦中のハンガリーに、ハイパーインフレーションの記録がある。戦前の1ペンゴスは終戦時には、828×10^{27} (828,000,000,000,000,000,000,000,000,000)ペンゴスと等価であるといわれた。紙幣にすべてのゼロを書き込むことができないので、超高額紙幣には算用数字ではなくアルファベットが書き込まれた。

アルゼンチン、メキシコ、ボリビア、旧ソ連などは、一時ハイパーインフレーションを経験している。幸い、アメリカではそれほどのインフレを経験することがなかった。1970年代から1980年代初頭まで、消費者物価指数は年率5%から15%程度に収まっていた。

インフレーションの要因

インフレを引き起こす要因には、何通りかの説明がある。ディマンド・プル、財政赤字、コスト・プッシュ、賃金と物価の悪循環、過剰通貨供給などの説である。どれが最も優れているかは簡単にはわからないが、それぞれの要因にいくらかの妥当性がある。

ディマンド・プル

まず、ディマンド・プル理論。この説によると、経済の全部門は生産可能な財やサービスの量を超えて需要する。

消費者、企業、政府が財やサービスを購入するために商品に群がると、そのためモノ不足が発生する。この状況で商人は顧客をすべて取り込む必要がないので、価格を上げる者も出てくる。値引き販売やセールを行う者もいない。いずれにせよ、物価水準は上昇する。

財政赤字

次の説は、連邦政府の**財政赤字（deficit spending）**と関わっている。基本的にこの説明はディマンド・プル理論の変形である。ディマンド・プル理論では過剰需要を経済全部門の責任としたが、財政赤字説ではインフレを財政赤字だけのせいにする。

財政赤字がインフレを誘発する可能性があるのは、FRBが金利を引き下げるために通貨供給を増加させている場合だ。もっとも、国債発行による資金需要がFRBによるマネーサプライの増加で埋め合わせられなければ、金利の上昇によって資金を借りられない借り手も出てくる。金利が上昇すれば物価水準よりも生産と雇用に不安定な影響が表れるだろう。

コスト・プッシュ

第3は、コスト・プッシュ理論だ。生産コストを上昇させる投入物と同様に、労働力がインフレを引き起こす。

例えば、強い影響力を持つ全国的労働組合が大規模な賃上げを勝ち取り、生産者が労働コストの上昇を吸収するために顧客への価格転嫁を迫られると、コスト・プッシュ・インフレは起こる。労働以外の生産コストの予期せぬ上昇も、物価水準を上昇させる。石油価格が1バレルあたり5ドルから35ドルまで上昇した1970年代に、この物価上昇は起こった。

賃金・物価の悪循環

さらに、どの集団もインフレの責任を負わない考え方もある。この見方によれば、止めることが困難な永続的な賃金と物価の悪循環が始まる。

物価が上昇すると、労働者は賃上げを要求する。労働者が賃上げを獲得すると、生産者は値上げでコストを回収しようとする。それぞれが賃上げや値上げによって、相対的な立場を優位にしようとするため、物価は上昇し続ける。

過剰通貨供給

最後のインフレ要因は、過剰な通貨供給である。マネー・サプライが実質GDPより増加する速度が速いと、通貨供給は過剰になる。

最も人気があるこの見方に従うと、通貨供給によって購買力を高める集団がいる。この貨幣で財やサービスが購入されると、ディマンド・プル効果が生じて物価が上昇する。

ディマンド・プル理論より過剰通貨供給説を好む人は、貨幣を単に供給するだけで物価は上昇し続けないと、指摘する。いずれ必要な資金が行き渡り、ディマンド・プル効果が次第に消えていくからだ。したがって、インフレが続くには、通貨供給が実質GDPより早く増加しなければならない。

インフレーションの影響

インフレは考えられているより深刻な問題であり、物価の上昇だけに留まる問題ではない。インフレによって経済が不安定になる要因はいくつかある。

貨幣価値減少

最も明白なインフレの影響は、貨幣価値の下落だ。物価が上昇すると、ドルの購買力は下落するので、ドルは価値を失う。例えば、現在の1ドルで購入できるのは、1900年に約5セントの価値の財やサービスに過ぎない。[図14-4]は、ドルが価値を失ってゆく過程を示している。

購買力の低下は、収入が固定される退職者には特に厳しい。収入が一定だと、購入できる財やサービスの量が少しずつ減少していくからである。収入が固定されて

[図14-4] ドルの価値の下落

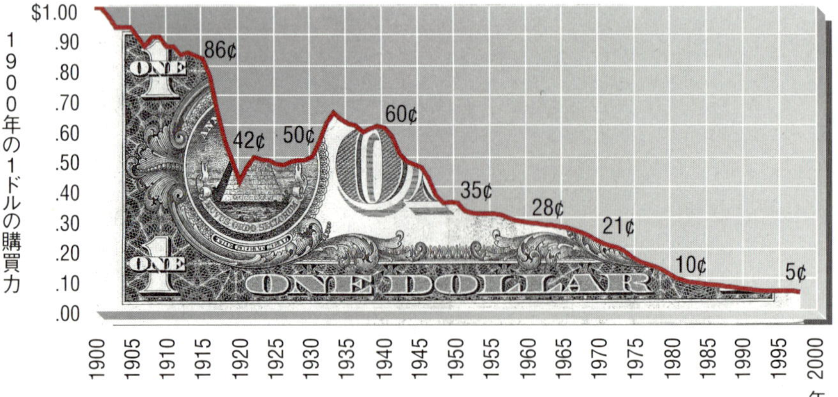

出所：アメリカ商務省

物価水準が上昇すると、購買力は低下する。大恐慌時のように物価水準が下落すれば、購買力は上昇する。現在の1ドルで購入できるのは、1900年の財やサービスの5%にしかならない。インフレになると購買力に何が起こるか。

いない、医者、弁護士、銀行家、配管工、会計士のような人は、物価上昇によりましに対処できる。彼らは料金を上げて追加の収入を確保することができるのだ。

支出性向の変化

第2の不安定要因は、インフレが人々の購買行動を変化させ、経済を崩壊させることである。インフレ時には物価が上昇するが、貨幣の価格である金利も例外ではない。1980年代初頭、アメリカの金利は上昇して、耐久財、とりわけ住宅の購入が急激に減少した。

1981年の景気後退期に、金利が住宅の購入に与える影響は特に深刻だった。例えば、若い夫婦が住宅を購入するのに、60,000ドル20年のローンを組んだとする。10%の金利で、月々のローンの支払いは579.01ドルになる。14%では、746.11ドルになる。1981年にローン金利は18%に達し、同じ条件でローンの月々の支払いは926ドルとなった。その結果、住宅産業はほぼ崩壊してしまった。

投機の増加

第3のインフレの不安定要因は、物価上昇のメリットを享受できる対象への投機を誘うことである。通常は安全な対象にしか投資しない人が、価格の上昇が期待される分譲マンション、ダイアモンド、宝石用原石、美術品などの普段買わないようなものを購入し始める。こういったものを購入することは、通常とは異なる支出なので、構造的失業がいくらか生じる。

所得分配の変化

最後に、インフレは所得の配分を変える。長期におよぶインフレでは、貸し手は借り手以上に痛手を被る。かつて供与されたローンは価値が低下した貨幣――かつて貸した資金と同額で購入できるものは減少している、すなわち購買力が低下した貨幣――で返済される。

例えば、ある人が1斤50セントのパンを買う資金を借りたとしよう。100ドル借りれば、その人は200斤のパンを購入できる。インフレによって、ローン返済前に物価が2倍になると、返済を受けたときに貸し手が購入できるパンは100斤にしかならない。したがって長期のインフレーションは、債権者より債務者に有利に働く。

REVIEW　14－2　インフレーション

用語とポイント

1. 以下の用語を定義しなさい。
物価水準、デフレーション、クリーピング・インフレーション、ギャロッピング・インフレーション、ハイパーインフレーション
2. CPIを使って、どのようにしてインフレ率を計算するか説明しなさい。
3. インフレの原因を5つあげなさい。
4. インフレによって経済が不安定になる理由を4つあげなさい。

クリティカル・シンキング

5. インフレが資金の借り手と貸し手に与える影響を説明しなさい。仮にあなたが銀行を経営しているとすると、長期のインフレの悪影響を克服するためにどのような金利で貸し出すだろうか。

経済概念の応用　インフレ

6. インフレ率4%とはどういう意味か。

3. 貧困と所得分配

アメリカでは、世界の他地域と同様、人々の収入は同じではない。経済学では、所得分配という用語によって、個人、家族、家計などのグループ間で所得がどのように分配されるかを説明する。

所得分配

所得分配の分析にはいくつかの方法がある。家計、家族、独身者、地理、人種、性別、教育に分けて分析されることもある。

一般的には、家族を所得の基本単位と見なし、家族を所得に応じてランク付けする。次に、ランクに基づいて家族数を1/5ずつに分けて分析する。

[図14-5]テーブルAは、2年分の5分位データを示している。このデータは、**ローレンツ曲線(Lorenz curve)**——所得分配が実際と均等に分配した場合とでどう異なるかを示す曲線——として示されている。グラフBでは、下位20%の分位に属する家族が受け取る所得は、全所得の4.2%であることを示している。この数字は、次の分位に属する家族の所得と合計されて、a点としてプロットされる。さらに、真ん中の分位の所得を加えると、b点としてプロットされる——所得が低い60%の家族で30%の所得があったことがわかる。このようにしてすべての分位をプロットしていく。

すべての家族の所得が等しければ、ローレンツ曲線はグラフの対角線となる。つまり、20%の家族で20%の所得、80%の家族で80%の所得を得ることになる。しかし、すべての家族が同じ収入を得ているわけではないので、実際の所得分配を示すのは曲線となり、対角線にはならない。直線とローレンツ曲線の空間が所得分配の不均衡の程度を示している。この空間が広がるほど、所得分配の格差は拡大していることになる。

所得格差が生じる理由

ある集団ごとに所得に格差が生じる理由はいくつかある。それには、教育、福祉、差別、能力、独占的権力などがある。

［図14-5］家族ごとの所得分配

A）5分位数でランクされた家族の収入

	1980	1996	
	5分位数	5分位数	累積
第1分位	5.3%	4.2%	4.2%
第2分位	11.6%	10.0%	14.2%
第3分位	17.6%	15.8%	30.0%
第4分位	24.4%	23.1%	53.1%
第5分位	41.1%	46.8%	100.0%
トップ5%	14.6%	20.3%	

B）ローレンツ曲線

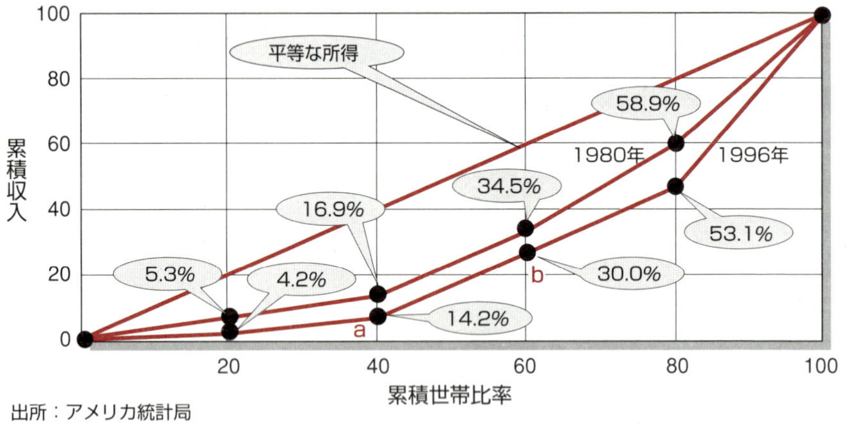

出所：アメリカ統計局

ローレンツ曲線はアメリカの所得分配の様子を示すために使われる。1980年から1996年に所得分配の不平等は拡大し、それぞれの分位の所得は少しずつ減っている。所得格差を説明する5つの要素を説明しなさい。

教育

教育水準が高いことによって、所得が多い人がいる。教育によって、高い技能が求められる所得の高い職業に就きやすくなる。例外はあるが、所得の中央値と教育水準には一般的に強い関係がある。

富

富を蓄積している人のほうが、所得も多いという傾向がある。しかも富の分配のほうが、所得の分配より一層格差が大きいのである。富の蓄積に基づいて順位づけを行うと、上位20%の人で75%の国富が保有されているのに対し、下位40%の人には2%足らずの国富しかない。

富の格差は、収入を得る能力に影響を与える。裕福な家庭に生まれた子供は、費用のかかる有力大学へ入学できる。お金持ちならば、利益が見込める事業資金を子供のために出資してやることもできる。裕福な人は、働かなくても収入を生む投資を行うことができる。

差別

差別も所得に影響を与える。女性が企業の重役にあまり昇進しないのは、男性の役員が女性では仕事のプレッシャーを克服できないと信じているからだ。労働組合の中には、移民や少数民族は、職業に「相応しくない」ということを理由に、加入を拒否することがある。

差別は法律で禁止されているが、なかなかなくならない。差別された女性や少数民族が差別のない労働市場に群がり、そこでは過剰供給によって賃金が下落する。

能力

天賦の才能によって多くの所得を得る者もいる。例えば、毎年何百万ドルも稼ぐプロスポーツ選手だ。バリー・ボンズ、マイケル・ジョーダン、シャキール・オニール、シュテフィ・グラフのようなスポーツ選手は特別な才能によって高収入を得ている。同じことはオプラ・ウィンフリー、ハリソン・フォードのような有名なタレントにもいえる。

独占的権力

いくつかのグループが握っている一定の独占的権力も、所得分配の格差につながる。例えば、労働組合は、相当な影響力を行使して組合員に対する賃上げを勝ち取ってきた。大工、電気工、トラック運転手、自動車工場の労働者などの**ブルーカラー(blue-collar workers)**――肉体労働に対する賃金を受け取っている工業労働者――は、労働組合を結成していた方が賃金がよい。

ホワイトカラー(white-collar workers)――一般的に定期的な賃金を受け取る事務職、専門職――は一定の独占的権力を握っている。例えば、アメリカ医師会は、メディカル・スクールの入学者数を制限することで、医師の数を制限するのに成功してきた。

貧困

貧困とは物価、生活水準、他人の所得水準によって決まる相対的な概念である。ある人には貧乏だと思える状態でも、別の人には裕福だと思える。とはいえ、政府の数字によると、アメリカ人の13.7%を超える人が貧困の中、生きている。貧困がなぜ起こるのかを理解するために、貧困の定義とこれに関連する諸問題が検討されなければならない。

貧困の定義

家族や個人の所得が一定水準を下まわると、貧困に陥っているとされる。**貧困線(poverty threshold)**は家計が受け取る年間所得金額を評価するベンチマークである。行政上の目的から、貧困線は［図14-6］の貧困ガイドラインに示される所得金額に換算される。家計が受け取る年間所得がこの額を下まわると、貧困に陥っている。食料配給、住宅補助金、メディケイドなどの補助金は、計算に入れない。

1964年に社会保険庁は、アメリカ連邦農務省が1950年代に行った2つの調査に基づいて貧困線を決めた。第1の調査によって、国民に十分な栄養が供給される

［図14-6］貧困ガイドライン

家族の人数	1996	1997
1	$7,740	$7,890
2	10,360	10,610
3	12,980	13,330
4	15,600	16,050
5	18,220	18,770
6	20,840	21,490
7	23,460	24,210
8	26,080	26,930
9	28,700	29,650

出所：フェデラル・レジスター

上記の公式の貧困線を下まわる所得しかない家族と個人が、貧困に陥っているとされる。金銭だけが所得として勘定される。食料切符、メディケイド、補助住宅は計算に含まれない。この数字はインフレ率に連動して毎年改定される。貧困の尺度は初めどうやって作られたか。

と思われる4つの食料支援策が提案された。そして、その中から最も費用がかからない食料支援策が、貧困を撲滅する策として選択された。

第2の調査によって、家計の収入の1/3が食費になっていることがわかった。2つの調査により社会保険庁は、貧困線を上記の食料支援額の3倍とした。現在、ガイドラインはインフレ率と連動しているので、物価上昇を相殺するために毎年調整されている。

所得貧困率

ローレンツ曲線は、所得に応じて家族をランク付けしたものなので、各分位に属する人の生活のレベルまではわからない。アメリカ商務省は、そのための方法を開発した。

それが、**所得貧困率(income-to-poverty ratio)**で、家族の所得を貧困線で割ったものだ。これは、商務省によると家族の人数を調整するメリットがある。

> …1991年に25,000ドルの所得があり18歳未満の子供が2人いる4人家族なら、所得貧困率は1.81である(25,000ドル/13,812ドル)。1991年に25,000ドルの所得のある2人家族なら…2.72（25,000ドル/9,120ドル）で比率は大きく上昇する。この比率が1を割ると、その家族は貧困に陥っていたことになる。…所得貧困率は、家族の人数を調整するので、家族間の経済状態比較の合理性を高めている。
>
> アメリカ商務省　アメリカの家計、家族、個人の所得　1991年版

この比率は、5分位に分割して分析される。1996年に、[図14-7]によると、最低の分位である第1分位——アメリカの家族の20%——は貧困線以下に置かれている。

貧困の分布の変化を知るには、それぞれの分位について所得貧困率を計算する。所得分配の公平性が高まるには、上位分位が下落し、下位分位が上昇しなければならない。[図14-7]は、まったく逆のことを示している。

所得格差は拡大しているか

統計局によれば、1980年代に所得格差が拡大した理由はいくつかある。まず、財からサービスへ生産比重が高まるという構造的変化があげられる。ファスト・フ

ード、映画館、遊園地のようなサービス産業では、賃金が一般には週払いで低いことが多い。

第2は、教育を受けた人と受けていない人との所得格差の拡大である。1990年代には高い技術を身につけている人の賃金は上昇したが、身につけた技術レベルの低い人の賃金は変わらない傾向があった。この期間に技術の低い移民が増加したため、不均衡が拡大した。

第3の理由は、労働組合の衰退──特に低技術労働者では──が格差の拡大につながったことだ。労働組合に加盟している労働者の賃金は、労働組合に加盟していない労働者を上まわっていた。労働組合の衰退が意味しているのは、多くの低技術労働者は以前より低い賃金の職場で働かなければならないということである。

第4の理由は、アメリカの家族の構成が変化していることと関係している。両親が揃っている家庭から、母子(父子)の家庭などへのシフトが平均的家族の所得を低下させることになっている。

［図14-7］所得貧困率

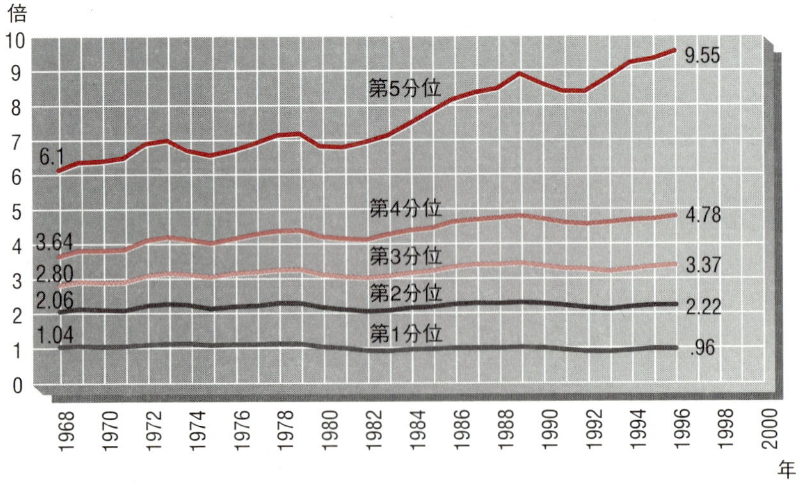

出所：アメリカ統計局

所得貧困率は各分位の人達の生活レベルを知るために活用される。5分位にランク付けされ、最も貧しい人たちが属する分位を除いて、1968年から1996年に、比率は上昇した。最も貧しい分位の所得貧困率が0.96というのは、このグループは貧困線の96%の所得しかないということだ。最下位と最上位の分位にどんなことが起こってきたか。

貧困撲滅プログラム

何年間も、連邦政府は貧しい人を援助する多くのプログラムを実施してきた。たいていのプログラムは**福祉(welfare)**――貧困撲滅のため政府と民間機関が定期的な援助を提供している政治経済的プログラム――という一般的な名目の下で行われた。福祉は3種類の援助――所得援助、一般援助、ソーシャル・サービス――を提供している。負の所得税、事業誘致地域、勤労福祉プログラムなども貧困撲滅プログラムに含まれる。

所得援助

貧しい人に直接現金の援助を行うプログラムは、所得援助というカテゴリーに分類される。そういったプログラムの1つが、1996年要扶養児童家庭援助に取って代わった貧困家庭への一時援助である。資格審査は州が行う。受給資格と給付額は州ごとに異なるが、多くの家庭が、片方の親の死亡、継続欠勤、恒久障害を理由として現金を受け取っている。貧困家庭への一時援助は、1996年社会福祉改革法の一部で、2002年までの時限立法である。

もう1つは、65歳以上の視力障害者または身体障害者に対して現金で行われる所得補助策である。もともと給付金は州ごとに異なるため、州がこのプログラムを運営していたが、1979年に連邦政府が引き継いだ。

一般援助

貧困層を援助するが現金を直接支給しないプログラムは、一般援助というカテゴリーに分類される。1つの例は、何百万人ものアメリカ人に供給されている食糧切符である。**食料切符(food stamps)**は食料と交換できる政府発行のクーポン券である。これは適格な低所得者に与えられるか、販売される。例えば、1ドルの食料切符を40セントで買うと、その人は1ドルの食料品を取得するのに負担はその一部ですむ。このプログラムは1961年に始まり1964年に立法化されたが、他のプログラムとの違いは、援助が所得だけに基づいて決まることである。年齢、人種、健康状態は、まったく資格要件になっていない。

メディケイド――低所得者への連邦と州合同の政府医療保険プログラム――もこの種の援助だ。このプログラムでは、連邦政府が医療費の大半を支払い、州政府がその残りを支払う。メディケイドは、子供、視力障害者、身体障害者を含む何百万人ものアメリカ人に提供されている。

ソーシャル・サービス・プログラム

個々の州政府は長年に亘って、貧しい人を助けるための多くのソーシャル・サービス・プログラムを展開してきた。これには、児童虐待防止、養護施設、産児制限、職業訓練、児童福祉、保育施設などの分野が含まれる。

州政府はこのプログラムが提供するサービスを管理しているが、連邦政府がコストの一部を補助している。州は補助金を得るために、年間奉仕計画を提出しなければならない。この計画が承認されれば、州は自由に解決したい社会問題を選択し、プログラムの支給資格要件を設定し、その運用方法を決めることができる。

負の所得税

負の所得税(negative income tax)は、貧困線を下まわる一定のグループに現金を支給する税金案である。これは人々が働く意欲を持つようにデザインされた市場に基づくプログラムであるので、上述された貧困撲滅プログラムとは一線を画している。

負の所得税は、人々が税金を支払わなくてよい上限の所得金額を連邦政府が決める。そして、政府はその所得水準を下まわった人すべてに一定の資金を支給する。ある年に所得がゼロであれば、3,000ドル受け取り、総収入は3,000ドルになる。3,000ドルの所得がある人は、政府から1,500ドル受け取り、総所得は4,500ドルになる。6,000ドル稼いだ人は、支給をまったく受けない。

しかし、6,000ドルを超える所得を稼いだ人はみな、所得税を支払わなければならない。さらに、所得が高くなるにつれて、税金も増加する。10,000ドルの所得のある人は1,500ドルの税金を支払い、15,000ドルの所得がある人は3,000ドルの税金を支払う。

負の所得税は、費用のかさむ福祉プログラムを削減するのでコスト効率がよいうえに、貧困線を下まわる一定のグループには現金が支給されるプログラムである。政府は管理コストが低いので、コストを削減できる。この税は導入されたことがないが、現在の社会福祉プログラムの代替案になると信じている人は多い。

事業誘致地域

事業誘致地域(enterprise zones)は、企業が地方税、州税、連邦税と営業制限を免除される地域である。住人は交通手段を心配することなく職を探すことができるので、地域住民には利益があり、荒廃した地域の復興につながる可能性もある。

健全に成長する経済が貧困軽減に対する最大の武器だという意見に、ほぼすべての人が同意する。事業誘致地域という考え方は、成長を最も必要としている地域の成長に直接焦点を当てる試みであり、雇用機会を増加させることに貢献している。

勤労福祉プログラム

福祉費用が上昇しているため、州政府と地方政府の多くは、福祉を受ける個人に給付と引き換えに労働力を提供することを求めている。**勤労福祉(workfare)**は、福祉の受益者が労働と受益を引き換えることを要求するプログラムである。勤労福祉に従事している人は捜査当局者、公衆衛生員、道路清掃員の手助けを行ったり、その他の奉仕活動を行ったりすることが多い。

幼児のいる者、身体障害者、高齢者を除いてほぼ全員が働くことを要求されている。このプログラムの支持者は、受益者が仕事に就くのに役立つ新しい技術を学べるのがメリットだと言っている。

REVIEW　14－3　貧困と所得分配

用語とポイント

1. 以下の用語を定義しなさい。
ローレンツ曲線、ブルーカラー、ホワイトカラー、貧困線、所得貧困率、福祉、食料切符、負の所得税、事業誘致地域、勤労福祉

2. 所得分配はどのようにして計測されるか。

3. 所得の不均衡の理由を5つあげなさい。

4. 所得貧困率によって所得分配の不均衡の拡大がどのようにして計測されるか説明しなさい。

5. 貧困の問題を軽減するための主要なプログラムや提案を説明しなさい。

クリティカル・シンキング

6. 1990年代に「富めるものは、ますます豊かになった」という人がいた。所得格差が拡大したこれ以外の要因をあげなさい。

経済概念の応用　所得分配

7. 食料切符やメディケイドのような援助が所得として扱われると、ローレンツ曲線はどう変化するか。

第15章 経済的安定の達成

Achieving Economic Stability

1. 経済的不安定のコスト

長期の経済成長と密接に関連した経済的に不安定な状態には、失業とインフレがある。この不安定な状態には膨大なコストが伴う——このコストは経済的な観点からも人的な観点からも考察される。

経済的コスト

失業とインフレの統計は、集計され、マスコミで報道され、グラフにプロットされる数値に過ぎない。しかし、見方を変えれば、一国の資源や人材を浪費する深刻な経済的失敗を表しているとも考えられる。

スタグフレーション

過去、景気後退によってインフレは抑制されていた。誰も景気後退など望んでいなかったが、実際インフレはこれによって解決されてきた。

しかし、1970年代には、インフレがなかなか治まらなくなる。景気後退はインフレ抑制にいくらかの効果を発揮したが、経済は**スタグフレーション(stagflation)**——成長の停滞とインフレが同時に発生すること——に直面する。1970年代初頭から始まったスタグフレーションによって、アメリカは伝染病に犯されたかのように病み苦しんだ。今でも再発の可能性は消えていない。

GDPギャップ

GDPギャップ(GDP gap)は、実際のGDPと資源が完全に利用された場合に達成される潜在GDPとの乖離である。このギャップは、生産されなかった生産量という観点から、利用されなかった生産資源のコストを推計した値である。

［図15-1］に示されているように、GDPギャップは古典的な銃とバターの生産可能性曲線で説明される。資源が完全に使われなかったために生産されていない生産量は、銃、バター、あるいはその2つの組み合わせで表されている点に注目しよう。

景気の循環や変動によって、このギャップの大きさはいつも変化している。GDPの額は大きいので、GDPがわずか1％減少しても、失われる生産量や所得は膨大になる。

例えば、1997年にアメリカ経済のGDPは約8兆ドルであった。約8兆ドルの経済がわずか0.25％減少するだけで、200億ドルの生産量が失われる。この額は1997年の財政年度に、連邦政府が農業、一般科学、宇宙、技術に費やした額を超える。他の言い方をすれば、この額は年収26,600ドルの仕事が750,000人分失われるのに匹敵する。GDPの減少の影響は一般的に1ヵ所に集中するのではなく、広範な地域におよび、実に膨大なものである。

［図15-1］GDPギャップと生産可能性フロンティア

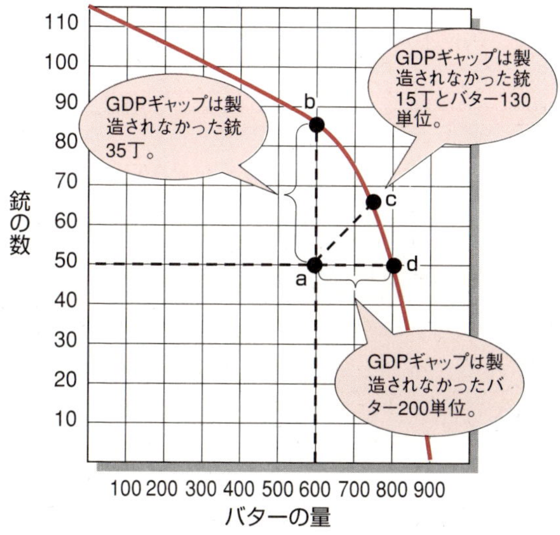

資源が完全に利用されると、国は生産可能性フロンティア上のどこかで生産を行う。遊休資源があるか、資源が効率的に活用されていなければ、生産能力に余剰が生じる。GDPギャップは、実際の生産高a点とb,c,d各点の乖離である。GDPがわずか0.1％でも減少すると、雇用にどんな影響がおよぶか。

ミザリー指数

ミザリー指数(misery index)は、月次のインフレ率と失業率とを合計した値である。政府の正式な指標ではないが、インフレが進行し失業が増加する期間の消費者の苦しみを表す総合的な指標である。これは、月によって指数が大きく振れることがあるため、長期で見る必要がある。

[図15-2]は1965年からのミザリー指数の推移を示している。指数は、1970年代半ばから1980年代初頭にかけて最悪の状態になっていた。

不確実性

実質GDPの減少には、大きな不確実性がつきまとう。労働者は雇用不安から買い控えに走る。不確実性は買い控えにつながり、失業者が増加する。

不確実性のあおりを受けるのは、こういった労働者だけではない。例えば、完全操業の企業の経営者は、新しい注文が日々入ってきていても、生産拡大を行わない。その代わり、生産者は──需要が供給を上まわっていることを知っているので──価格を引き上げ、インフレ進行の片棒を担ぐことになるかもしれない。そうすると、生産者は、景気減速に備えて残業時間を減らしたり、解雇したりすることもある。

[図15-2] ミザリー指数

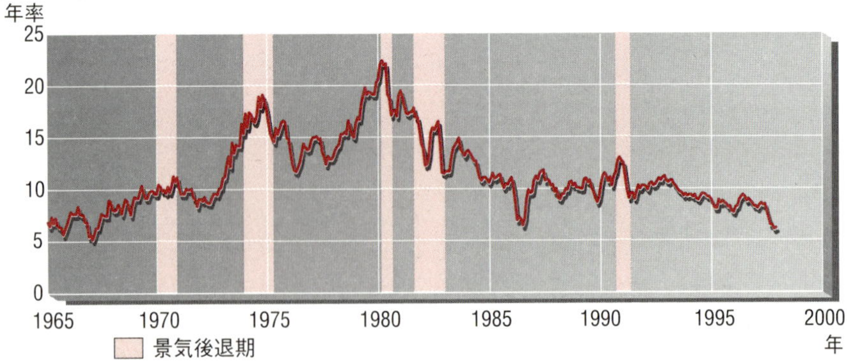

出所：アメリカ商務省経済分析局

ミザリー指数は月次のインフレ率と失業率の合計値である。政府の公式統計ではないが、失業が増加しインフレが進行する期間には、消費者の苦しみを表す指標として利用されることが多い。

社会的コスト

経済が安定しないコストは、金額で測ることは幾分容易だが、人間の苦しみという観点から計測するのは難しい。その観点からは、コストを金額で把握することはほぼ不可能である。社会的コストが高いため、誰もが経済の安定が必要だということを認める。経済学では、生産だけでなく、社会の心理的、社会的な健全性にも関心を払っている。

無駄になる資源

不安定期の人間の苦しみは、生活水準の向上に資する財やサービスを所有できないという程度のものではない。職を探しても見つからない状態なので、労働資源は使われないまま放置される。これでは、社会にとって有益な人材でありたいという人間の基本的欲求も満たされない。雇用環境は、失業している少数民族が多いうえに低所得者も多い地域で特に厳しい。

浪費される資源は人的資源だけではない。遊休生産設備を持つ工場も、利用されるのを待っている。天然資源も利用されないままか、無駄になっている。

政治的不安定

政治家も経済的不安定によって苦しむ。経済状況が厳しければ、有権者は不満を抱き、現職の政治家は選挙で負けることが多い。1930年代の大恐慌のような経済的に極めて不安定な状況に直面すると、有権者は過激な変革を主張する者に投票を行う傾向がある。したがって、経済的安定がなければ、国家の政治的安定もままならない。

犯罪と家族の価値

高い犯罪率、少数民族に対する経済的・社会的機会の欠如、個人の自由の喪失、経済的安定性の欠如は、社会が不安定になる理由になる。多くの人は、この社会的病は強力で安定した経済の助けなしに治癒することはできない、と信じている。

経済が健全なときのほうが、社会問題に容易に対処できる。この場合、人々は仕事に就き、家族を養うことができる。政府や地方自治体は税収の増加によって、警察を強化して地域サービスを改善することができる。企業は貧しい人を雇い、実地に訓練を行うことができる。

経済が健全だと、人々は家族を養う能力に対する自信が高まり、将来について一般に楽観的になる。

経済的不安定は、社会の他の部分にも影響を与える。経済が健全なとき、家族が消費するものの多くはクレジット・カードで支払われる。経済が減速すると、借入金のある人の中には、所得を失い、自己破産を宣言しなければならない者も現れるだろう。

REVIEW　15－1　経済的不安定のコスト

用語とポイント

1. 以下の用語を定義しなさい。
スタグフレーション、GDPギャップ、ミザリー指数

2. 経済的不安定の経済的コストを説明しなさい。

3. 経済的不安定の社会的コストを説明しなさい。

クリティカル・シンキング

4. ある年のGDPギャップが劇的に拡大すると、失業率やインフレ率はどうなるだろうか。

経済概念の応用　ミザリー指数

5. 多くの人が経済的困難に直面したときに感じる心理的負担は、経済の停滞を長引かせるか。

2. マクロ均衡

個別の生産物市場を調べるとき、需要と供給という道具を用いて、その価格と数量の均衡がどう決まるかを示すことが多い。我々が経済全体を見る場合にも、供給と需要という概念がまったく同じように用いられる。

総供給

個々の企業が利益を最大化できる生産量は、生産の限界費用と売上げの限界収入が等しくなる生産量である。消費者が支払う価格が上昇すると、生産者は生産を増加させるだろう。

総供給曲線

ある物価水準で、すべての最終財・サービスの国内の年間生産量を合計すると、GDPが算出される。物価水準が変わると、企業は利益を最大にするように生産量を調整するため、GDPの水準も変わる。物価水準を変化させて、総生産がどう変化するかを調べると、**総供給曲線(aggregate supply curve)**を作ることができ、物価水準が変化したときの実質GDP水準がわかる。

[図15-3]は、経済全体の総供給曲線がどのようなものかを示している。右上がりであるが、水平な部分と垂直な部分がある。水平な部分は、大量に使われていない資源が存在する生産水準を表している。例えば、経済が今a点で生産をしているとすると、物価水準を変化させることなく生産量はb点まで増加する。使われていない資源を活用することができるからだ。

しかし、生産量Q_1のb点を超えて実質GDPが増加すると、必ず物価水準も上昇する。経済がc点に達すると、企業は希少性が高まる資源を競って獲得しようとするので、物価水準はP_1まで上昇する。c点は、すべての資源が完全に利用されている状態でもある。企業がc点を超えて生産を拡大しようとしても、単に物価水準が上昇するだけである。

総供給の増加

個別企業の供給のように、総供給は増加することがある。総供給の増加は、大部分が個別企業の生産コストと関係している。全体としてコストが減少すると、総供

［図15-3］総供給曲線

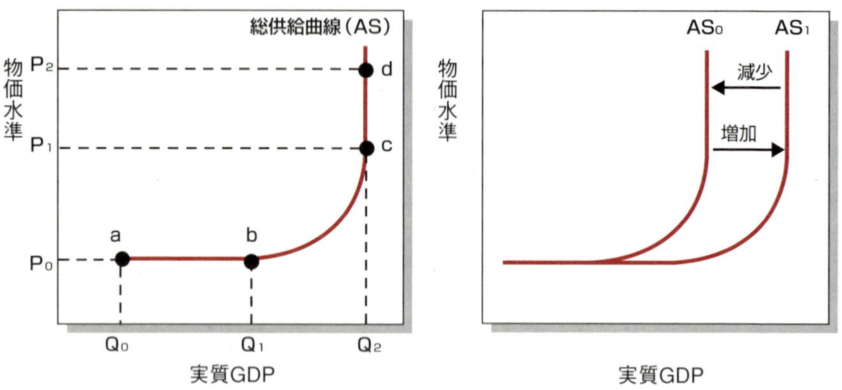

総供給曲線は物価水準が変化したときの実質GDPを示している。個々の生産者のコストが全体として減少すると、総供給は増加する。何が総供給の減少をもたらすか。

給が増加し、供給曲線は右へシフトする。

個別企業のコストを全体として減少させる要素には、安価な天然資源の発見、輸入原油価格の低下、金利低下などが含まれる。労働生産性の向上、新技術、移民法の緩和、減税は、総供給曲線を右にシフトさせる。

総供給の減少

個々の企業の生産コストが増加する要素は、総供給を減少させることにもつながる。その要素には、輸入原油価格の上昇、金利上昇、労働生産性の低下などが含まれる。総供給を減少させる要素には、増税、安価な労働力の供給を制限する移民法改正もある。コストの上昇は、すべての価格で財やサービスの供給を減少させるので、供給曲線は左にシフトする。

総需要

総需要はいくつかの点で総供給と似ている。まず、経済全体の総量を示していること。次に、グラフで表すことができること。最後に、増減することである。

総需要曲線

［図15-4］は、**総需要曲線（aggregate demand curve）**——物価が変化したとき

［図15-4］総需要曲線

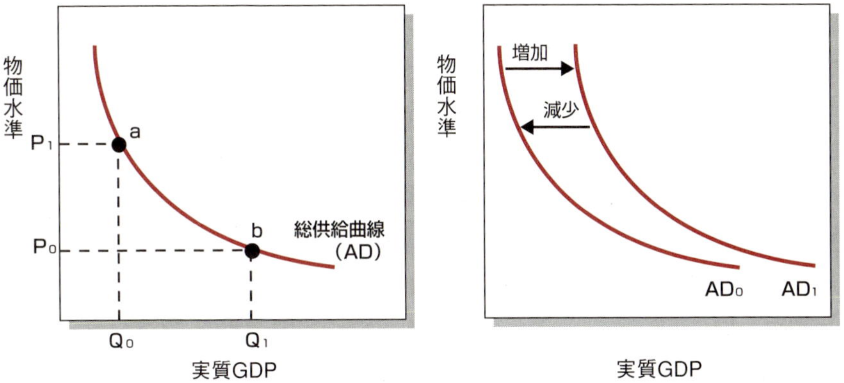

総需要曲線は、さまざまな物価で需要される実質GDPを表している。物価がP_1のように高いと、わずかQ_0の実質GDPしか実現されず、経済はa点にとどまる。P_0のように物価水準が低下すると、需要が増加し、経済はb点にシフトする。何が総需要曲線をシフトさせるか。

に需要される実質GDPの量を示すグラフ――を示している。この曲線は、物価水準が変化したときの消費者、企業、政府の需要の総額を表している。個別の需要曲線と同じく右下がりの曲線になっているが、理由はまったく異なる。

その理由は、経済はある一時点ではマネー・サプライは固定されているという仮定に基づいているからだ。マネー・サプライが固定されると、物価水準が変化すると購買力も変わる。価格が高いときには、一定のマネー・サプライで購入できる生産物の量は、a点のように限られている。価格が低下すれば、誰もがより多くの生産物を購入することができ、購入量はb点になる。物価水準が下落すると、生産物の購入を増やすことができる。価格がさらに下落すると、GDPも一層増加する。したがって、需要曲線は右下がりになる。

総需要の増加

総需要曲線も総供給曲線と同様に、一定の条件に従って増減する。総需要曲線に影響を与える重要な要素は、貯蓄の変化である。消費者が全体として貯蓄を減らし、支出を増やせば、消費者支出の増加が総需要を増加させ、総需要曲線を右にシフトさせる。

将来の経済状況に関する期待は、消費者、企業、および政府の支出に影響を与える。経済状況の好転が予想されると、全部門の支出が増加し、総需要曲線は右にシフトする。

最後に、移転支出の増加──国債発行による赤字の財政支出──や減税は、消費部門の支出を増加させることがある。その効果は短期のものだが、需要は増加する。

総需要の減少

期待は、総需要の減少でも重要な役割を果たす。すべての部門が景気や政治状況に対して暗い見通しを持つと、支出は減少し、どんな価格でも需要量は減少する。

増税や移転支出の減少も、総需要を減少させる。どんな価格でも購入量が減少するので、これらは総需要曲線を左にシフトさせる。

均衡

[図15-5]には、総需要曲線と総供給曲線が同時に描かれ、マクロ経済の均衡が示されている。**マクロ経済均衡(macroeconomic equilibrium)**は、総供給と総需要の交点で決まり、ある物価水準のもとでの実質GDPの水準である。

図では、Qが物価水準Pのもとでの実質GDPの水準を示している。経済が成長し、生産が拡大すると、物価水準は変動することもある。

[図15-5]は、経済政策立案者の直面するジレンマを示している。すなわち、経

[図15-5]　マクロ均衡

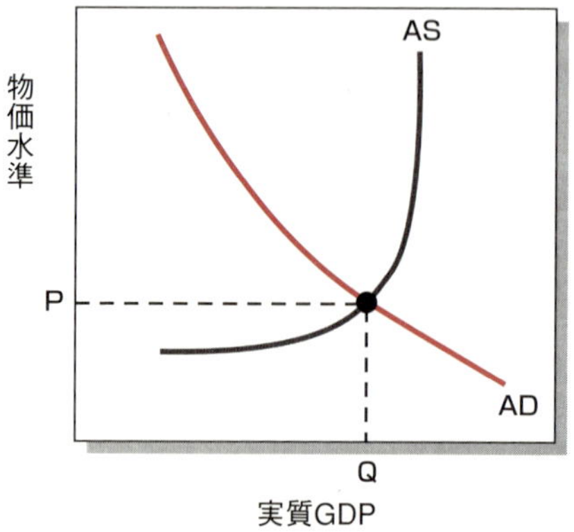

総需要と総供給が等しくなる物価水準で、経済は均衡している。経済政策の立案者が直面している問題は、物価水準を上昇させることなく実質GDPを増加させることである。物価水準が増加しないことがなぜ重要なのか。

済は成長しなければならないが、インフレを引き起こす物価水準の過度の上昇は避けねばならないということだ。経済政策の総需要曲線と総供給曲線への影響もさまざまだ。

総供給曲線と総需要曲線は、問題を分析するための枠組みを提供するので有用な概念である。これらは、ものごとが変化する方法や方向に関するアイディアを得るために使われるが、正確な予測を生み出すものではない。しかし、マクロ均衡を分析する際には重要なツールである。

REVIEW　15−2　マクロ均衡

用語とポイント

1. 以下の用語を定義しなさい。
総供給曲線、総需要曲線、マクロ経済均衡

2. 総供給を増加させる要因をあげなさい。

3. 総需要を減少させる要因をあげなさい。

4. 経済政策の策定者が直面する政策目標をあげなさい。

クリティカル・シンキング

5. 総供給と総需要は、個別市場の供給や需要とどう異なるだろうか。

経済概念の応用　均衡

6. 事業投資の減少はマクロ均衡にどう影響するだろうか。

3. 安定化政策

経済成長、完全雇用、物価安定は、アメリカの経済上の目標となっている。この目標を達成するために、健全な経済政策が立案され、実行されなければならない。

経済的安定を達成する方法がいくつかある。総需要を刺激する政策を好む人がいれば、総供給を刺激する政策を支持する人もいる。また、マネー・サプライの成長を促す政策を信奉する人もいる。これらの政策は、ある問題に関して同じ解決策を持つことがあれば、そうでないこともある。

ディマンドサイド政策

ディマンドサイド政策は、総需要曲線を左右にシフトさせることで、現在の総需要を増減させる政策である。その1つが、**財政政策(fiscal policy)**──政府支出や税金を操作することで経済活動に影響を与えようとする政策──で経済に影響を与えるために最もよく用いられる政策である。

財政政策は**ケインズ経済学(Keynesian economics)**──総需要を刺激することで失業率の低下を意図した一連の学説──から生まれた。ジョン・メイナード・ケインズはこの理論を1936年に発表し、これは1970年代まで経済学者の思考法に著しい影響を与えた。

ケインズの枠組み

ケインズは、$GDP=C+I+G+F$という生産支出モデルで基本的枠組みを提示した。このモデルによれば、等式の左側の変化は必ず右側の変化から生じている。問題は、右側4つの構成要素のうちどれが不安定性を生んでいるかということにある。

ケインズによれば、外国部門（F）のネットの影響は非常に小さいので無視してよい。政府部門（G）の支出も安定しているので問題ではない。消費者部門（C）による支出はすべての中で最も安定している。消費は非常に安定しており、これは**消費関数(consumption function)**で明確に記すことができる。消費関数は、可処分所得の水準に応じた消費の水準の予測を示す。F、G、Cを除くと、企業部門つまり投資部門（I）が不安定性を生んでいることになる。

ケインズの理論では、投資部門の支出は不安定であるだけでなく、他の支出に大きな影響を与える。例えば、投資が500億ドル減少すると、失業者が増加する。すると、失業者は支出を減らし、税金の支払いも減る。やがて、経済の全部門の支出額の減少は、もとの投資の減少額を上まわる。この効果は**乗数(multiplier)**と呼ばれ、投資の変化が総支出にどれだけ影響をおよぼすかを表している。

現在の乗数は2程度であると考えられている。したがって、投資支出が500億ドル減少すると、総支出は1,000億ドル減少することになる。

状況は**加速度効果(accelerator)**——総支出の変化によって生じる投資支出の変化——によって一層悪化する。総支出が減少し始めると、企業部門の投資はさらに減少する。まもなく、経済は下方スパイラルに陥ることになる。この乗数と加速度の複合効果が重要なのは、これによりGDPが不安定化するためである。

政府の役割

政府だけが、投資部門の支出に変化を生じさせることができる、とケインズは主張した。この政策が財政政策であり、経済活動に影響をおよぼすために、財政支出や税制が変更される。

政府は直接的な役割として、企業による投資の減少を相殺するために財政支出を行う。あるいは、減税をしたり、企業や消費者が支出を増やすような政策を実施したりすることで、間接的な役割を演じることもある。

政府が、企業投資の500億ドルの減少をすみやかに相殺したいとしよう。そのために、ダム建設費に100億ドル、貧困地域の改善の補助金として200億ドル、その他の支出で200億ドルを支出する。このように、企業投資の500億ドルの減少は、政府支出500億ドルで相殺される。したがって、$C+I+G+F$は変わらないままになる。

500億ドルを投資する代わりに、政府は同額の減税を行い、投資家と消費者の購買力を高めることもできる。減税分の500億ドルが消費されると、当初の投資支出の減少分は相殺され、$C+I+G+F$の合計は変わらないままである。

いずれにしろ、財政政策を発動すると、政府は財政赤字を膨らませるリスクを負うことになる。ケインズの考えでは、赤字は喜ばしいものではないが、経済活動の一層の停滞を食い止めるのに必要なものである。いずれ景気が回復すれば、税収は増加し、政府の収支は黒字になり、負債は返済されるからだ。

ケインズのモデルは、短期の財政赤字に正当性を与えた。一時的な財政赤字を容認したことは、ケインズ経済学の恒久的な貢献の1つであり、それまでの経済的思考法との決別であった。

自動安定装置（ビルト・イン・スタビライザー）

財政政策のもう1つの重要な要素は、自動安定装置(automatic stabilizers)――景気の変動によって所得が減少すると、自動的に金銭が支給されるプログラム――の役割である。重要な自動安定装置としては、失業保険と連邦受給資格プログラムと呼ばれる生活保護制度がある。

失業保険(unemployment insurance)は、従業員の給与から税金として徴収される保険である。ほとんどすべてのアメリカの労働者は、自分に落ち度がないのに失業すると、この保険の給付を受ける。失業保険は本人の違法行為によって解雇されたり、適切な理由なく仕事をやめたりした労働者には支払われない。

失業保険を受給するまで数週間かかるが、給料の1/3から1/2を受け取ることになる。支給額は州によって異なる。通常は、失業者は保険を最大26週間受給できる州が多い。しかし、失業者が多い地域では、これより長期間給付されることもある。

連邦受給資格プログラムは、最低限の健康を維持し、栄養を摂取し、給付金を支給するためにターゲットとなる集団を選んで付与する社会福祉プログラムである。このプログラムによって、経済的不安定性などの要素によって特定の人たちの需要が、一定水準以下にならないことを保障している。

財政政策と総需要

財政政策の影響は、総需要曲線で説明される。[図15-6]は、1本の総供給曲線と何本かの総需要曲線を示している。大恐慌や経済停滞期のように総需要が少ないとき、経済はAD_0とASの交点であるa点にいるとしよう。このとき財政支出――公共投資、移転支出、減税――が総需要をAD_1に増加させるために発動されても、多くの資源が利用されないままなので、a点からb点への移動はあまり物価水準の上昇を招かない。

[図15-6]のAD_2からAD_3へ総需要を増加させる政策は、総生産額を引き続き増加させ、物価水準も押し上げるが、生産額の伸びは緩慢になり、物価水準の上昇が相対的に大きくなっている。最終的には、政府部門が総需要を増加させるために実施する政策は、実質GDPの増加がまったくないまま物価水準だけが上昇するものになる。

財政政策の限界

ケインズは、財政支出の役割は投資支出の変化を埋め合わせることにあると考え

［図15-6］財政政策と総需要曲線

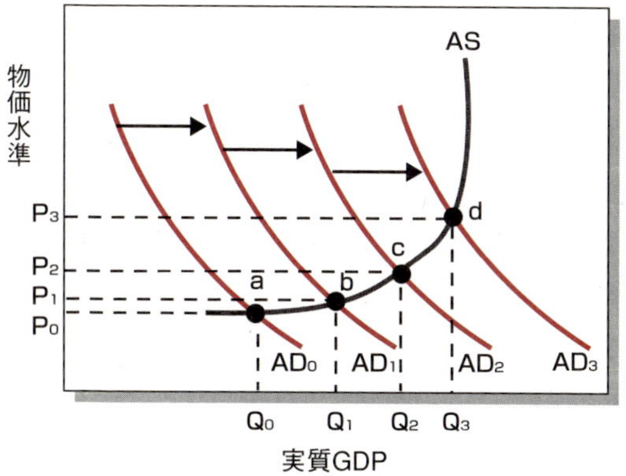

財政政策は総需要を増加させるように設計される。総需要の継続的な増加――経済をaからdへ移動させること――は、経済で利用されていなかった資源が利用されるにしたがって、物価水準にたいする圧力を増加させることになる。財政政策の限界を2つあげなさい。

ていた。理想的には、政府は企業投資の減少を相殺するために財政支出を増加させ、逆に、企業投資が回復すると、財政支出を減らすことになる。しかし、実際、連邦政府は、特に財政支出の削減や均衡予算が問題となったとき、財政支出を十分に制御することができなかった。

さらに、企業支出の変動を相殺するための財政支出をすることは、ほぼ不可能だろう。たとえ、議会が翌年の企業投資が減少することに事前に気づいていたとしても、財政支出による投資の埋め合わせが適切な時期に承認される可能性は、極めて低い。議会に提出されるどんな歳出法案も、議論され、徹底的に分析され、修正され、おそらく財政政策とは関係のない無数の修正案を可決した後でやっと可決される。

その結果、今日用いられている最も効率的な景気循環対策のための財政政策は、自動安定装置となる。これの長所は、経済が景気後退に入ったときや、失業が発生し、失業保険が必要なときに、支出の承認が一切必要ないことだ。

サプライサイド政策

生産活動を刺激し、失業を減らし、生産を増加させようという経済政策は**サプライサイド経済学（supply-side economics）**に基づいている。サプライサイド政策は、1970年代後半に人々の関心を引いた。その頃、ディマンドサイド政策では、増加する失業と悪化するインフレを制御できないように思えたからだ。1980年代に、サプライサイド政策はレーガン政権の旗印となった。

ディマンドサイド政策との比較

サプライサイド政策とディマンドサイド政策の差違は、多くの人が考えているより少ない。[図15-7]に要約されているように、双方の政策は経済の実績を計測するために国民所得勘定を使う。どちらも、乗数と加速度効果を受け入れている。双方の政策とも同じ目標──インフレを起こさずに生産を増加させ失業を減少させるという目標──を持っている。

しかし、サプライサイド政策を支持する経済学者は、政府が肥大化し、個人の勤労意欲、貯蓄意欲、投資意欲を失わせてしまったという認識をもっている。政府の役割を縮小し、市場の役割を拡大することが必要だと信じている。この考え方は、政府支出の増加で需要を創出することで生産を刺激するディマンドサイド政策とは対照的である。

政府の役割の減少

サプライサイド政策支持者の重要な論点は、経済での政府の役割が減少すべきだというものである。これを実行する1つの方法は、連邦政府機関の数を削減することである。政府の役割を減少させるもう1つの方法は、規制緩和──産業が従わなければならない規制を取り除くこと──である。規制緩和はサプライサイド政策支持者の重要な目的であり、ディマンドサイド政策支持者の中にも支持する者がいる。

カーター政権では、エネルギー、航空、トラック輸送業界の規制緩和を推進し、競争を促進した。レーガン政権は競争強化を狙って、貯蓄貸付業界の規制緩和を行った。

連邦税減税

サプライサイド政策支持者のもう1つの政策目標は、個人と企業の連邦税負担の取扱いである。税金が高すぎると、人々は労働意欲を失い、企業は生産量を増加させられないと、彼らは信じている。税率の低下は、個人と企業が手にする資金が増加し、勤労意欲が高まる、という。これによって労働者は、長期で支出することができる資金が増加する。政府も、活発になった経済活動によって、総税収が増加し

［図15-7］サプライサイド政策とディマンドサイド政策

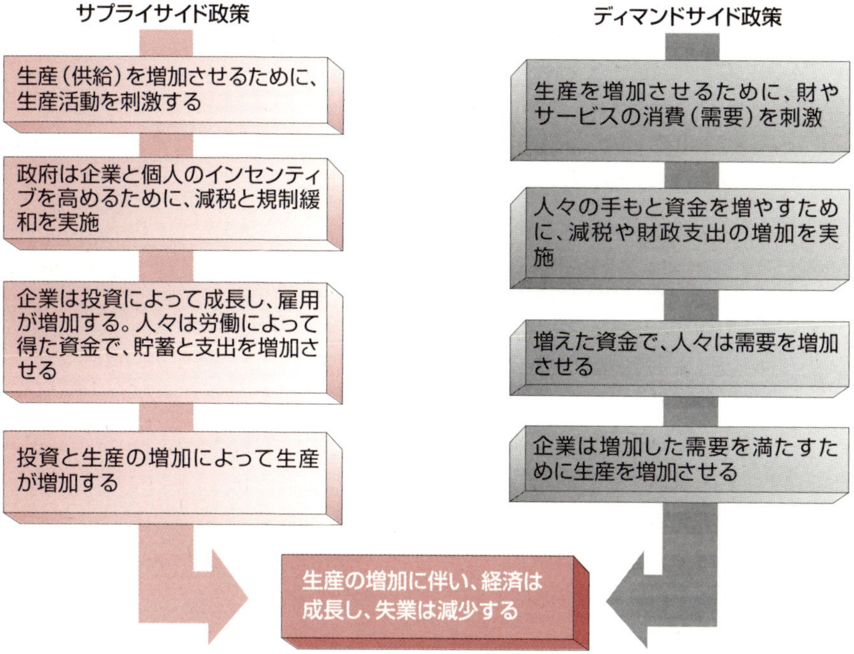

サプライサイド政策
生産（供給）を増加させるために、生産活動を刺激する
政府は企業と個人のインセンティブを高めるために、減税と規制緩和を実施
企業は投資によって成長し、雇用が増加する。人々は労働によって得た資金で、貯蓄と支出を増加させる
投資と生産の増加によって生産が増加する
ディマンドサイド政策
生産を増加させるために、財やサービスの消費（需要）を刺激
人々の手もと資金を増やすために、減税や財政支出の増加を実施
増えた資金で、人々は需要を増加させる
企業は増加した需要を満たすために生産を増加させる
生産の増加に伴い、経済は成長し、失業は減少する

サプライサイド政策もディマンドサイド政策も同じ目標――インフレのない継続的で安定的な経済成長――を掲げている。サプライサイドの政策は1970年代後半からどうして一般化したのか。

て利益を享受する。

ラッファー曲線（Laffer curve）――税率と税収の仮説上の関係――がサプライサイド政策支持者の信念を表している。これが、1981年のレーガン大統領による減税の基礎にあり、3年で所得税を25%減らした。ラッファー曲線と、1981年から1986年に徴収されたインフレ調整後の所得税収と法人税収とが、ともに［図15-8］に示されている。

経済学者は現在では、ラッファー曲線の前提条件も解釈も正しくないと考えている。大減税の結果、税収が増加することは決してなかった。インフレ調整後の所得税と法人税は、1986年には1981年より減少していることがわかる。税収は決して増加しなかったので、連邦財政は赤字になった。実際、実質税収は1986年の税制改革が1987年に実行されるまで、1981年のレベルを超えることはなかった。

［図15-8］ラッファー曲線

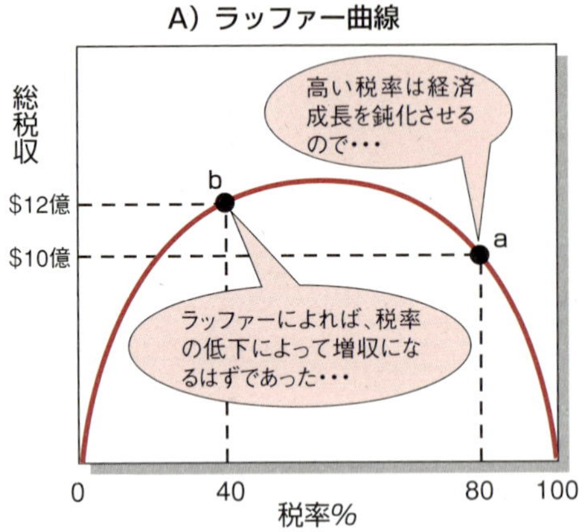
A）ラッファー曲線
総税収
$12億
$10億
b
a
高い税率は経済成長を鈍化させるので・・・
ラッファーによれば、税率の低下によって増収になるはずであった・・・
0
40
80
100
税率%

B）税収

	実質個人税収	実質法人税収
1981	$362,379	$77,487
1982	355,303	58,720
1983	331,351	42,456
1984	327,929	62,520
1985	354,376	64,969
1986	360,123	65,163
1987	392,557	83,926
1988	386,122	90,961
1989	410,774	95,199

単位：100万ドル

ラッファー曲線は、減税によって経済が成長するので税収を増加させると主張するために用いられた。今にして思えば、税率を下げれば税収は減少するのは当たり前だ。インフレ調整後で、1981年の減税後、連邦税収は減少した。1986年の増税で、総税収は増加した。ラッファー曲線は1980年代の経済政策にどんな影響を与えたか。

サプライサイド政策と総供給

サプライサイド政策は、総供給曲線で説明される。［図15-9］は、1本の総需要曲線と数本の総供給曲線を表している。

総供給が少ないと、AS_0とADが交叉するａ点に経済はいる。サプライサイド政策が成功すれば、総供給曲線はAS_1に移った結果、均衡点はbに移動する。総需要に変化がなければ、実質GDPは増加し、物価水準は下落する。

経済をc点に移動させる総供給を増加させる追加の政策は、物価水準に対して影響力が弱まる。総供給曲線が水平のレンジを持っている場合、物価水準は決してP_0以下にはならない。

サプライサイド政策の限界

サプライサイド政策の限界の1つは、それの経済への影響を知るのに十分な経験がないことである。総需要・総供給という考え方はきわめて概念的なので、2つの曲線の形状に基づいて、ある特定のサプライサイド政策の正確な結果を予想することは難しい。

ラッファー曲線の場合、1981年の減税後、インフレ調整後の総税収は実際には減少してしまった。その結果、サプライサイド学派の主要な基盤の1つは無効であ

［図15-9］サプライサイド政策と総供給曲線

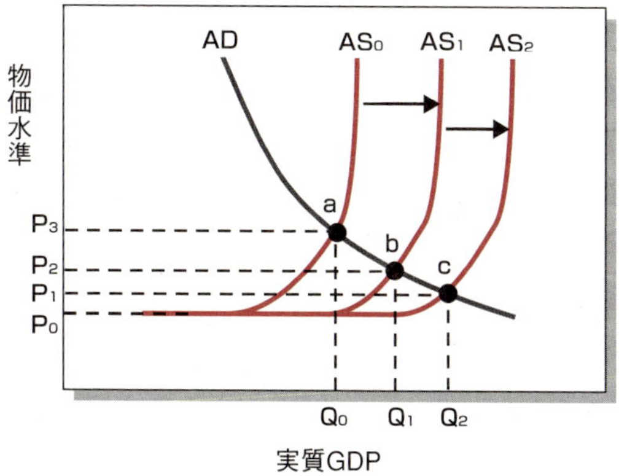

サプライサイド政策は総供給を増加させるために設計されている。総供給曲線が右にシフトすると、実質GDPが増加し物価も下落する。サプライサイド政策の例はなにか。

ることがわかった。

それにもかかわらず、生産性を向上させたり、不必要な事務処理を削減したり、経済を限界まで成長させたりする政策は、確かに価値がある。ディマンドサイド政策支持者を含むほとんどすべての人が、この政策を支持している。

最後に、サプライサイドの経済政策は経済の不安定性を取り除くより、経済を成長軌道に戻すために設計されている。経済はどんな速度で成長しようとも、トレンド・ラインのまわりを変動する傾向があるようである。レーガン政権時代のサプライサイド政策は、連邦税構造の累進性を少なくし「セーフティー・ネット」プログラムの多くを削減することで、自動安定装置を緩める傾向があった。

金融政策

ディマンドサイド政策とサプライサイド政策は、生産や雇用を刺激することに関心がある。どちらの政策もマネー・サプライはそれほど重要なものだとは考えていない。しかし、**マネタリズム（monetarism）**と呼ばれる理論は、マネー・サプライを最重視している。

マネタリストは、マネー・サプライの変動が失業とインフレを引き起こす不安定要因になり得ると信じている。そのため、彼らはインフレを制御するのに十分低い水準の、安定的で長期的な通貨の増加につながる政策を好む。

金融政策の道具の復習

FRBが金融政策を実行するとき、マネー・サプライの増減によって、金利に影響を与えようとしている。FRBの主要な道具は、公開市場操作、公定歩合、預金準備率の変更である。

FRBはマネー・サプライを増加させたいとき、公開市場操作で政府証券を購入する。これにより、銀行システムでの余剰準備が増加し、貸出しが増加する。FRBは、借り手のコストを引き下げるために、公定歩合を引き下げることがある。預金準備率を低下させるのが3つめで、他の金融政策の効力がある限り、実際に用いられることはあまりない。

FRBがマネー・サプライを減少させたいときには、証券を公開市場操作で売却し、銀行から余剰準備を吸収する。また、公定歩合を引き上げ、FRBからの借入れのコストを高くする。最終手段としては、預金準備率を引き上げる。

金利とインフレーション

短期では、拡張的な金融政策は金利を引き下げる。この行動は消費者と企業の借入れコストを低下させ、総供給曲線を右にシフトさせる。実質GDPも上昇する傾向があるが、将来のインフレーションの可能性も高まる。マネー・サプライは長期に亘って増加していくが、マネー・サプライはどれくらいのスピードで増加していくべきなのだろうか。

マネタリストの多くは、マネー・サプライがゆっくりであるが着実に増加している場合、インフレは制御され得ると信じている。実質GDPの成長率と生産性の向上によって、マネー・サプライの成長率が決まる。

例えば、実質GDPの成長率が3%で、生産性の向上が1%であれば、マネー・サプライが約4%で増加してもインフレは生じない。この成長率で生産される、追加の財やサービスを毎年購入するのにちょうど見合った貨幣が、追加されたことになる。流通している通貨が減少すると、インフレ率はゆっくりと低下していく。

このインフレ抑制策は、以前行われていた政策とはまったく対照的である。例えば、1970年代にニクソン大統領は**賃金物価統制(wage-price controls)**──企業が、政府の許可なく、労働者の賃金を上げたり、販売価格を引き上げたりすることを違法とする規制──を敷くことでインフレを抑えようとした。当時マネタリストのほとんどが、この規制は決してうまく機能しないといっていた。結局は、マネタリストが正しいことが証明された。すなわち、賃金や物価を統制することでは、インフレを抑制する効果がほとんどないことを証明した。

金融政策と失業

マネー・サプライを過剰に増加させることで失業者を削減させようという試みは、ほんの一時しのぎにしかならないと、マネタリストは主張している。マネー・サプライの増加が過剰だと、最終的には物価と金利が上昇してしまうのである。

金利が上昇すると、企業の借入れコストが上昇し、総供給曲線は左に移動する。マネー・サプライが増加すると、総需要曲線は右にシフトする。その結果、実質GDPは元の水準に戻るが、物価水準は元の水準より高くなる。

過度に拡張的なマネー・サプライは、失業の長期的解決策にならないばかりか、長期のインフレを引き起こす。

REVIEW　15－3　安定化政策

用語とポイント

1. 以下の用語を定義しなさい。
財政政策、ケインズ経済学、消費関数、乗数、加速度効果、自動安定化装置、失業保険、サプライサイド経済学、ラッファー曲線、マネタリズム、賃金物価統制

2. ディマンドサイド政策の目標を述べなさい。

3. サプライサイド政策の主な仮定を説明しなさい。

4. 金融政策のツールをあげなさい。

クリティカル・シンキング

5. ディマンドサイド政策とサプライサイド政策の相異を説明しなさい。

経済概念の応用　財政政策

6. 財政政策は経済を安定化させるツールの1つである。これは総需要曲線をどうシフトさせるか。

4. 経済学と政治

アメリカの経済史を振り返ると、経済学者が経済の不安定性と成長の問題を成功裏に処理してきたとは言いがたい。インフレが問題になり、失業率も変動している。景気後退は定期的に発生した。それにもかかわらず、大抵の人が理解しているより、経済学には進歩が見られた。

経済の安定と成長を追求する政策の難しさは、この問題が総供給曲線と総需要曲線の単純な分析を超えているところにある。これにはさまざまな力学が働いている。

独立した金融当局

アメリカ経済の興味深い特徴は、国民から選ばれた政治家が財政政策の決定権を握っているが、金融政策は彼らの手にないことだ。金融政策は、FRBが決定する。

金融政策と財政政策はちぐはぐに運営されることがある──実際にそうなることが多い。例えば、選挙の年には、大統領はGDPを刺激し、経済成長を自分の手柄としたいところだ。政治家は減税を行い、社会保障費を増額し、公共事業を承認しようとする。

しかし、FRBは、これとは異なる考え方を持っているかもしれない。インフレが問題であれば、FRBは金融引締めで経済成長のペースを鈍化させて、インフレを抑え込もうとするかもしれない。高金利政策は、一般に金融引締めによって実行され、大統領が望む景気拡大とは相容れない。

1992年の大統領選挙で、こういった状況が現れた。インフレの脅威のため、FRBはブッシュ大統領が望んでいる以上に引締め気味の政策を継続していた。1990年にはすでに景気後退に突入していたので、有権者の多くが対立候補に投票した。選挙戦は大接戦だったが、多くの人たちは経済状態が選挙結果に影響を与えた一因だったと考えた。

議会は、今までFRBの独立性を弱めようとはしてこなかった。議員の多くは、マネー・サプライの権限は、議会ではなく、独立した機関が握るべきだと信じている。

エコノミストの意見はどうして異なるか

エコノミストの経歴と経験はそれぞれ異なっているため、彼らのアドバイスは同じではないと思えることがある。違いの1つの理由は、経済学的な説明や理論は時代によって作り出されたものだからだ。例えば、ディマンドサイド経済学は、失業率が記録的な水準に達した1930年代に登場した。政府部門の規模は当時小さかったため、政府の役割を一層小さくするサプライサイド政策ではほとんど役に立たなかったからだ。

マネタリストは、1960年代から1970年代にかけてインフレが高進した時代に現れた。ディマンドサイドの経済学ではインフレに対処できなかったため、この時期には新たな解決策が必要とされた。しかし、マネタリストの問題点は、長期の解決策を提供したが、短期の解決策をうまく提供できなかったことだ。

サプライサイドの理論は、結局、需要刺激論者もマネタリストもスタグフレーションを解決できない中で現れた。つまり、再び新たな理論が必要とされていたのだ。

経済学者は、需要刺激策を支持するか、サプライサイド政策を支持するか、マネタリストを支持するかについて、自分の立場を明らかにすることは少ない。インフレ抑制という問題に対しては、需要刺激論者もマネタリストになる。税構造の潜在的負担に関しては、マネタリストの多くはサプライサイド支持者になる。サプライサイド論者と需要刺激論者も乗数－加速度効果を認めている。経済学者はさまざまな視点を採り入れた中間の立場をとることが多い。

アメリカでは、変化は紛れもない事実だ。社会が変化していく限り、新たな問題は起こり続ける。新たな問題から、新しい理論が現れることになる。

経済の政治学

1800年代に経済学は、「政治経済学」として知られていた。しばらくして、経済学者は、政治学者との関係を断ち、科学として経済学を独り立ちさせようとした。

近年、この2つの分野は再び融合してきている。しかし、今回の融合は「経済の政治学」という言葉で最もよく表現される。政治家は、今日では政策の経済的効果に関心を寄せているからだ。

大統領経済諮問委員会

一般的に、エコノミストと政治家は非常に緊密に連携して仕事を行っている。例えば、大統領は、3人の経済学者からなる**大統領経済諮問委員会(Council of Economic Advisers)**から経済の現状に関する報告や戦略の提案を受ける。エコノミストは基本的に助言者であり、政策を実行するのは政治家の役割だ。

このシステムには2つの弱みがある。第1に、政治家は、必ずしも経済学者のアドバイスを積極的に受け入れようとはしない──またそうすることもできない。大統領が、均衡予算を望んでいる場合に、エコノミストが増税を提案するかもしれない。大統領が増税を行わないことを選挙の公約としていた場合、エコノミストの提案は無視されるだろう。

第2に、政治システムが現在の経済問題を取り扱うのに十分迅速に反応するわけではないことだ。例えば、1974年アメリカ経済は厳しい景気後退に突入した。当時は、1930年以来の最悪の景気後退と考えられた。経済を刺激するために何か手を打つべきだと、ほとんどすべての人が考えた。

景気後退が進行して初めて、議会は経済を刺激するために所得税を100ドル還付することを承認した。1975年の第2四半期に還付が実施されたが、景気後退はすでに過ぎ去っていたので、もともと意図したように経済を刺激するには遅すぎた。

1990年の景気後退が始まると、政治家はそれが収まるのを何もせずに待っていた。金融政策が、経済を「軟着陸（ソフトランディング）」させるために使われたが、景気後退は思った以上に深刻で、続く景気回復は勢いのないものになってしまった。

理解と認識の高まり

エコノミストは経済活動の記述、分析、説明においてかなりの成功を収めている。彼らは、経済実績を計測する多くの統計的指標や、経済的分析と説明に役立つモデルも開発してきた。これは、アメリカ人が経済に関する認識を高めるのに役立っている。この認識は、経済を勉強し始めた学生から有権者に答えなければならない政治家まで、誰にでも役立つものだ。

エコノミストは今日、1930年代のような不況を阻止するのに十分な経済の知識がある。しかし、エコノミストが小さな景気後退を避けることができるほどの知識があるかどうかは疑わしい。また、それくらいの知識があると、他人を説得できるかどうかも疑わしい。しかし、成長を促進したり、失業やインフレに対処する政策を立案することはできる。

REVIEW　15－4　経済学と政治

用語とポイント

1. 以下の用語を定義しなさい。
大統領経済諮問委員会

2. 議会はなぜ金融当局を独立させておきたいのか。

3. エコノミストの意見が異なる理由をいくつかあげなさい。

4. 経済学は政治にどのように利用されているか。

クリティカル・シンキング

5. インフレが9%と高いにもかかわらず、大幅減税法案を議会が可決したとしよう。このときFRBはどんな行動を取るだろうか。

経済概念の応用　意見の多様性

6. 金融政策と財政政策の方向性が一致しないのはなぜか。この不一致が経済にどんな影響をもたらすか。

第5部 国際経済学

INTERNATIONAL AND GLOBAL ECONOMICS

我々の国益は、貿易の扉を世界へ開き、その足かせを解き放つことにある。これによって、すべての人が世界に開かれた窓である港に自由に何でも持ち込むことができ、我々は他国に対しても同様の要求を行うことができるのである。

—トーマス・ジェファソン（第3代アメリカ合衆国大統領）

PREVIEW
経済学の考え方を日常生活に適用する

国際貿易

国際貿易はあなたにとって重要なものなのだろうか。アメリカ人は輸入された財やサービスを1人あたり年間4,000ドル購入している。衣料品、靴、食品、車などの生産国を見れば、国際貿易があなたにとっても重要なものだということがわかるだろう。

1人あたりのGNP

500ドルの収入を得るのにどれくらの期間が必要だろうか。これは大金だろうか。1人あたりのGNPが500ドルに満たない国に、どれだけの人口がいるかを知ると驚くだろう。

トレード・オフ

空き地が売りに出されることになっている。学校の理事会は、その土地を購入して、新しい運動施設を建設したいと考えている。空き地に隣接する企業は、顧客の駐車場スペースを増やしたいと考えている。限られた資源である土地には複数の利用法があるので、トレード・オフが含まれ、選択がなされなければならない。したがって、我々は経済学を学び、優れた意思決定を行わなければならない。

第16章 国際貿易

International Trade

1. 絶対優位、比較優位

商取引で重要なのは──個人間、州間、国家間であろうと──専門化である。散髪を専門にしている人がいれば、TVの修理を専門にしている人もいる。これらの人々はサービスを提供して代金を受け取り、その資金で他人が提供する能力やサービスの購入にあてる。

地方でもまったく同様に専門化した経済活動を行っている。例えば、ピッツバーグは鉄鋼産業に、デトロイトは自動車産業に特化している。中西部と高原地帯は小麦栽培で知られている。テキサスは石油と牧畜、フロリダとカリフォルニアは柑橘類で有名だ。これらの州すべてが互いに商取引を行っているので、ある地域に住んでいる人々が、別の地域の労働者が生産する財やサービスを消費することができる。

アメリカ以外の世界の国々の専門化についても同じことがいえる。それぞれの国は、自国に最も適したものを生産するのが一般的だ。したがって、すべての国は国際貿易で自国の効率性を最大限に活かす機会が与えられている。

アメリカと国際貿易

近年全世界で国際貿易の重要性が高まっている。貿易されているもののほとんどは財であるが、保険や銀行取引のようなサービスの取引も増加している。

貿易量

アメリカは国際貿易に大きくに依存している。財とサービスの輸入額は1998年に、1兆500億ドルに達している。この数字は、国民1人あたりに換算すると4,000ドルとなり、近年着実に増加してきた。

[図16-1]は、アメリカと世界との財の貿易額を示している。地理的、政治的、宗

教的に多様な特徴を持つ国家との間でもこれほどの貿易額があることこそが、その有益さを示す証左といえる。実際、国家は個人と同様の理由で商取引を行う──国家も自由に貿易を行うことができ、貿易を行った方が豊かになれると信じている。

貿易の必要性

国際貿易が行われなければ、多くの製品は国際市場から入手することができない。仮に国際貿易がなければ、バナナはホンジュラス、コーヒー豆はブラジルから輸入できないことになる。国際貿易は、異国情緒溢れる商品や風変わりな消費財を入手する方法と見なされることもあるが、これには他の役割もある。

例えば、輸入品の多くは原油、衣服、靴といった必需品である。アメリカでは入手できない鉱物、鉄などの原材料も輸入されている。

絶対優位

自国で生産するより、輸入の方が安上がりなこともある。生産コストが国ごとに異なっていることが、国際貿易を行う理由になっている。生産コストが国によって異なるのは、天然資源、気候、労働力、資本に違いがあるからだ。ある国が、ある

［図16-1］ 地域別貿易額

単位：10億ドル

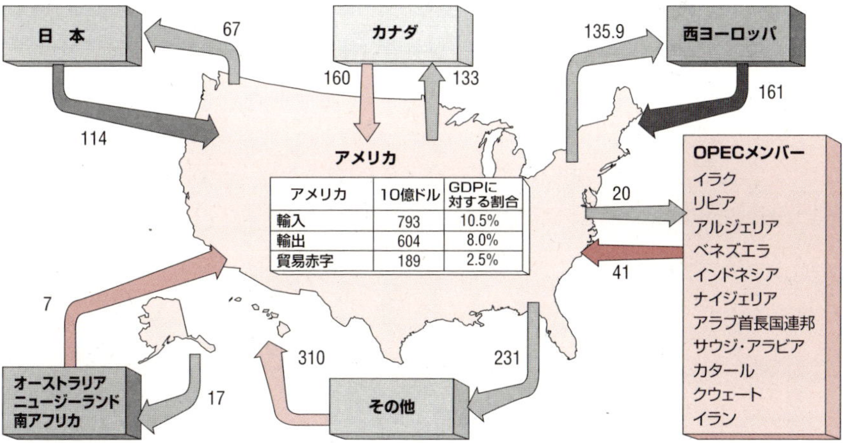

出所：1997年 大統領経済報告

アメリカは財を世界中に輸出している。最大の貿易不均衡は日本、OPECメンバー国と続いていく。世界のどの地域がアメリカと最も活発に貿易をしているか。

生産物を他国より多く生産できる場合、**絶対優位(absolute advantage)**にあるという。

面積、人口、資本蓄積が等しいアルファとベータという2つの国について考えてみよう。異なるのは、気候と土地の生産力だけだ。それぞれの国でコーヒーとカシュー・ナッツだけが栽培されているとする。

両国がコーヒーだけを栽培すると、アルファ国は20,000トン、ベータ国は3,000トンを生産できる。アルファ国はコーヒー生産で絶対優位にあるといえる。また、両国がカシュー・ナッツの栽培に特化すると、アルファ国は4,000トン、ベータ国は3,000トンを生産できる。カシュー・ナッツの生産でもアルファ国は絶対優位にある。

長年、絶対優位が貿易の基礎だと考えられていた。なぜなら、絶対優位であれば、国内で消費し、さらに輸出するのに十分な財を生産することができるからである。しかし、絶対優位という概念では、大国と小国との貿易によって、どのように両国に利益がもたらされるのかが説明できない。

比較優位

ある国がすべての財の生産で絶対優位を確立しているときでさえ、別の国が比較的効率的に他の財を生産できるなら、貿易によって両国には利益がもたらされる。ある国が、他国より低い機会費用である財を生産できるなら、機会費用の低い財を生産する国は**比較優位(comparative advantage)**にあるのである。

例えば、アルファ国はコーヒーの生産で比較優位にある。ベータ国と比較した場合、一定の資源のもとで、カシュー・ナッツよりコーヒーを効率的に生産しているからだ。アルファ国が1つの財に特化するとすれば、コーヒー豆を選択するだろう。

訳注：コーヒーを生産する機会費用は、アルファ国とベータ国でそれぞれコーヒー1単位に対してカシュー・ナッツ1/5単位(4,000トン/20,000トン)と1単位(3,000トン/3,000トン)になる。したがって、アルファ国のほうがコーヒーを生産する機会費用が少ないので、その生産において比較優位にある。

一方、ベータ国はカシュー・ナッツをアルファ国に比べて効率的に優位に生産できる。カシュー・ナッツの生産での比較優位によって、ベータ国はその生産に特化するだろう。

訳注：それぞれの国がカシュー・ナッツを生産する機会費用は、アルファ国とベータ国でそれぞれカシュー・ナッツ1単位に対してコーヒー5単位(20,000トン/4,000

［図16-2］比較優位と貿易の利益（訳注図）

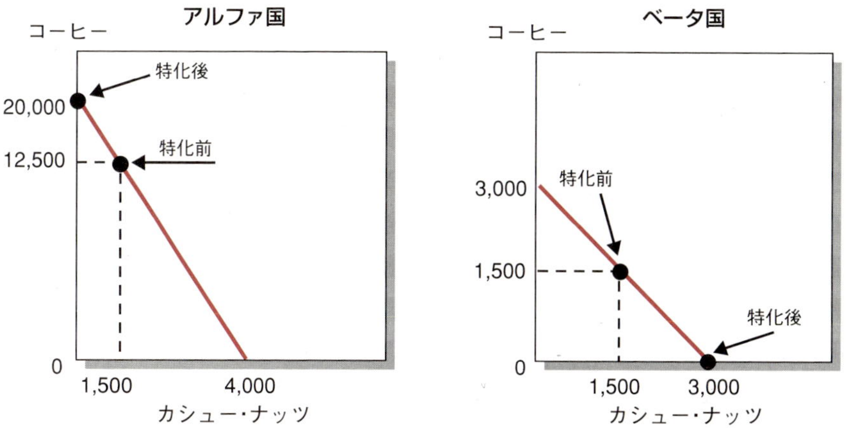

特化前の総生産						特化後の総生産					
	アルファ国		ベータ国				アルファ国		ベータ国		
コーヒー	12,500	+	1,500	=	14,000	コーヒー	20,000	+	0	=	20,000
カシュー	1,500	+	1,500	=	3,000	カシュー	0	+	3,000	=	3,000

単位：トン

トン）と1単位（3,000トン/3,000トン）になる。したがって、ベータ国のほうがカシュー・ナッツを生産する機会費用が少ないので、その生産において比較優位にある。

比較優位という概念は、他国より効率的に生産できるものを生産すれば、誰もが以前よりも豊かになれる、という仮定に基づいている。この概念は、個人、企業、地方自治体にも適用できる。

それぞれの国が最も効率的に生産できるものに特化すると、世界の総生産量も増加する。アメリカとブラジルを例に取ろう。アメリカには鉄と石炭の優れた供給源があり、トラクターや農業機械を効率的に生産するのに必要な資本も労働力もある。対照的に、ブラジルには資本や熟練労働者は少ないが、コーヒー豆を効率的に生産する土地、労働力、気候には恵まれている。

したがって、アメリカはトラクターや農業機械の生産に比較優位がある。ブラジルはコーヒーの生産に比較優位がある。このとき、2国間の貿易は有益である。それぞれの国は、特化した生産物を低価格で生産し、2国の全体の消費量は増加するからだ。

訳注：例えば、特化による生産を行う前に、アルファ国はコーヒーを12,500トン、カシュー・ナッツ1,500トンを生産しており、ベータ国はコーヒー1,500トン、カシュー・ナッツ1,500トン生産していたとする。この場合、両国の生産額の合計はコーヒー14,000トン、カシュー・ナッツ3,000トンになる。それぞれの国が比較優位にある生産物に特化して生産すると、アルファ国はコーヒー20,000トン、ベータ国はカシュー・ナッツ3,000トンを生産することができる。カシュー・ナッツの両国の総生産は変わらないが、コーヒーは14,000トンから20,000トンに6,000トン増加しているので、両国で消費できる生産物は増加したことがわかる。それぞれの国が貿易を行うことで、安価な財を今までより大量に消費できることから、貿易による利益を享受できる。

REVIEW　16－1　絶対優位、比較優位

用語とポイント

1. 以下の用語を定義しなさい。
絶対優位、比較優位

2. 国際貿易が今日のアメリカにとって極めて重要な理由を説明しなさい。

3. 国際貿易が比較優位に基づいて行われると、世界の生産量が増加する理由を説明しなさい。

クリティカル・シンキング

4. あなたの住んでいる地域で生産されているものは、絶対優位または比較優位のどちらに基づいているか説明しなさい。

経済概念の応用　比較優位

5. 友人と2人で事業を始めるとすると、職務をどう分担するだろう。それは、それぞれの比較優位に基づいたものかどうか説明しなさい。

2. 貿易障壁

国際貿易は、多くの利益をもたらし得るが、アメリカの特定の産業や労働者を窮地に陥れることがあるので、貿易に反発する人もいる。不公正な外国との競争によって職を失ったという声を労働者から聞くのは、希なことではない。したがって、国際貿易を支持している人は多いけれども、それに制限を加えることを強く主張する人もいるのだ。

国際貿易の制限

貿易には過去2つの方法で制限が加えられてきた。1つは**関税(tariffs)**──国内市場での価格を高くするために輸入品に課される税金──である。もう1つは**輸入割当(quotas)**──輸入品の数量を制限すること──である。

関税

政府が課す関税には、保護的関税と収入関税の2つがある。**保護的関税(protective tariff)**は効率性で劣る国内産業を保護する関税である。例えば、アメリカである部品1個を製造するコストが1ドルだとしよう。しかし、まったく同じ部品が外国から送料も含めて35セントで輸入することができるとする。その製品1個につき95セントの関税を課すと、コストは1.30ドルまで上昇する──つまり、アメリカでの製造コストを上まわる。その結果、国内産業は外国産業による低価格での輸出から保護されることになる。

収入関税(revenue tariff)は、政府が税収を上げるための関税である。関税率は、税収を適度に上げることができる一方で、輸入を阻害するほど高いものであってはならない。上述の輸入された部品への関税が40セントであれば、輸入品の価格は75セントで、アメリカ製よりも25セント安い。したがって、この関税は外国の競争相手から国内生産者を保護するというよりは、税収を上げるために課税される。

実際は、どちらの関税も、税収をいくらか上げるとともに、国内産業保護に役立つという面も合わせ持っている。南北戦争前、関税は連邦政府の主要財源であった。南北戦争から1913年にかけて、関税は政府の総収入のおよそ半分を占めていた。1913年になってやっと、連邦所得税法が可決され、政府は実入りが多い新規財源を手にすることとなった。

輸入割当

外国製品があまりに安価だと、高い関税をかけても国内産業を保護できないことがある。こういったケースには、政府は決まって輸入割当を行って外国製品の流入を阻止しようとする。

輸入割当は、関税より、国際貿易への影響が大きくなる可能性がある。輸入割当数量をできる限りゼロに近づけると、輸入品が国内に流入するのを完全に阻止することができる。ある輸入品の供給が制限されると、国内の消費者は欲しい商品を十分に手に入れることができず、国内生産者は価格を高く設定することができる。

例えば、1981年に日本の自動車産業からの低価格攻勢を受けていた、アメリカ国内自動車メーカーについて見てみよう。それら国内自動車メーカーは自社製品の価格を下げるのではなく、レーガン大統領に日本車の輸入数量制限の設定を働きかけた。レーガン政権は日本に自発的に輸出を制限するように要請し、日本メーカーは渋々この要請を受け入れた。その結果、アメリカ人が購入できる自動車の台数は減少し、すべての自動車の価格は輸入割当がなかった場合よりも高くなっていた。

ブッシュ政権では、鉄鋼が輸出国の「自発的」輸出自粛の要請の対象となった。輸入制限によって国内鉄鋼産業の雇用は保護されたが、国民は鉄鋼を高い価格で購入するという犠牲を払わされた。

他の貿易障壁

関税と輸入割当だけが貿易障壁ではない。例えば、輸入食品の多くは、国内食品より厳しい安全性に関する検査を受ける。輸入ライセンスを要求する方法もある。政府のライセンス付与に時間がかかったり、ライセンス料があまりに高かったりすれば、これも貿易障壁となる。

保護貿易主義者を支持する議論

国際貿易は長年議論の的になってきた。**保護貿易主義者(protectionists)**は関税、輸入割当などの貿易障壁を築くべきだと主張し、自由貿易主義者は貿易障壁の削減を支持している。

国防

貿易障壁を支持する重要な理由の1つは、国防に重点を置いたものだ。保護貿易主義者は、貿易障壁がなくなると特化が進み、外国への依存が高くなり過ぎてしまう、と主張する。

外国への依存が進むと、戦時に、食料、原油、武器といった重要な物資の補給を受けられない可能性がある。イスラエルや南アフリカ政府は、このような危機に備えて巨大な武器産業を育成している。戦争が勃発し、他国からの輸入が制限されたときでも、これらの物資の国内供給を確保しておきたいのだ。

自由貿易主義者も、国防が貿易障壁を支持する説得力のある議論であることを認めている。しかし、信頼できる国内供給源を確保できるというメリットは、保護貿易主義により供給量が減少し効率性が低下するという現実と比較考量されなければならない、と彼らは信じている。どの産業が国防という観点から重要であるかを決めるという問題も検討されなければならない。かつて、鉄鋼、自動車、セラミック、エレクトロニクス産業はすべて、我らこそ国防にとって極めて重要な産業だと繰り返し主張していた。

新興産業保護

新興産業保護論(infant industries argument)——新興産業は外国の競争者から保護されるべきだという信念——も貿易障壁を正当化するために利用される。これらの産業が外国のすでに発展した産業と競争するのは、体力をつけ経験を積んでからだ、と保護貿易主義者は主張する。貿易障壁があれば、国内の未成熟な産業が成長するのに必要な時間が得られる。新興産業は、あまりに初期の段階で外国の産業と競争すると、成長できないまま潰れてしまう。

新興産業保護論を喜んで受け入れることができるとすれば、保護策が最終的には撤回され、その産業が他国と競争できるようになる場合だけである。例えば、ラテン・アメリカには自国の新興の自動車産業を保護するために数百パーセントに達する関税を導入する国もあった。この関税によって、これらの国ではアメリカ製中古車の価格が、アメリカ国内の新車価格の2倍を超えることもあった。

国内雇用の保護

第3の論点——最も頻繁に取り上げられる論点でもある——は、関税と輸入割当は、外国の安価な労働力から国内の雇用を保護するためであるというものである。例えば、靴産業の労働者は、イタリア製、スペイン製、ブラジル製の安い靴の輸入に抵抗してきた。衣料品業界の労働者は、韓国、中国、インドからの安価な衣料品の輸入に反対してきた。鉄鋼業に従事する労働者は、外国車に外国製鉄鋼が使われていることに不快感を示すために、外国車を自分達の会社の駐車場には止めさせないようにしてきた。

貿易を制限することがアメリカ人の雇用の保護につながることを証明するのは難しい。長期では、競争が困難な業界は総じて非効率である。これらの業界は、事業から撤退し、資源を他の産業に使えるように開放すべきだ、という意見を支持する人は多い。しかし、短期では、失業などの苦痛が襲ってくる可能性がある。労働者は、解雇されることなく、自分が生まれ育った場所に住み続けたいと願っているものだ。

非効率な産業が保護されると、経済の生産性も生活水準も低下する。価格がいたずらに高いので、保護産業で生産された財を含むあらゆるものの購入が減少する。価格が高くなり過ぎると、代替物が模索されるようになる。

自由貿易主義者は、損益に基づくインセンティブシステムが、アメリカ経済の重要な特徴の1つだと主張している。利益は効率性と勤勉から生まれ、損失は非効率や劣っているものを淘汰する。このシステムによって、アメリカ経済は効率性を保つことができるのだ。

ドルの国外流出防止

貿易障壁の支持者には、輸入制限はドルの国外流出防止につながるという者もいる。しかし、自由貿易主義者は、国外に流出したドルはたいてい国内に還流すると主張する。例えば、日本人は、自動車を販売して得たドルを、アメリカの綿花、大豆、飛行機の購入代金にあてる。日本人がアメリカから生産物を購入すれば、その産業に従事しているアメリカの労働者に利益がもたらされることにもなる。

同じことは、中東からの原油購入の代価として支払ったドルにもあてはまる。原油で潤った外国人が、アメリカ製の原油採掘技術、ケンタッキー州の馬の飼育場やハリウッドの大邸宅を購入すると、ドルはアメリカに還流する。輸入制限を敷いてドルを自国にとどめておくことは、アメリカの輸出産業の雇用にはマイナスに働くのである。

国際収支の改善

次の議論は**国際収支（balance of payments）**――外国への支払いと受取りの差額――である。保護貿易主義者は、輸入制限によって国際収支は改善すると主張する。**貿易赤字（trade deficit）**――国際収支のうち財取引の赤字――は、輸出よりも輸入の方が多いということである。したがって、貿易赤字になると、雇用が失われ、ドルの価値が脅かされる。

しかし、保護貿易主義者が見過ごしているのは、ドルはアメリカに還流し、他の産業の雇用を刺激するということだ。アメリカ経済では、国際収支は赤字でも黒字でも自動的に調整され得る。自由貿易に介入することで、国際収支が改善するということを認めるエコノミストは少ない。

自由貿易への動き

貿易障壁で国内産業と雇用を保護することができるのは、他国が貿易障壁を築かない場合だけだ。すべての国が貿易障壁を設けると、効率的な生産からの恩恵を受けることも、他国から安価な商品や原材料を購入することもできないので、どんな国にとってもよいことがない。

世界大恐慌中の関税

アメリカは1930年、スムート・ホーリー関税法――歴史上最も厳しい関税の1つ――を可決した。アメリカが輸入関税をあまりに高く設定したため、多くの輸入財価格はおよそ70%上昇した。他の国も追随したので、国際貿易がほぼ停止してしまった。

まもなく、多くの国が高率の関税は利益より害の方が大きいということに気づく。その結果、アメリカは1934年に互恵通商協定法を可決し、相手国と合意すれば、関税を最大50%削減できることにした。この法律には、**最恵国条項(most favored nation clause)**――アメリカが第三国と合意した関税削減を協定締結国すべてに適用する条項――も含まれている。

例えば、アメリカと中国が最恵国条項を含む貿易協定を結ぶとする。その後アメリカが、第三国と関税削減に合意すると、中国にもこの関税の削減が適用されることになる。自国製品の価格がアメリカで低下することになるので、この条項は外国にとって極めて重要であった。

第二次世界大戦後の関税

1947年に23ヵ国が、**関税と貿易に関する一般協定(General Agreement on Tariffs and Trade)(GATT)**に調印した。GATTは関税引下げを推し進め、輸入割当を廃止する役割を担った。後に、1962年通商拡大法によって、アメリカ大統領の関税引下げ交渉に関する権限は強化された。この法律によって、1967年から1979年にかけて、関税は大幅に削減され、アメリカは100ヵ国以上と平均的な関税水準の引下げに合意した。

ウルグアイ・ラウンド——1986年に始まり1994年に終わった貿易交渉——の結果、最近では貿易交渉の舞台はGATTから世界貿易機関(World Trade Organization)(WTO)へ移っている。スイスのジュネーブに本部を置く、国際機関であるWTOの目的は、世界貿易を推進することにある。WTOはGATTの貿易協定を監視し、国家

［図16-3］ 北米自由貿易協定

出典：米商務省、Mexican Commerce Secretariat

北米自由貿易協定（NAFTA）は、EUに次ぎ世界で第2の規模の自由貿易圏を形成している。NAFTA導入後、3国間の貿易は年率10%から15%上昇している。NAFTAは北米の財やサービスの市場にどんな影響を与えているか。

間の貿易紛争を解決し、途上国への技術援助や職業訓練の実施を行っている。

多くの国がGATTのもとで関税と輸入割当を減らすことに積極的に取り組んできた結果、国際貿易は拡大している。かつて関税は、多くの輸入財の価格をおよそ2倍にしていたが、今ではわずかしか価格を上昇させない。なかには完全に撤廃された関税もある。その結果、私たちは非常に多様な産業財や消費財を手にすることができる。

NAFTA

ブッシュ政権が提案しクリントン政権が1993年に締結した**北米自由貿易協定(North American Free Trade Agreement)(NAFTA)**は、貿易自由化の試みである。NAFTA発効前、メキシコが輸入するアメリカの財には平均10%の関税が課されていた。同時に、アメリカがメキシコから輸入する財のおよそ半分には税金がかからず、残りの財には平均してわずか4%の関税しかかからなかった。

しかし、例外も存在する。アメリカがメキシコから輸入するホウキに32%の高率の関税がかかることで、イリノイ州南部のほうき製造業者は保護されている。この関税が保護していたのは、ホウキの先を手で木製の柄にとりつける作業をする、せいぜい3,000人の労働者である。NAFTAは15年かけて、メキシコのホウキにかかる関税をゼロにするので、この雇用はいずれ失われることになるだろう。

一般的に自由貿易は好ましいことであるが、痛みを伴わないわけではない。貿易障壁が低くなると失業が発生するので、NAFTAは賛否両論を呼んだ。高賃金のアメリカの雇用はメキシコに奪われるだろうと、NAFTA反対論者は予測した。一方、NAFTA推進論者の予測は、3国間の貿易は劇的に増加し、成長が刺激され、誰にでも多様で安価な財が手に入るようになるというものだった。

より自由な貿易の問題は、費用対効果分析の古典的例である。NAFTAの議論で認識された費用と効果のいくつかは実際に実現し、事前の予測を上まわる結果となった。3国間の貿易はNAFTA発足後、劇的に増加した。結局、より自由な貿易によってNAFTA参加国の国民すべての利益になる比較優位を利用することができた。

REVIEW　16−2　貿易障壁

用語とポイント

1. 以下の用語を定義しなさい。
関税、輸入割当、保護的関税、収入関税、保護貿易主義者、新興産業保護論、国際収支、貿易赤字、最恵国待遇、関税と貿易に関する一般協定（GATT）、北米自由貿易協定（NAFTA）

2. 貿易障壁を3つあげなさい。

3. 保護貿易を支持する根拠を5つあげなさい。

4. 1933年以降、国際貿易を自由化してきた法律を3つあげなさい。

クリティカル・シンキング

5. あなたが、国会議員であるとする。自動車業界の労働者の代表団が、関税と輸入割当による保護を求めてあなたへアプローチしてきたら、どういう対応をとるか。

経済概念の応用　**輸入割当**

6. 財やサービスに輸入割当によって、特定産業の雇用がどう保護されるか説明しなさい。この輸入割当はどう有害か説明しなさい。

3. 外国為替と貿易赤字

国家間の貿易は個人間の交換と似ている。重要な相違点は、それぞれの国は自身の通貨システムを持っていることである。そのため、世界貿易での資金のやり取りは複雑である。

国際貿易と外国為替

次のようなシナリオが，毎日のように地球上で繰り返されている。アメリカの衣料品会社がイギリスの会社からスーツを輸入しようとしている。イギリスの会社はポンドという通貨で事業を行っているので、ポンドで支払いを受け取りたい。したがって、アメリカの会社はドルをイギリス・ポンドに交換しなければならない。

外国為替

国際金融では、外国の通貨は**外国為替(foreign exchange)**とも呼ばれ、**外国為替市場(foreign exchange market)**で売買されている。この市場に参加している銀行は、輸入業者に外貨を供給し、銀行や輸出業者が獲得した外貨を受け入れている。

1ポンドが1.62ドルであるとする。ロンドンのスーツが1,000ポンドであれば、アメリカの輸入業者は銀行で1,620ドルとわずかな手数料を支払って1,000ポンドの小切手を購入する。そして、その小切手でイギリスの商人に代金を支払い、スーツが輸入される。

アメリカの輸出業者は、外貨や外国の銀行宛の小切手を受け取ることがある。その輸出業者が受け取った外貨を銀行に預けると、アメリカの銀行にとってはこれが外貨供給源となる。この外貨は海外から財を輸入したい企業に売却される。その結果、輸入業者も輸出業者も自社に必要な通貨を手にすることになる。

外国為替レート(foreign exchange rate)とは、他国通貨に対する自国通貨の価格である。このレートは1ポンド＝1.61ドルのようにアメリカ・ドル建で表示されることもあれば、1ドル＝0.6194ポンドのように外貨建で表示されることもある。

固定為替相場

過去、主に2種類の為替相場──固定相場と変動相場──が存在していた。1900

年代の大半は、為替相場は**固定為替相場（fixed exchange rates）**──ある通貨の価格が為替レートが変化しないように別の通貨に対して固定されているシステム──によって決まってきた。

世界が金本位制を採用していたとき、それぞれの国は一定量の金に対して自国通貨の価値を定めていた。例えば、1971年以前には、1アメリカドルは1/35オンスの金と、1ポンドは1/12.5オンスの金と等価だった。金に対する価値が固定されると、ある国の通貨の価値は、別の国の通貨でも表すことができた。1ポンドは1ドルの2.8倍の金に裏付けられていたので、1イギリス・ポンドは2.8ドルであった。

金は通貨の比較を可能にする基準であり、為替相場の安定にも役立っていた。例えば、ある国が、マネー・サプライの急速な増加を放置しており、その増加していく通貨が輸入品の購入にあてられていたとしよう。金本位制のもとでは、その国は、輸入相手国から、自国通貨を金と交換するよう要求される。どの国も金を手放したくないので、それぞれの国はマネー・サプライを抑制しようとした。

この慣行は、アメリカの輸入が増加した1950年代から1960年代に、破棄された。この時期に、アメリカは大量の外国の財をドルで購入した。ドルは国際通貨として受け入れられているので、外国は当初、喜んでドルを保有した。ドルは毎年外国への流出を続け、外国がアメリカの輸出品を購入したときに、ほんのわずかな額のドルしかアメリカには還流しなかった。

ドルがアメリカ以外の地域に蓄積されるようになるにつれ、ドルには「金と同じ価値がある」という約束をアメリカが守ることができるかどうか、多くの国が疑念を抱くようになった。結局、フランスなど数ヵ国が、35ドルあたり金1オンスを差し出すよう要求した。

アメリカには、すべての国からドルを金に兌換するよう要求される恐れが生じた。これにはいくつかの解決策が存在した。輸入制限を敷くことも1つだったが、他の国は報復行動に出てアメリカからの輸入に制限を加えただろう。マネー・サプライを制限することも考えられたが、景気後退を引き起こす可能性が高かった。**通貨切下げ（devaluation）**──金に対する通貨の価値を低下させること──も1つの手だったが、他の国も追随し、金に対する各国の通貨の価値を同等以上に低下させるかもしれない。アメリカの政治家の多くが、通貨切下げは失政を認めることになると考えていたので、これに反対した。

その代わり、ニクソン大統領は、1971年8月にドルと金の交換停止を宣言し、この問題に終止符を打った。この行動によって、金の備蓄は確保されたが、ドルと金を交換することを計画していた多くの外国政府からは怒りをかった。

変動為替相場

アメリカが金本位制を放棄すると、世界の為替制度は**変動為替相場(floating or flexible exchange rate)**制に移行した。変動相場制の下で、他国通貨に対する自国通貨の価値を決めるのは需給である。

[図16-4]が変動相場制の仕組みを説明している。例えば、1971年まで、アメリカ・ドルに対するドイツマルク(DM)の価格は25セントで、ドルのDMに対する価格は4DMだった。その後、アメリカはドイツとの貿易で輸入が輸出を上まわっていた。

アメリカの輸入業者は、ドルを売却してDMを購入したので、外国為替相場でドルの供給が増加し、これによってドルの価値は下落した。同時にDMに対する需要は増加し、DMの価値は上昇した。

例えば、1970年代初頭、フォルクスワーゲンの価格は12,000DMだった。アメリカの輸入業者は、1ドル4DMのレートでは3,000ドルでフォルクスワーゲンを購入できた。輸送料などのコストを付加しても、輸入業者は、それを競争力のある価格で販売することができた。しかし、自動車の輸入が増加するにつれて、外国為替相場でのドルの供給とDMへの需要が増加し、ドルの価値は下落していく。

[図16-4]　変動相場制

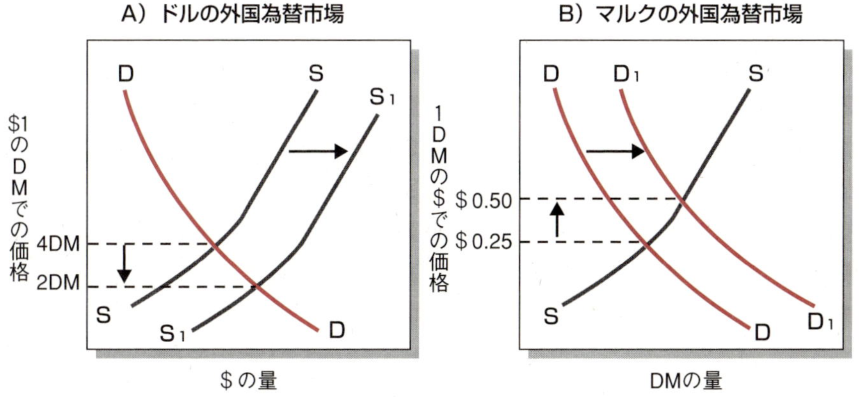

他の生産物の価格と同様に、外国為替の価格も需要と供給で決まる。投資家がある通貨を売却して、別の通貨を購入すると、売却した通貨の価値は下落し、購入した通貨の価値は上昇する。誰が外国為替を売買しているのだろうか。

1ドルが2DMになると、輸入業者のコストは増加した。今では輸入業者は12,000DMに対して6,000ドルを支払わなければならないからだ。価格の上昇によって、その車は以前ほど魅力的な価格ではなくなった。したがって、輸入超過によって、国際収支は赤字になり、ドルの価値は下落し、輸入コストは上昇することになる。

輸入は痛手を受ける一方で、ドルの下落によって輸出は増加する。例えば、1971年以前に、1ブッシェルあたり6ドルでアメリカの大豆を購入したドイツの農家は、1ブッシェルにつき24DMを支払っていた。しかし、ドルの価値が下落したあとでは1ブッシェルあたり12DMを支払えばよくなる。その結果、大豆は安くなり、外国への輸出は増加した。

変動相場制が導入されるとき、為替相場が激しく変動するので、機能しないのではないかと懸念されていた。しかし、変動相場制は、大抵の人が心配したよりうまく機能している。企業は、**外国為替先物(foreign exchange futures)**──先物市場の通貨──を購入して為替レートの変動から身を守ることもできる。つまり、通貨先物を購入することで、企業は現在合意した価格で、30日後、90日後、180日後に決済する通貨を購入することができるのだ。より重要なのは、変動相場制への移行は、多くの人の懸念をよそに、国際貿易の発展を妨げることにはならなかったことである。変動相場制のもとで、多くの国が今まで以上に貿易を増加させている。

貿易赤字

アメリカは貿易赤字を抱えている。これにはどういう意味があり、経済にどんな影響を与えるのだろうか。

貿易赤字の問題

巨額の貿易赤字が長期間継続すると、外国為替市場ではその国の通貨の価値を減少させる。通貨が下落すると、その国の産業の生産量と雇用に連鎖反応を引き起こす。例えば、1980年代半ば、アメリカの国際収支の巨額赤字によって、外国為替市場にドルが氾濫した。[図16-4]に示されているように、ドルの供給の増加はドルの下落につながる。

ドルが下落するにつれ、アメリカが輸入する商品の値段は上がるが、外国はアメリカからの輸出品を安く購入することができるようになる。輸入が落ち込み輸出が増加すると、輸入産業では失業が発生する。しかし、しばらくすると、ドルが再び上昇し、反対のことが起こる。経済はドルの価値の変化に合わせて、ゆっくりとではあるが着実に調整している。

輸出産業と輸入産業との間に結果として起こる雇用のシフトは、貿易赤字が抱える最大の問題の1つである。例えば、自動車産業では、日本車の価格はデトロイトで製造されているアメリカ車の価格よりも安かったため、国内自動車産業で働く労働者とディーラーに深刻な失業を生んだ。しかし、1990年代の前半、日本円がドルに対して上昇すると、日本車の価格は上昇し、アメリカ国産自動車の魅力が高まり、国内自動車産業の雇用はいくらか回復した。消費者が外国製よりアメリカ製の自動車を需要するようになると、外国車の輸入が作り出した雇用は減少した。

ドルの国際的な価値

1971年に変動相場制に移行してから、FRBは実効為替レート(trade-weighted value of the dollar)と呼ばれる統計を公表している。この指標は、ある外貨の組み合わせに対するドルの強さを示している。この指標の上昇、下落は、そのままドルの他通貨に対する価値の増減と一致している。

[図16-5]は、1973年から1998年までに、ドルの実効為替レートがどんな推移をたどったかを示している。ドルの価値が1985年に頂点に達したとき、外国か

[図16-5] ドルの実効為替レート

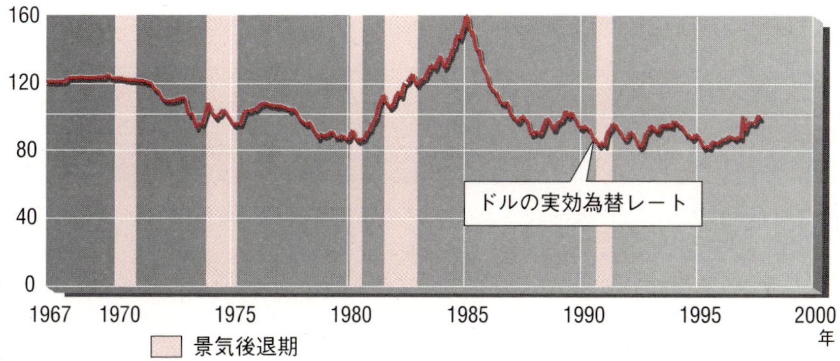

1973年3月を100とする。

出所：アメリカ商務省経済分析局「The Economic Bulletin Board」

ドルの価値が上昇すると、アメリカの輸出は減少し、輸入が増加する。その結果、国際収支の不均衡が問題になる。ドルの価値が下落すると、輸入品が高価になり、国際収支は改善する傾向がある。ドルの価値を左右しているものは何か。

らの輸入財は安くなり、アメリカからの輸出品は高くなった。その結果、輸入が増加し、輸出は落ち込み、アメリカは1986年から1987年に記録的な貿易赤字を記録した。

赤字が続くと、ドルの価値は下落し、輸入価格は上昇し、輸出品の価格は低下する。1991年に国際収支の赤字は、40億ドルをわずかに下まわるところまで減少した。貿易赤字は、ドルの価値が変化するにつれて、増減するだろう。

貿易赤字を改善する

変動相場制のもとでは、貿易赤字は価格システムを通じて自動的に調整される。例えば、強い通貨は、国際収支の赤字につながるだろう。国際収支赤字は、その規模が大きく、長期間継続するほど、通貨価値の減少につながる可能性が高まる。このプロセス全体にかかる時間は一定ではないので、貿易収支がいつ改善されるかを正確に予測することはできない。

貿易赤字は輸入制限、関税などの手段で改善することもある。しかし、議会がこういった手段に訴えても、脅威にさらされている産業は一時的な救済しか得られないことは、多くのエコノミストが認めている。貿易を規制しようという過去の試みはたいてい失敗に終わってきた。したがって、国が変化に対応するのは、一度にすべてではなく、ゆっくりとというのがよいと信じている人が多い。

ある国の国際収支は、一時的に赤字や黒字になる傾向がある。ドルが1985年に上昇したとき、輸出産業での失業が懸念された。1991年にドルが下落したときには、輸入産業での失業が懸念された。ある国の国際収支の赤字と黒字が自律調整できる限りは、アメリカを含めたどんな国も、国際収支を改善するためだけに経済政策を立案する必要はない。

REVIEW　16－3　外国為替と貿易赤字

用語とポイント

1. 以下の用語を定義しなさい。
外国為替、外国為替市場、外国為替レート、固定為替相場、通貨切下げ、変動為替相場、外国為替先物、実効為替レート

2. 外国為替レートはどのようにして決まるか。

3. 貿易赤字はどのようなメカニズムで修正されるか。

クリティカル・シンキング

4. 外国為替レートは国際貿易にどのような影響を与えるか。

経済概念の応用　外国為替

5. アメリカ・ドルの上昇と下落は消費者としてのあなたにどんな影響をおよぼすか。

コラム　変動為替相場（ドル／円）

本文にあるように、ドルと金の交換制が停止された1971年のニクソンショックまでは、ドル／円相場は1ドル＝360円の固定相場制でした。その後、一時的に1ドル＝308円の時期を経て、73年から変動相場制に移行しました。

変動相場制になってからは、大きな流れとしては円高の歴史と言っていいでしょう。もともと固定レートが円安水準であったことから、1975年12月から78年10月まで円高が続きます。

78年10月には176円を記録します。その後は第二次オイルショックやレーガン米大統領の強いドル政策などにより、85年9月のプラザ合意まではやや円安傾向が続きました。プラザ合意というのは、先進5ヵ国蔵相・中央銀行総裁会議（G5、当時）でドル高是正に合意したことです。303ページのドルの実効為替レートを見てわかるように当時のドルは高く評価されていたため、アメリカの貿易赤字等が問題になっており、為替相場水準を変更することによって問題を解決しようとしたのです。そのプラザ合意後2年強で1ドル＝250円台から120円台にまで円高が進みました。

しばらく120円～150円程度で推移していましたが、1993年頃から再び貿易不均衡（日本の黒字・アメリカの赤字）に注目が集まり、円高が進行、隣国メキシコの経済危機によるドルへの信認低下も加わり、95年4月には円の戦後最高値となる1ドル＝79円台を記録しました。通貨当局の円高是正策等によりドル／円相場は反転、アジア通貨危機もあり98年には147円に下落しました。2005年現在では1ドル＝110円前後で推移しています。95年の戦後最高値の頃に比べると円安ですが、固定相場時代の1ドル＝360円に比べると約3倍も円高水準にあることになります。

ドル／円為替相場

出所：日本銀行

参考文献
三宅輝幸「外国為替がわかる事典」日本実業出版社　1998年
UBS銀行東京支店外国為替部編著「プロ投資家のための外国為替取引」日経BP社　2004年

第17章 発展途上国

Developing Countries

1. 経済発展

発展途上国(developing countries)──1人あたりのGDPが先進工業国のそれと比べてほんのわずかしかない国──の経済状態に関心を示す人は多い。途上国の多くは、アフリカ、アジア、ラテンアメリカに位置している。

経済発展に対する関心

国際社会の発展途上国への関心には、人道的なものはもちろん、経済的、政治的なものもある。発展途上国の経済は、多くの点で先進国の経済と似ている。重要な相違点は問題の深刻さにある。

発展途上国に対する関心

第1は人道的関心である。先進工業国は、自分達より貧しい人達を援助する道義的責任があると信じていることが多い。途上国では、飢えで亡くなる人が多い。こういう状況で、豊かさを享受している先進国が、援助の手を差し伸べないわけにはいかない。

第2は経済的関心である。途上国に対する援助は、工業国が一定の原材料の安定供給を確保するのに役立つ。同時に、途上国は工業国の製品を販売する市場も提供している。途上国は、アメリカの輸出品のおよそ1/3を購入している。これは、EU、日本、オーストラリアへの輸出額合計を超える。途上国への援助は、長期的に国際貿易を増加させる。

第3は政治的関心である。共産主義体制の崩壊が進んでいるにもかかわらず、途上国ではさまざまな共産主義的イデオロギーを持った集団が、それに忠実な闘争を続けている。イデオロギー集団が互いに同盟を組み、政治力を強化するために、先進国に立ち向かっている。

先進国と途上国の不均衡は昔から存在していたが、決して今日ほど明白で重大なことはなかった。所得格差の拡大が世界のさまざまな地域の社会不安をあおっている。途上国は、先進国の豊かさのいくらかでも手に入れたいと願っている。途上国の人が望んでいるものをできるだけ速やかに手にすることができなければ、革命、社会の激動、そして究極には戦争が起こることになるだろう。

一人あたりの所得

今日12億を超える人が、1日1ドル以下の所得で生活している。[図17-1]によると、これらの人の大半はアフリカとアジアに居住している。この地図は工業国と途上国の所得を対比しており、他国と対比したGNPの規模を示すために、それに比例してそれぞれの国の大きさが描かれている。したがって、世界最大のGNPを誇るアメリカは、図では最大のスペースを占めている。GNPが少ない国は、それに応じた比率で示されている。

この地図では、1人あたりのGNPが同程度の国をわかりやすく示すために色を塗り分けている。この色分けに注目して眺めてみると、北アメリカ、西ヨーロッパ、日本の先進国と南アメリカ、カリブ諸国、アフリカ、アジアの途上国との間にはっきりとしたコントラストがあることがわかる。先進国と途上国には著しい不均衡が存在する。過去数年、途上国の多くがマイナス成長を経験してきたため、この不均衡は一層拡大している。

先進国と途上国の格差が拡大しているもう1つの理由は、多くの途上国の総生産量が比較的小さいことだ。ベトナムのような発展途上国が10%成長しても、1人あたりのGNPの増加はわずか24ドルに過ぎない。これに対して、アメリカの経済成長率が1%ならば、1人あたりのGNPには300ドルを超える額が加算される。

経済発展への障害

途上国の窮状を救う可能性のある解決策を検討する前に、我々はそれらに共通するいくつかの問題をつぶさに検討する必要がある。

人口

経済発展の障害の1つは、人口増加である。途上国の人口は、先進国より増加率が高いことが多い。増加の理由は**粗出生率(crude birthrate)**——人口1,000人あ

コラム　1人あたりGDP

日本より高い国はあるでしょうか。最近注目されている中国やインドはどれくらいの水準でしょうか。

1人あたりGDP（米ドル）

国（地域）	2000	2001	2002	2003
ルクセンブルク	44,600	44,743	46,845	58,440
ノルウェー	37,339	37,803	42,275	48,754
スイス	34,347	34,942	38,281	44,584
デンマーク	29,743	29,823	32,215	39,599
アイルランド	24,858	26,691	30,806	38,416
アメリカ合衆国	34,446	35,164	36,033	37,424
アイスランド	30,070	27,258	29,285	36,252
スウェーデン	27,039	24,765	27,179	33,965
日本	37,409	32,745	31,264	33,727
イギリス	24,555	24,317	26,538	30,341
フランス	22,088	22,175	24,031	29,249
ドイツ	22,731	22,534	24,100	29,136
カナダ	23,537	23,051	23,536	27,512
オーストラリア	19,774	18,528	20,438	25,731
イタリア	18,678	18,957	20,636	25,571
香港	24,276	23,600	22,907	22,223
シンガポール	23,038	20,974	21,118	21,492
台湾	13,184	12,159	12,494	12,858
韓国	10,924	10,223	11,531	12,691
ハンガリー	4,663	5,199	6,544	8,381
マレーシア	3,920	3,745	3,960	4,224
ロシア	1,784	2,116	2,399	3,022
ブラジル	3,503	2,921	2,614	2,759
タイ	2,012	1,873	2,034	2,278
中国	846	915	981	1,083
インド	457	468	484	559
ベトナム	399	413	437	480

出所：総務省

［図17-1］ GNPと1人あたりのGNP

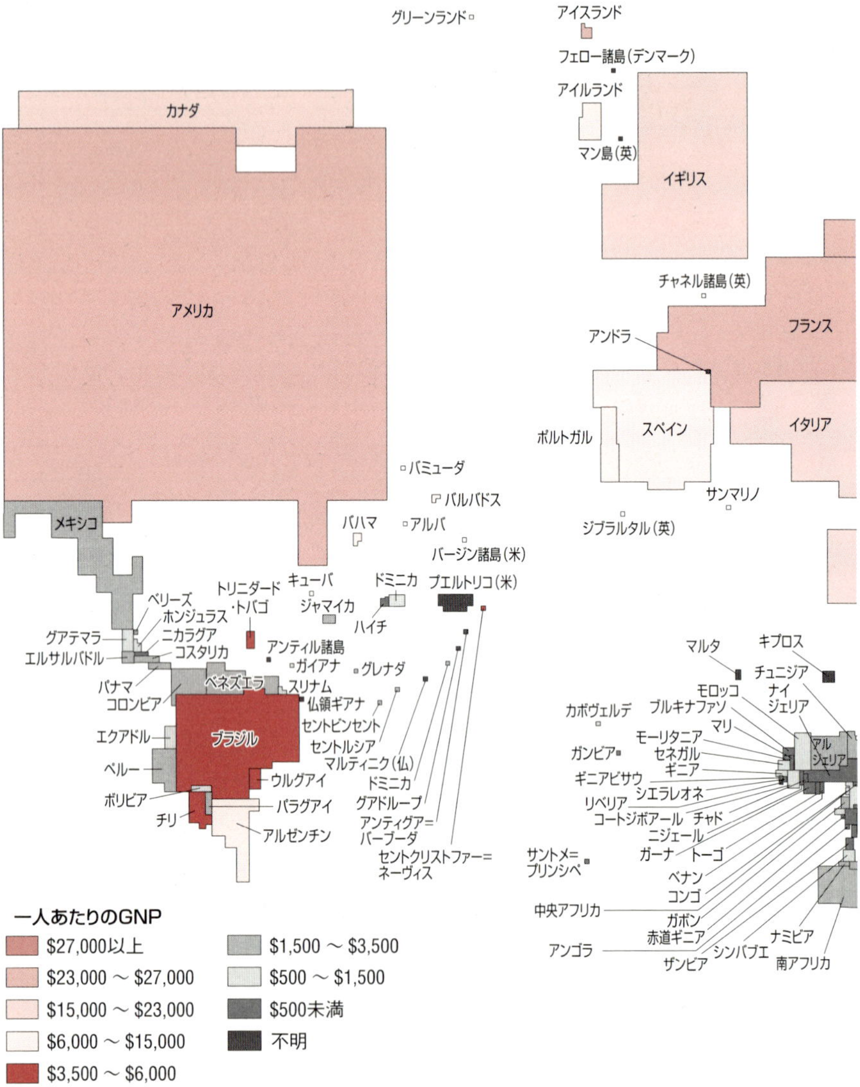

国の面積がGNPに比例しているとすれば、世界地図はこうなる。GNPが1人あたりで計算されると、国家の生産性を別の角度から見ることができる。アメリカより1人あたりのGNPが多い国があるだろうか。

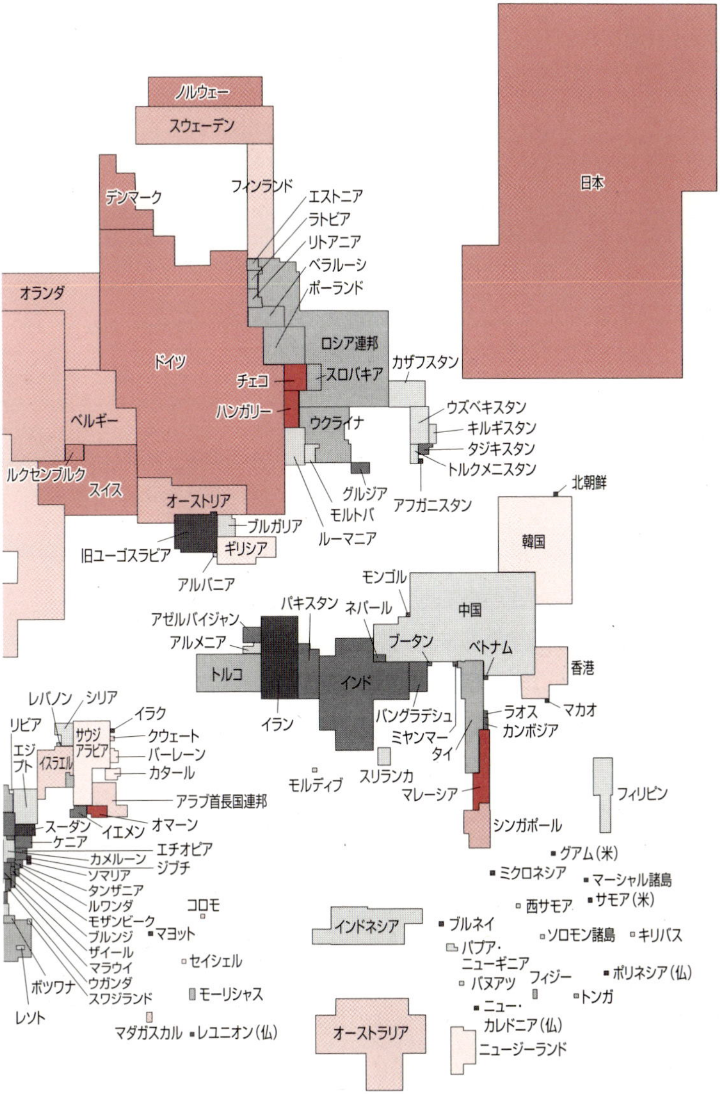
日本
ノルウェー
スウェーデン
フィンランド
デンマーク
エストニア
ラトビア
リトアニア
ベラルーシ
ポーランド
オランダ
ドイツ
ロシア連邦
チェコ
スロバキア
カザフスタン
ハンガリー
ウクライナ
ウズベキスタン
キルギスタン
タジキスタン
トルクメニスタン
ベルギー
ルクセンブルク
スイス
オーストリア
グルジア
モルドバ
アフガニスタン
北朝鮮
ブルガリア
ルーマニア
旧ユーゴスラビア
ギリシア
アルバニア
韓国
モンゴル
中国
パキスタン
ネパール
アゼルバイジャン
アルメニア
ブータン
ベトナム
トルコ
インド
香港
イラン
バングラデシュ
マカオ
レバノン
シリア
イラク
リビア
サウジアラビア
クウェート
エジプト
イスラエル
バーレーン
カタール
ラオス
カンボジア
ミャンマー
タイ
スリランカ
モルディブ
マレーシア
フィリピン
アラブ首長国連邦
オマーン
スーダン
イエメン
シンガポール
ケニア
エチオピア
カメルーン
ジブチ
ソマリア
タンザニア
ルワンダ
モザンビーク
ブルンジ
ザイール
マラウイ
ウガンダ
スワジランド
ボツワナ
レソト
コロモ
マヨット
セイシェル
モーリシャス
マダガスカル
レユニオン（仏）
グアム（米）
ミクロネシア
マーシャル諸島
西サモア
サモア（米）
インドネシア
ブルネイ
ソロモン諸島
キリバス
パプア・ニューギニア
バヌアツ
フィジー
ポリネシア（仏）
トンガ
ニュー・カレドニア（仏）
オーストラリア
ニュージーランド

［図17-2］ 世界の出生率

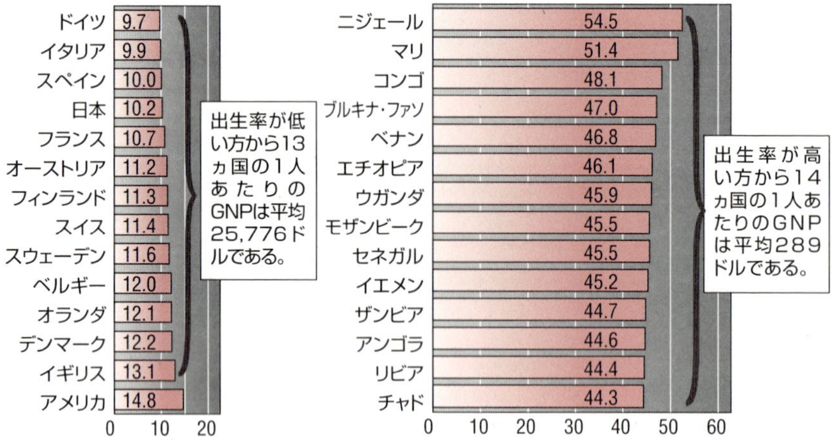

出所：Statistical Abstract of the United States, 1996, World Bank Atlas, 1996

先進国と発展途上国の粗出生率の違いには目を見張るものがある。出生率の高さは経済成長の阻害要因であり、1人あたりのGNPを低下させる要因でもある。粗出生率とはなにか。

たりの出生者数――が高いことである。［図17-2］は、出生率が高い国は発展途上国に多く、出生率が低い国は先進国に多いということを示している。

途上国の中には、人口が多すぎて、それを支える肥沃な土地などの資源が十分に存在しない国もある。途上国の多くが農業に過度に依存しているので、問題はさらに深刻になる。子供が増えることは労働力が増加することと同じなので、途上国の人々は子供を多く産もうとうするインセンティブを持ってしまう。農場のほとんどが家族で経営されているので、子供も幼い頃からそこで働くことができる。さらに、子供が多ければ、両親は自分達が年を取ってから誰かに面倒をみさせることもできる。

途上国では、平均余命――ある年齢に達した人が平均的に生存する年数――が伸びているという事情もある。教育水準の向上、国際援助、医療施設の充実によって、途上国の人々は以前より長生きするようになった。粗出生率上昇と平均余命伸長によって、1人あたりのGNPが増加しにくくなっている。

最後は、何が適切な人口成長率かということについて意見が一致しないことだ。地球はすでに十分な人口がいるのだから、社会は**人口のゼロ成長（zero population growth）**――平均の出生者数と死亡者数が均衡し、人口が増加しない状態――を目指すべきだと感じている人もいる。一方、人口増加は自然な出来事なので、それを抑制しようとする試みは、道徳上も宗教上も誤りであると感じている人もいる。

天然資源

経済成長の次の障害は、天然資源の有限性である。どんな国でも、天然資源が手に入る以上に成長することはできない。非生産的な土地、厳しい気候は経済成長を抑制する。工業化に必要な天然資源やエネルギー資源の不足や欠如も、成長を阻害する。発展に必要な資金を集めることができる貴重な鉱物を発見できる幸運な国もあるが、ほとんどの国では農業が中心になる。

世界銀行のような国際機関は、農業プロジェクトに資金を提供している。最近、世界銀行は、東アフリカの砂漠のバッタを駆除するプロジェクトに着手した。タンザニアとガーナでは綿花、球根、カシュー・ナッツ、タバコ、茶などの農産物を育てるプロジェクトを開始し、ナイジェリア北部では雑穀とモロコシの生産量を増加させるプロジェクトもスタートさせている。

教育と技術

次は、適切な教育と技術の不足である。途上国の多くは、工業社会を築くのに必要な高い識字能力も高水準の技術もない。しかも、そのほとんどの国では、技術者や科学者を訓練するお金もない。

発展途上国の多くは、学齢期の子供に無償の公教育を提供する余裕さえない。それができる場合でも、誰もが公教育を受けられるわけではない。子供も家族を支えるために働かなければならないからだ。したがって、人口の大部分は、機会が与えられたときに工業化に必要な高等教育を受けることができるような基礎的な学力を習得していない。

対外債務

今日途上国が直面している主要問題は、**対外債務(external debt)**――外国銀行や外国政府からの借入金――の大きさである。なかには返済できないほどの借入れを行っている国がある。

発展途上国の対外債務は現在、合計1兆ドルを超えていると推定されている。1990年代には、メキシコとブラジルはそれぞれ1,000億ドルの債務を国外の投資家、主にアメリカの投資家に負っていた。これは、メキシコのGNPのおよそ2/3、ブラジルのGNPの40%程度に匹敵した。

コラム　外貨準備

日本の外貨準備は2003年、04年と大きく増加しました。これは急激な円高によって景気が腰折れするのを防ぐため、通貨当局が大量の円売りドル買い介入を行ったためです。円高になると自動車や電機といった輸出企業の業績が悪化します。それらの企業は設備投資金額や部品等の仕入れ先が多く、他の国内産業にも影響を与えます。また、雇用や賞与・給与が減ることで景気に悪影響を与えます。そこでドル／円相場が円高に振れないよう円売りドル買い介入を行ったのです。

ドル買い介入によって手に入れたドルは外貨準備としてカウントされます。通常は米国債等で運用されますが、外貨建てですのでやはり外貨準備になります。2004年4月以降は介入を行っていません（2005年6月現在）ので、外貨準備は横ばい傾向となっています。

近年、中国の外貨準備も増加していますが、こちらもドル買い介入を行っているためです。中国は1997年以降、事実上固定相場制といってよい状態にあります。中国の貿易収支は黒字であり、変動相場制であれば通常、元高ドル安になります。しかし、中国通貨当局が固定相場制を維持するために元売りドル買い介入を行い、為替レートを一定に保っているのです。2005年7月に元を約2%切り上げましたが、ほぼ固定相場制であるという状況は変わっていません。

外貨準備高

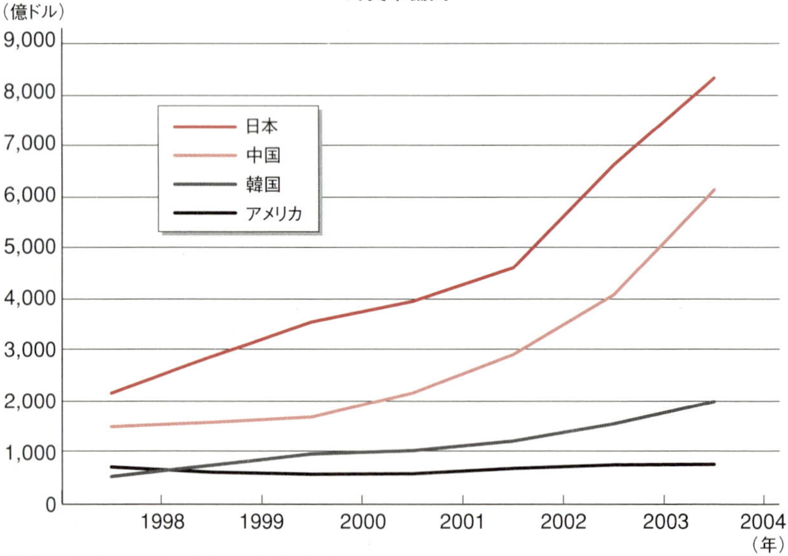

出所：IMF　International Financial Statistics

債務が大きくなると、金利を支払うのさえ困難になる。その結果、債務不履行――債務の返済ができないこと――に陥るのではないかと噂される国もある。しかし、こんなことは起こらないだろうと思っている人は多い。

国家が債務不履行に近づくと、借り手と貸し手は返済スケジュールを見直そうとする。債務危機を解決する独創的な方法を見出した債権者もいる。例えば、フィリピンは最近バンク・オブ・アメリカへの債務の大半を返済することができなかったが、バンク・オブ・アメリカは、債務の返済を受ける代わりに、フィリピン銀行の40%の所有権を獲得した。

資本逃避

次の問題は資本逃避(capital flight)――ある国の通貨や外貨を合法・非合法に国外へ持ち出すこと――である。資本逃避が起こると、企業や政府は資金不足に直面し、対外債務に対する利子の支払いができなくなる。少なくとも、国内資本投資に利用できる資金も制限される。

資本逃避は、腐敗した政治家が資金を国外にこっそり持ち出し、海外に蓄積したときに起こっていることが多い。フェルディナンド・マルコスは1965年にフィリピンの大統領に就任した。海外企業はフィリピンに大金を注ぎ込んだが、ほとんどのフィリピン人は貧困のうちに暮らしていた。マルコスは国家から少なくとも5億ドルを着服し、その資金をスイスの銀行の個人口座に蓄財していた。

資本逃避はまた、債務国の国民が自国の政府にもその経済の将来性にも信頼を置いていないときに起こる。このような場合、企業のオーナーは、利益を海外に預金し、資金が国内から流出してしまう。

政府

政府も、経済成長の阻害要因となる。政府がよく変わる国も、経済発展に困難を伴う。頻繁に政府が変わると、長期的なビジョンを持った政策は実行できない。暴力革命によって政治的変化が生じ、産業設備が破壊されると、経済発展は一層困難になる。

政府が誠実でなければ、経済発展は遅れる。腐敗した政治家は、いくつかの方法で経済に被害を与える。1つの方法は、国家の貯蓄を外国銀行の個人の口座に入れること。もう1つは国の資金を個人のために贅沢に使うことである。

どちらの場合にも、国民は、自分達の生活は変わらないのに、労働の成果がむやみに支出され、誰かの懐を温めているのを知っている。これが国民に希望を失わせ、貯蓄や投資のインセンティブを減退させる。

REVIEW　17−1　経済発展

用語とポイント

1. 以下の用語を定義しなさい。
   発展途上国、粗出生率、人口のゼロ成長、対外債務、資本逃避
2. 発展途上国への関心を3つあげ説明しなさい。
3. 経済発展の障害となる要因を6つあげなさい。

クリティカル・シンキング

4. 発展途上国で経済発展に責任を負っているとする。まず解決に取りかかる問題を2つあげ、その理由を述べなさい。

経済概念の応用　平均余命

5. 発展途上国では、平均余命の伸長に複雑な考え方を持つ理由を説明しなさい。

2. 開発の枠組み

経済発展はきわめて困難な課題である。多くのアプローチが提案され、実行されたが、成功の程度はさまざまだ。以下は、一国の原始経済から産業経済への発展過程の概要を示している。

経済発展の段階

途上国は通常いくつかの段階を経て経済発展を遂げる、と考えるエコノミストがいる。一方、経済の発展過程は国によって異なる、と主張する者もいる。例えば、ある段階から次の段階へ、当然のように進んでいくわけではない。ある段階を完全に飛び越してしまうこともあれば、同時に複数の段階にいることもあるだろう。経済発展を段階に分けて考えることは有用であるが、それぞれの段階の境界線は必ずしもはっきりしているわけではない。

原始的均衡

経済発展の第1段階は、**原始的均衡(primitive equilibrium)**である。社会には正規の経済機構がまったくないという意味で「原始的」である。これには、狩りの獲物を村の他の家族と均等に分けていた、19世紀のイヌイット族の例がある。

原始的均衡に生きる人々——国——は通貨制度を持たず、経済的な動機を持たないことが多い。どんな資本投資も実行されない。何の変化も起こらないので、社会は均衡状態にある。慣習は世代から世代に伝えられ、文化と伝統が経済的意思決定を方向づけている。

原始的均衡からの移行

経済発展の第2段階は、移行段階である。この段階は、原始的均衡を離れることと、経済的・文化的変化へ向かっていくことからなる。この移行は一時的で突然なものかもしれないし、何年もかかるかもしれない。

一般に、この変化は、今までにない魅力ある生活様式を示す外部の力によって起こされる。外部の力には宣教師や旅行者はもちろん、戦争、旅行、他国との事業などさまざまなものがある。

国はこの移行過程で発展することはないが、古い慣習が崩壊し始める。人々は伝統に疑問を抱き、新たな生活様式のよさに気づき始める。社会的不安がこの段階にはつきまとう。

離陸

発展の第3段階──離陸（takeoff）──には、原始的均衡の障害を乗り越えたときにやっと到達できる。離陸段階にある国は、以前より成長力が高まっている。しかし、その国は成熟に達するとか、経済的能力を最大限に発揮するという段階からはほど遠い。

経済発展がこの段階に達する理由は、いくつかある。1つは、慣習を捨て、ものごとを行う新しく効率のよい方法を探し始めたことである。次の理由は、外部者が持ち込んだ新しい方法を模倣し始めたことにある。さらに、先進国が経済的、教育的、軍事的支援を提供していることもある。

離陸段階にある国では、国民が受け取った所得から貯蓄と投資を増加させ始める。新興産業が急速に発展し、利益はそれに再投資される。産業は新たな生産技術を利用し、農業生産性は大きく改善する。国はまだ高度に発展したわけではないが、経済的停滞から脱しつつある。

成長段階

第4段階は成長段階である。この段階では、一国の経済の構造が変化している。国民所得の増加は人口の成長より早く、1人あたりの所得は増加する。同時に、その国のコア産業が形成される。国は資本投資を大量に行い、技術が進歩する。

工業が発展するにつれて、交通、通信、医療や法律などのサービス業が発展する。国家は国際経済でも存在感を現し始める。かつては他国から買っていた財を製造し始める。まもなく、成長段階の国は最終製品を輸出し始める。

成熟段階

発展の最終段階は成熟段階だ。この段階では、衣食住は十分に満たされている。多くの人の基礎的ニーズも欲求も満たされている。国民の関心は、サービスや洗濯機、冷蔵庫、TVといった消費財に向けられる。

その国家は工業生産をもはや重視していない。その代わり、サービスを増加させ公共財の提供を増加させている。成熟したサービスと製造部門は、高度に成長した経済の証拠である。

先進国に対する優先事項

世界銀行(World Bank)としても知られている国際復興開発銀行(International Bank for Reconstruction and Development)は、先進国から途上国に資金を供給するために設立された機関である。発展途上国との少なからぬ経験に基づいて、世界銀行は先進国に対して途上国政策のアドバイスをまとめている。

貿易障壁の削減

まず、貿易障壁、特に非関税障壁は削減あるいは除去される必要がある。アメリカは、障壁を低くすることでアルゼンチンからの牛肉の輸入を増加させた。世界銀行の推計によれば、貿易障壁を減らすと、途上国は輸出によって年間500億ドルもの利益を手にすることができる。

マクロ経済政策改革

第2に、先進国は財政赤字削減、物価安定、金利低下、外国為替相場の安定というマクロ経済政策を実行して、世界経済の発展に大いに貢献しなければならない。先進国が成長すると、国際貿易の増加によって途上国は利益を得る。

経済援助増額

先進国は、途上国に対して資金供給を増額する必要がある。この資金供給は、直接援助になることも世界銀行やIMFといった国際機関を通じた間接援助になることもある。ちなみに、IMFも途上国と連携している国際機関である。

アメリカの海外援助は今まで、政治的目標を達成するために実施されてきた。アメリカの海外援助の1/2から2/3は、軍事物資と軍事訓練に支給されてきた。間接軍事支援の多くは、イスラエルとエジプトに向けられている。

政策改革支援

先進国は、途上国がより自由で効率性の高い市場経済を発展させようとしているときには、その内政改革を支援する必要がある。特に、共通の経済的基盤に基づいた取引は、先進国と途上国の事業環境を向上させることになる。

発展途上国に対する優先事項

世界銀行は、途上国に対しても政策のアドバイスをまとめている。途上国には自国の経済発展と将来を自ら方向づける責任がある。

人材への投資

途上国政府は、教育、家族計画、栄養状態改善、基礎的医療への投資を増加させる必要がある。あらゆる国の富は人間の力と活力から生じている。

自由経済へ環境を改善する

市場の自由な発展を阻害する価格統制、補助金等の規制は撤廃されるべきである。世界銀行は、自由市場によって──政治家によってではなく──何を、どのように、誰のためにという資源配分決定を行うべきだと提言している。

国際貿易へ経済を開放する

多くの発展途上国には、輸入割当てや関税などの貿易障壁がある。これらの障壁は、国内の雇用と新興産業を保護するために利用される。しかし同時に、貿易障壁は非効率な産業を保護し、国の生活水準を低下させる原因になっている。世界に市場を開放している国は比較優位から利益を享受し、結局は競争力のある輸出品を育てている。

マクロ経済政策の見直し

先進国同様に、途上国はインフレを抑制し、借入れと赤字を削減する政策を採用する必要がある。その政策は、経済が自ら成長を維持できるように、利益という市場インセンティブが働くようにしなければならない。

REVIEW　17－2　開発の枠組み

用語とポイント

1. 以下の用語を定義しなさい。
原始的均衡、離陸、世界銀行

2. 経済発展の段階をあげなさい。

3. 世界銀行の先進国に対する優先事項を説明しなさい。

4. 世界銀行の途上国に対する優先事項を説明しなさい。

クリティカル・シンキング

5. 国際復興開発銀行が第2次世界大戦終戦の頃設立された。当初の設立意図は何だったか。

経済概念の応用　原始的均衡

6. ある社会が原始的均衡段階にあり、その内側から経済発展が始まる要素が何もないとしよう。変化のきっかけとなりうる出来事をあげなさい。

3. 経済発展のための資金調達

発展途上国が産業に比較優位を確立しようとすれば、資本が必要になる。例えば、農場に灌漑を行い、採掘場に重機を導入するのに、資本が必要である。資本がなければ、途上国は輸出のために商品を港に運ぶ道路や高速道路を建設することができない。

この金融資本には一般に3つの資金源がある。それは、国内で生み出されるか、国際機関からの借入れや供与か、地域協力からの供与である。

国内資金での発展

資金源の1つは国内資金である。国内資金や国内貯蓄を生み出すために、経済は消費する以上に生産しなければならない。

市場経済を通じた貯蓄

発展途上国が市場経済モデルを採用していれば、貯蓄のインセンティブは利潤である。起業家は最も利益が上がりそうな事業機会を自由に追求する。例えば、銀行は、需要と供給で決まった金利を支払う。資金需要が旺盛ならば、金利が上昇するので貯蓄が促される。そして、この貯蓄が金融資本を生み出す。

このモデルで発展した経済が香港であり、1997年の中国への返還前は世界で最も自由な市場の1つだった。政府の介入はほとんど存在せず、人々は望んだ経済活動を自由に実行することができた。1997年、香港の1人あたりのGDPはアメリカのおよそ85%の水準で、中国の37倍を超えていた。

途上国の多くは資金不足で、基礎的消費を満たすだけの生産が行えないことが多い。貯蓄が蓄積されるには時間がかかるが、国内の貯蓄で実際に発展した国もいくつかある。

指令経済における貯蓄

キューバ、ドミニカ、エルサルバドル、ウガンダといった発展途上国は、指令経済を採用してきた。それぞれのケースで、独裁者は強制的に貯蓄を行わせようとした。しかし、これらの政府は、個々の市民は貧しいので貯蓄を行うインセンティブを持っていないという。したがって、政府が自ら資源を結集しなければならない。

政府は経済発展に必要だと判断した農地開拓、道路建設などのプロジェクトで、多くの労働者を強制的に働かせた。中国政府はかつて、農業生産物を増産するために都市労働者や工場労働者を農場で働かせた。

指令経済は資源を結集させることができるが、必ずしも経済発展を促すためにそれを利用できていないことが、歴史によって示されている。資源は政治的理由で動員されることが多い。さらに、ほとんどすべての人が強制動員された状態では、国民に長期の労働意欲を持たせることはできない。資源が不適切に動員されているときには、個人的、経済的、政治的自由に対する犠牲は大部分の人が払ってもよいというレベルを超えている。

外国資金での発展

途上国がどんな政治制度を採用していようと、国内資金だけで経済を発展させることは決して容易ではない。したがって、発展途上国の中には外国から資金を調達しようとする国も現れる。これには3つの方法がある。

民間投資の呼び込み

ある国が海外から資金を得る方法の1つは、自国の天然資源に関心を抱く海外の民間投資家の資金を呼び込むことである。これは、豊富な石油をもつ中東、豊富な銅をもつチリ、豊富なマホガニー材やチーク材をもつアジアで、行われた。

鉱物資源が豊富な国は、自国に工場を建設する外国の企業や投資家に、独占採掘権と税制上の特権を与える。こういった国では賃金の低い労働力も提供することができるので、投資の魅力を一層高めることもできる。

海外からの投資には、投資家と投資受入れ国の双方に利益がなければならない。途上国が望んでいるのは、発展を促すプロジェクトであって、希少な資源を搾取するだけのプロジェクトではない。一方、投資家は投資に対する十分なリターンを望んでいる。アメリカ企業の多くは、イランでの原油設備、チリでの銅山、キューバの農場が接収され、何十億ドルもの資産が失われたことを忘れてはいない。発展途上国が政治的に安定しているという確信が持てなければ、投資家は決してリスクを取らないだろう。

途上国が**接収（expropriation）**——対価の支払いなく外国の資産を奪うこと——を実行すると、途上国すべてが、先進国の投資を引きつけるのが困難になる。

先進国からの援助

海外の資金を獲得する別の方法には、外国政府からの資金供与や借入れがある。アメリカ、カナダなどの西欧先進諸国は、発展途上国に資金援助を行っている。

旧ソ連圏も、発展途上国に経済的支援を行っていた。その支援の半分以上は、キューバ、エチオピア、アフガニスタン、イラクに対して行われていた。他の国の支援と同様に、これは経済的目的というよりは、政治的目的を助長することを主眼とした援助であった。

OPECのメンバー国――石油輸出国機構のメンバー――も経済援助を行っている。例えば、OPEC加盟国であるサウジ・アラビアは、シリアとパレスチナ解放機構に対外援助のほとんどすべてを供与している。

国際機関からの借入れ

ある国が海外からの資金支援を受ける第3の方法は、国際機関からの借入れを行うことである。2つの機関がグローバルな経済発展にとって重要である。

国際復興開発銀行――世界銀行――についてはすでに言及した。世界銀行は、発展途上国に対して、貸出しと民間からの貸出しの保証を行っている。これは、国際通貨基金のメンバー国が出資した法人で、発展途上国に対して年間およそ230億ドル貸出しを行っている。アメリカも出資国に名を連ね、年間10億ドルを超える額を拠出している。

過去この貸出しの多くは、ダム、道路、工場の建設といったプロジェクトに活用されてきた。最近では、経済政策を変更させるために、発展途上国に貸出しが行われている。特定のプロジェクトに貸出しを行うのではなく、借り入れた国が自由に使い途を決められる貸出しが行われている。それと引換えに世界銀行は、その国に、関税の引下げ、財政赤字の削減、インフレの抑制を求める。

世界銀行には、関係団体がいくつかある。1つが、国際金融公社（International Finance Corporation）（IFC）――民間事業等に投資する国際機関――である。国際開発協会（International Development Association）（IDA）は最も貧しい国に対するソフト・ローン――返済される可能性が低い貸出し――を行う。IDAの貸付けは、金利がなく、期間も35年から40年におよぶ。IDAは、どこからも借入れを行うことができない国への最後の貸し手となっている。

国際通貨基金（International Monetary Fund）（IMF）は、1944年に固定為替相場という国際的な枠組みを作るために設立された。それぞれの国が、事前に決められた水準の固定レートで、共同管理する通貨と金を拠出することに同意していた。

1971年に変動為替相場制に移行したとき、IMFは役割を変えた。現在では、金融財政政策に関して、すべての国へ助言を行っている。また、途上国が市場経済で競争できるように、通貨価値を支えるための貸出しを行う。

ベルリンの壁が倒れソ連邦が崩壊した後、東欧の国々は、自国の通貨を世界中の為替市場で取引できるようにしたかった。IMFはこの転換を支えるために貸出しを行った。ハンガリー・フォリント、ポーランド・ズウォティ、チェコ共和国コルナといった通貨は、現在世界中の為替市場で取引されている。国際貿易を行うためには、これらの国の通貨が取引されていなければならないので、このことは重要である。

地域協力

いくつかの国は**自由貿易地域(free-trade area)**——貿易障壁削減と関税引下げに関する複数の国家間の取り決め——を形成してきた。自由貿易地域は非メンバー国に対して一律の関税を課しているわけではない。また、**関税同盟(customs union)**——複数の国家が関税や貿易障壁を廃止し、非メンバー国に統一的関税を採用する取り決め——を結成する国もあった。

欧州連合

今日の世界で最も成功している地域協力の例の1つは、**欧州連合(European Union)(EU)**である。かつては**ヨーロッパ共同体(European Community)**として知られていたEUは関税同盟としてスタートし、1997年現在では[図17-3]に示された15ヵ国のメンバーで構成されている。

ECは1993年1月——人口と生産額で——単一市場としてアメリカを追い越し、世界最大となった。ECが単一市場と呼ばれるのは、労働者、金融資産、財やサービスの流れを規制する域内の障壁がないからだ。1993年11月1日、マーストリヒト条約発効によって、ECはEUに発展した。EU加盟国の市民は共通のパスポートを所持し、欧州議会選挙に投票し、EUならどこででも労働、買い物、貯蓄、投資を行うことができるようになった。

EUはVAT(付加価値税)で税収をあげ、必要に応じて各国に配分している。何千億ドルもの資金がこの方法で配分され、高速道路、鉄道網などEUに便益をもたらす公共財の建設に使われている。

ヨーロッパ統合の最終段階は、2002年の単一通貨――**ユーロ(euro)**――の導入で、このとき、ユーロはメンバー国それぞれが発行している国家通貨に置き換わる。共通通貨への移行は、統合の最も難しい局面の1つであるので、今まで段階的に進められてきた。

第1段階は**ECU(European Currency Unit)**――欧州通貨単位――の設置であり、これは通貨というよりは価値の基準であった。この段階では、EU加盟国の多くがECUでも商品の値段を表示した。

第2段階は1999年の欧州通貨同盟(EMU)の誕生に特徴づけられる。この段階で、4、5ヵ国を除いてEU内では固定相場制が敷かれた。

2002年にEMU加盟国が発行する通貨が、ユーロ紙幣やユーロ硬貨に置き換えられることになっている。イギリスやスウェーデンといった残りのEU加盟国もEMUへ加入することが期待されている――そのときには、国家独自の通貨は廃止されることになる。

［図17-3］ヨーロッパ連合

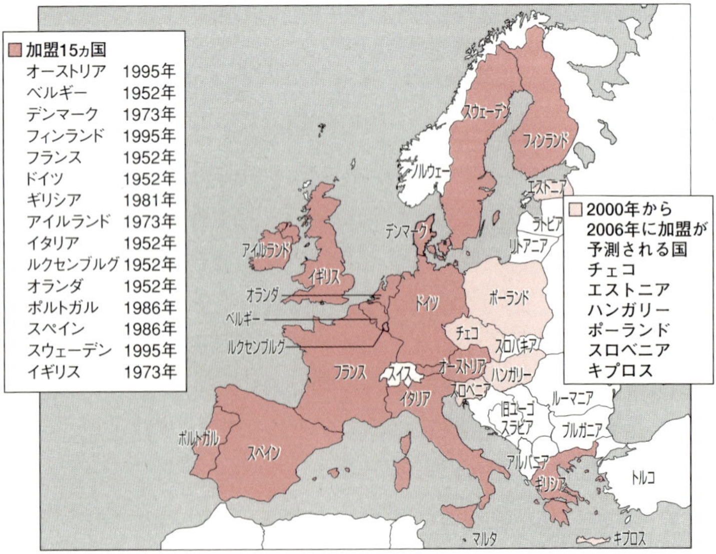

出所：1997年欧州委員会

ヨーロッパ連合の16カ国によって3億7,000万以上の人口を持つ世界最大の単一市場が構成されている。多くの国が加盟を申請しており、旧ソ連圏でさえ加入が期待されている。EUのメンバーであることの利益は何か。

コラム　EUの発展

1952年に創設された欧州石炭鉄鋼共同体を起源として、1967年欧州共同体（EC、欧州連合の前身）が発足しました。加盟国はドイツ（当時西ドイツ）、フランス、イタリア、オランダ、ベルギー、ルクセンブルクの6ヵ国でした。加盟国内では関税を廃止し、EC外部に対して共通の関税を課す関税同盟でした。1973年にイギリス、デンマーク、アイルランドがECに加盟し9ヵ国に拡大しました。1981年にギリシアが加盟し10ヵ国、1986年にスペインとポルトガルが加盟、12ヵ国となり、1990年ドイツ統一に伴い、旧東ドイツ地域がECに加入しました。1993年、単一市場始動により、域内での人、モノ、サービス、資金の移動が自由になりました。同年、欧州連合条約（マーストリヒト条約）発効により欧州連合（EU）に発展しました。これまでの経済的な役割に、共通安全保障政策と司法・内務協力という2つの役割が加わりました。1995年にオーストリア、フィンランド、スウェーデンがEUに加盟、15ヵ国となり、2004年5月に10ヵ国（エストニア、ラトビア、リトアニア、ポーランド、チェコ、スロバキア、ハンガリー、スロベニア、キプロス、マルタ）が加盟、現在の25ヵ国となりました。域内の人口は約4億5000万人、名目GDPは約9兆6000億ユーロです。

この間、1999年に単一通貨としてユーロが誕生、当時の15ヵ国の内、イギリス、デンマーク、スウェーデン、ギリシアを除く11ヵ国で採用されました。2001年にはギリシアが加わりユーロ参加国は12ヵ国になりました。

今後も加盟国の拡大が続く見通しです。ルーマニアとブルガリアが2007年に加盟予定です。

ただ、欧州憲法条約批准の国民投票がフランス・オランダで否決されるなど統合の深化にブレーキをかける動きがあるのも事実です。

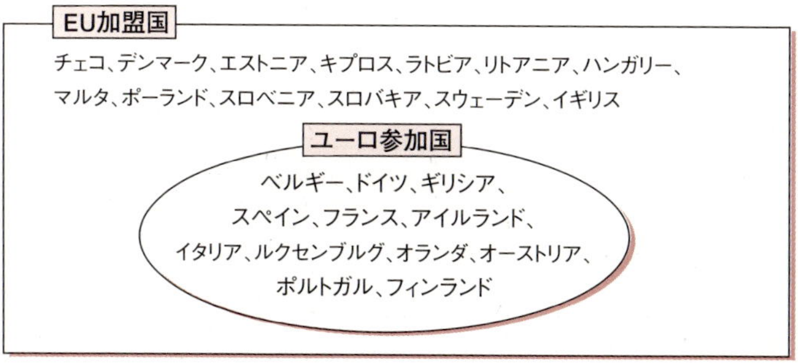

参考文献
町田顯「拡大EU」東洋経済新報社　1999年
平島健司「EUは国家を超えられるか」岩波書店　2004年
小山洋司「EUの東方拡大と南東欧」ミネルヴァ書房　2004年
外務省HP、駐日欧州委員会代表部HP、各種新聞等

最後に、FRBがドルを管理するように、欧州中央銀行がユーロを管理するために創設された。金融政策は、個別国家の観点からではなく、ヨーロッパが単一であるという観点から実行されることになっている。

OPEC

多くの産油国が**カルテル(cartel)**──価格を支配するための生産と販売の制限に同意する生産者や販売者のグループ──の結成に参加してきた。[図17-4]に示されているように、OPECのメンバーは自然独占を利用して、世界の原油価格を押し上げてきた。OPECが1960年に設立されてから、原油価格の上昇によって、先進国からOPECのメンバーへ何兆ドルも資金が移転した。

しかし、これだけの金融資本を持っていても、多くのOPEC加盟国の成長率はさまざまな基準で見ても低い。イランでは、革命によって国内経済の発展が阻害された。クウェートはイラクに侵略され、イラクは湾岸戦争で甚大な被害を受けた。OPECによる過剰生産も、石油価格を下落させた。世界銀行の推定によると、1980年から1991年に1人あたりのGNP成長率がプラスだったのはインドネシアだけだった。

OPEC加盟国のほとんどが、原油から生まれた富を調和のとれた方法で使うことができなかった。富は当面の消費に使われてしまい、経済の別の部門へ投資される

[図17-4]　OPEC加盟国

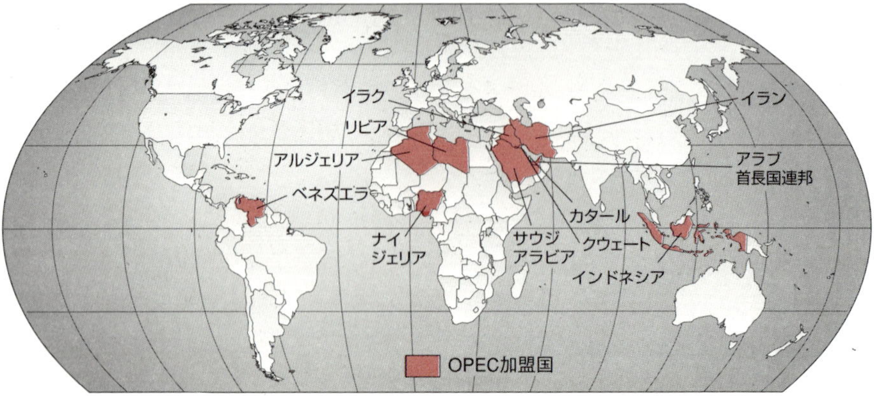

石油輸出国機構(OPEC)に属している国は価格を保つカルテルを形成してきた広範囲の国を含んでいる。カルテルとは何か。

ことはなかった。

1980年から1997年のOPEC諸国の低成長が示しているのは、巨額の資本だけでは発展途上国の問題を解決できないということだ。健全な経済発展のためには、貯蓄、投資、勤労意欲を刺激するインセンティブや生活水準を向上させるインセンティブといった問題も解決されなければならない。

韓国のサクセス・ストーリー

韓国は、発展に最も成功した国の1つである。40年前の暗い見通しにもかかわらず、ほんのわずかな可能性をつかんで、アジアで3位、世界でも9位の経済大国に上りつめた。1950年代後半から1980年代半ばまで、韓国の輸出は年率25%で増加した。また、1人あたりの実質GNPは5%から10%で成長した。

1950年代初頭、韓国はアジアで最も貧しい国の1つであった。**人口密度(population density)**──1平方キロメートルあたりの人口──は世界で最も高かった。経済は戦争で疲弊しつくしており、再建されなければならなかった。

朝鮮戦争後、アメリカは戦略的、人道的理由から韓国に援助を行った。しかし、韓国経済は荒廃していたので、膨大な援助を行っても当時の低い生活水準を維持するのが精一杯であった。韓国は、外国の援助に頼るだけでは成長できないことは明白だった。

そこで、韓国政府は労働集約産業に資源を集中し、自由貿易に市場を開放した。企業には、この戦略に従うインセンティブが付与された。政府はすべてのことを一度に実行しようとしたわけではない。2、3の産業に資源を集中し、生産と輸出の経験を積み重ねていった。

これらの段階を経て、韓国の企業はまず安価な玩具と消費財を輸出しようとする。次に、シャツ、ドレス、セーターといった繊維製品を製造し、その次には、造船や鉄鋼といった重工業への投資が行われた。後に、韓国はラジオ、テレビ、電子レンジ、家庭用コンピュータなどの消費財や家電製品を製造するようになる。ごく最近では、世界有数の自動車製造業を育てようとしている。韓国の経験は、戦禍をこうむった国でも十分に発達した工業国になれることを示している。

REVIEW　17−3　経済発展のための資金調達

用語とポイント

1. 以下の用語を定義しなさい。
接収、自由貿易地域、関税同盟、欧州連合（EU）、ヨーロッパ共同体、ユーロ、ECU、カルテル、人口密度

2. 経済発展のための国外資金源を2つあげなさい。

3. 途上国への貸出しとその発展に重要な役割を果たす国際機関を2つあげなさい。

4. 経済発展を目的とする地域協力の例をあげなさい。

クリティカル・シンキング

5. 発展途上国は外国の資金を必要としていることが多い。外国からの投資を呼び込むにはどんな経済的、政治的条件が必要だろうか。

経済概念の応用　成長と発展

6. 次の文章を裏付ける例をあげなさい。「途上国の経済発展は国際的な政治問題や先進国の外交目的によって鈍化することが多い。」

第18章 世界経済の課題

Global Economic Challenges

1. 世界的資源需要

希少性は根本的経済問題であると定義されてきた。あなたも身近な出来事から希少性を経験しているだろう。アメリカのように比較的繁栄している国でさえも、希少性は国家レベルでの問題だ。グローバルなレベルでは、希少性は食料やエネルギーの不足となって現れ、この問題は世界の人口増加に伴って悪化している。

地球は多くの点で非常に小さな惑星である。グローバルな視点に立つと、経済の知識を使って、世界を住みよい場所に変えるのを助けることができる。

人口問題

トーマス・マルサスが1798年に『人口論』を出版して以来、人口増加という問題は世界の関心の的となってきた。200年前に発表された彼の論考は、人口増加と旺盛な資源需要のため、未だに重要性を持っている。

マルサスの人口論

トーマス・マルサスは、人口が増加すると食料供給が追いつかなくなると主張した。問題は、人口は1、2、4、8、16、32、64…というように等比級数的に増加するが、食料供給能力は1、2、3、4、5…のように一定量ずつ、人口増加より緩やかにしか増加しないことだ、と述べている。人口増加が抑制されなければ、未来は暗いのではないかと危惧した。

結局、マルサスによると、世界の人口は**最低生存条件(subsistence)**――全人口が何とか食べていける食料しかない状態――を満たすまで減少する。

多くの国では――特に発展途上国の大都市では――貧困がはびこっている。例えば、インドのコルカタ市(旧カルカッタ市)。人口は現在のおよそ1,200万人から、2000

年には1,400万人に増加することが予測されている。コルカタは、世界で最も人口が多く貧しい都市の1つだ。何十万人もの路上生活者が物乞いをし、街のゴミ捨て場で食べ物を漁り、夜は路上で寝ている。同様の状況は、世界の他の地域にも存在している。こういった場所では、マルサスの最低生存条件という予言は、残酷な現実である。

マルサスは間違っているか

世界の他の地域では、状況はまだましなところが多い。マルサスは、生活水準の向上と人口増加が同時に起こることを可能にする生産性の向上を予期していなかった。また、少子化も見逃していた。

マルサスの予言は、先進国については完全に正確というわけではなかったが、今でもすべての国に課題を投げかけている。例えば、途上国からの人口圧力は、今日多くの先進国に問題を引き起こしている。そして、その先進国には中国、ハイチからの不法移民が殺到するアメリカも含まれている。その結果、世界的な人口増加を制御することは、あらゆる人の利益に適っていると主張する専門家は多い。

世界人口トレンド

[図18-1]は1990年代のいろいろな国の人口増加率を示している。世界の人口は年約1.7%で増加している。この数字は高いとはいえないが、年月が経過すると累積の人口増加は膨大になりうる。年間の人口増加数は、メキシコの人口とほぼ同じになっている。現在約63億人の人口は、このペースで増加し続けると、2020年には約80億人、2050年には約120億人に達する。あなたが高校を卒業して65歳で退職するまでに、世界の人口は現在の2倍を超えているだろう。

再生不能なエネルギー資源

重要資源の多くが枯渇すると、人口圧力は悪化する。エネルギーは、枯渇が心配される資源の1つである。エネルギーは、生産要素として土地と呼ばれるカテゴリーに属し、生産に必要なものである。エネルギーは我々の生活の快適性を高める。ガソリンは車の動力源となり、電気は家の冷暖房になる。

再生不能なエネルギー資源――石油、天然ガス、石炭など――にはいろいろな形態がある。主要な再生不可能エネルギー資源――化石燃料――は大変な率で消費され、現在の消費レベルでは2，3世代しかもたないかもしれない。

［図18-1］世界の人口増加率

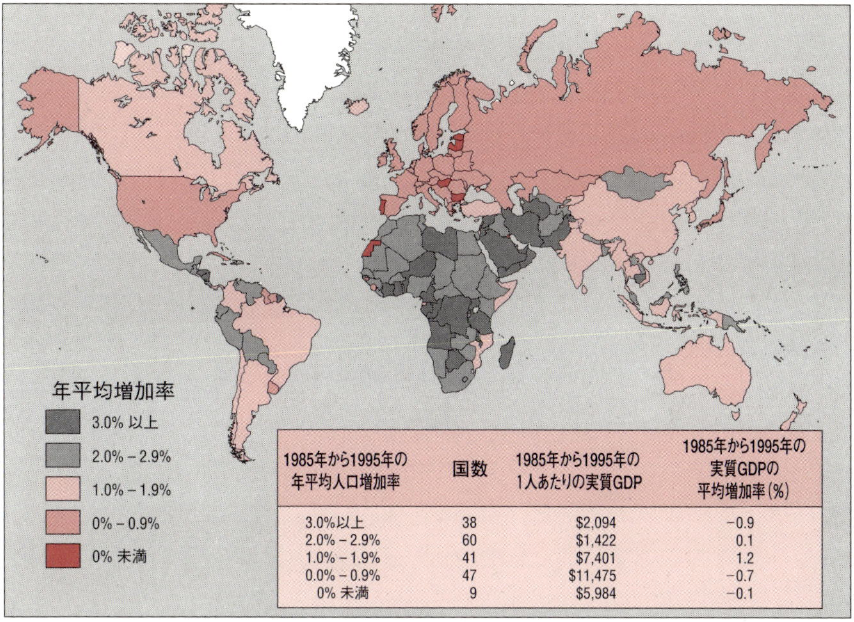

1985年から1995年の年平均人口増加率	国数	1985年から1995年の1人あたりの実質GDP	1985年から1995年の実質GDPの平均増加率(%)
3.0%以上	38	$2,094	−0.9
2.0% – 2.9%	60	$1,422	0.1
1.0% – 1.9%	41	$7,401	1.2
0.0% – 0.9%	47	$11,475	−0.7
0% 未満	9	$5,984	−0.1

人口増加率は、生活水準が低い国ほど高くなっている。反対に、人口増加は、生活水準が高い国ほど低い。マルサスの人口に関する考え方はどんなものか。

石油

1900年から1970年において、石油の年間消費量はおよそ14年ごとに2倍になってきた。石油はガソリンに精製され、ガソリン価格は比較的安かったので、自動車は大型で重量が重く燃費が悪かった。

石油が安いことは、生活習慣にさえ影響を与えている。人々は職場から離れた場所に住み、通勤に何時間も費やしている。暖房用の油はあまり高価ではなかったので、住居は広々としており断熱化されていなかった。

しかし、中東の産油国は1973年、西側諸国への石油販売に対して**通商禁止措置(embargo)**を実施した。この措置によって世界中でエネルギーが不足し、石油価格は上昇した。石油価格は、1バレル5ドル足らずから35ドルを上まわるところまで上昇した。石油価格はその後下落したが、今では価格が低いときに消費されていたように石油を使うことはできない。

天然ガス

消費者を保護するために、連邦政府は天然ガスに価格統制を導入して、長期間価格を低く保っていた。この政策は1960年代後半に変更されたが、人為的に価格を低く抑制し続けたために、深刻な副作用が生じた。

天然ガスの価格が人為的に低く抑えられていた時代に、多くの利用法が考案された。天然ガスは、住居の暖房やプールの温水の燃料として用いられたり、それをできるだけ使うような技術を開発し、工場を建設していった。また、採掘業者は天然ガスより価値の高い石油を採掘するときに、それを燃やしてしまうことさえあった。天然ガスの価格が人為的に低く抑えられていたがために、毎年膨大な量の天然ガスが浪費されてしまった。

石炭

石炭も再生不可能なエネルギー資源である。今日、世界の石炭埋蔵量の約2/3はアメリカ、ロシア、中国にある。石炭は豊富にあるが、いずれは使い果たされる。現在の消費のペースに基づいて推定すれば、埋蔵量は約200年分である。

再生可能エネルギー資源

1973年以前には、太陽エネルギー、水力発電、風力発電といった再生可能エネルギーを開発するインセンティブは、ほとんど存在しなかった。しかし、石油禁輸と石油価格の高騰によって、開発インセンティブが付与された。アメリカ人は、エネルギーのコストと海外依存に懸念を持つようになった。こうして代替エネルギーの開発が始まった。

太陽エネルギー

まず、長い間、発明家や科学者の多くが興味を抱いていた太陽熱発電。石油禁輸の後、連邦政府は太陽エネルギーの発電コストを削減する方法の開発を目指す研究者に、助成金を与え始めた。議会は、省エネ機器を家庭へ導入した納税者に、税制上のメリットを与える法律を成立させた。この法律によって、自宅に断熱措置を講じ防寒窓を取り付け、太陽エネルギーを利用した温水器を設置する意欲が高まった。

水力発電

次は水力発電で、かつては北東部の工場の電力として利用されてきた。この電力は信頼性が高く、その電力源──水──は当時タダだった。欠点は、多くのダムは小規模で、配電効率が悪いことだった。

石油が中東から安く手に入った時代には、水力発電はあまり重要ではなかった。1950年代後半に、アメリカの商業用発電ダムの多くは放棄された。しかし、石油価格が上昇すると、いくつかのダムを再利用するための措置が講じられるようになる。現在では、水力発電の積極的利用によって、石油の輸入が約20%削減できると推定されている。

風力

第3は風力発電である。1980年代初頭、風力発電装置の売上げは数億ドルに上った。ウインド・ファーム(風力発電地帯)が各地に設立され、中規模都市に電力が供給されている。

[図18-2] 最も危険な原子炉

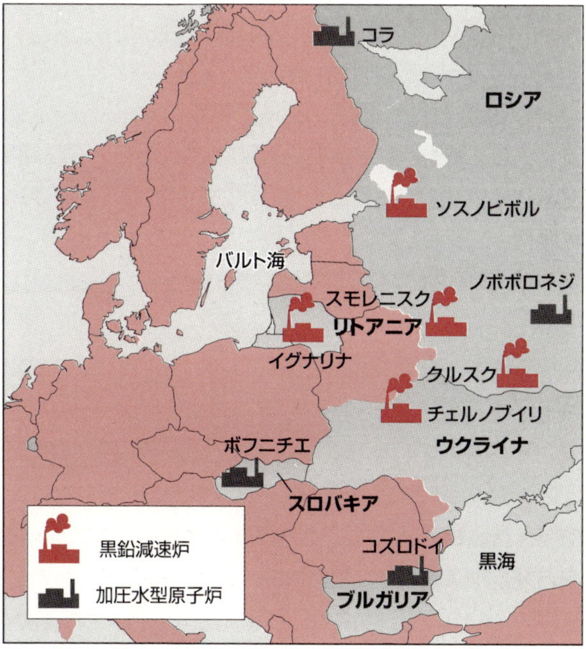

出所：ビジネスウィーク 1993年6月8日

西側政府は、旧ソ連と東欧に永久に閉鎖されなければならない原子炉が24基あることを確認している。
原子炉の長所と短所は何か。

原子力

原子力への関心は高まっており、原子力は、アメリカで使われる商業用電力の約10%を占めている。しかし、原子力発電の将来には、いくつかの理由から不確実性が存在する。まず、原子力は極めて危険な副産物を産出し、その安全な処理に大きな問題が残されていること。次に、原子炉の建設コストも信じられないほど高いこと。最後に、原子力は健康と環境を危機に晒すと、多くの人が信じていることだ。1986年のウクライナのチェルノブイリで発生した原子炉の炉心溶解事故は、世界に原子力発電所の危険性を知らしめた。

その他

その他のエネルギー源には、薪と**ガソホール(gasohol)**――90%の無鉛ガソリンと10%のエタノールの混合燃料――がある。ガソホールは支持者が当初期待したほど短期間で受け入れられてはいないが、いくつかの地域では今でもわずかなシェアを握っている。対照的に、薪ストーブは特にニューイングランド地方のようなエネルギーコストが高い地域で、人気が高まっている。

民間企業は、あまり知られていない代替エネルギーも開発してきた。食品会社は、腐敗した鶏肉をメタンガスという燃料に転換するのに成功した。今度は、このガスが工業用や商業用として利用されている。

他の資源

エネルギーを作り出す以外の目的で利用される資源も、危機に瀕している。まさに、水と土がそうだ。

水

過去、アメリカの水に対する関心は、主に飲料水の汚染に注がれていた。しかし、現下の関心は、水の将来の入手可能性と現在の供給危機に移っている。

アメリカで消費される水の80%以上は、農業で使われる。この水の多くは灌漑に利用されるので、すぐに蒸発してしまう。その結果、大量の水が大気中に消えていく。

農業では、河川、小川、池、**帯水層(aquifers)**――地下の貯水岩層――が水源として利用されてきた。帯水層から供給される水は、農業用水の40%を占め、多くの地域の飲料水となっている。

アメリカ最大級の帯水層はオガララ帯水層で、テキサス州からネブラスカ州にかけてのハイプレイン地方の州に、水を供給している。問題は、大量の水が汲み上げられているため、帯水層の水面は1年に約90cmずつ低下していることだ。オガララ帯水層の水は40年から50年で尽きる、と予測する専門家さえいる。

水不足は、カリフォルニア州南部でも問題になっている。長年、さまざまな計画が提案されてきたが、何百キロも離れた地域から水を引き込むプロジェクトが始まった。

水が非常に低価格で豊富にあった時代には、大量の水を使わなければ作物が育たない地域でも農業が行われていた。また、消費者も水をふんだんに使った。芝生の水やり、洗車、洗濯、風呂、シャワーに水を大量に使っていたのだ。ところが、水が希少になり価格が上昇すると、消費者は洗車回数を減らし、トイレに節水装置を設置し、家庭で節水に精を出している。

土地

世界の人口増加によって需要に影響がおよぶ天然資源には、土地もある。土地は、移動しないという点で他の資源とは異なる。

人口が増加を続けると、最良の農地は住居に変わり、農業に利用できる土地は減少していく。例えば、アメリカへの初期入植者が河川の流域に居を構えたのは、そこが肥沃なうえ、河川は輸送にも適してしたからだ。人口が増加すると、初期の入植地は街や都市に変質していく。社会が大きくなると、工場、道路、住居が河川の近くの肥沃な土地に建設されていく。この土地開発によって、農夫は郊外に移住することを余儀なくされるのだ。

この発展の型は何度も繰り返され、最良の農地の上には、高速道路、ショッピング・センター、住宅が建設されることになった。農民の多くは、企業や宅地を求める個人に進んで土地を売却してしまったので、この傾向を今日覆すのはほぼ不可能であろう。

農夫は土地を売却すると、あまり肥えていない価格の安い土地へ移動することが多い。それでも、農薬、除草剤などの優れた技術を開発し入手することで、農業の生産性は非常に高く保たれてきた。

REVIEW　18－1　世界的資源需要

用語とポイント

1. 以下の用語を定義しなさい。
   最低生存条件、通商禁止措置、ガソホール、帯水層
2. マルサスは、人口増加が地球にどういう影響をおよぼすと信じていたか説明しなさい。
3. 石油の禁輸がガソリンの消費にどんな影響を与えるか説明しなさい。
4. 再生不可能なエネルギーに代わる再生可能なエネルギー源をあげなさい。
5. 人口増加が帯水層のような希少な資源に与える影響を述べなさい。

クリティカル・シンキング

6. 再生可能な資源は再生不可能な資源とどう異なるか。

経済概念の応用　希少性

7. 石油禁輸の間、ガソリン配給制度を支持する人が多かった。その中には、自動車所有者に週10ガロン配給するという案を支持する者がいた。このような一律の配給プログラムの賛否を論じなさい。

2. 経済的インセンティブと資源

経済システムが円滑に機能するには、インセンティブが必要であることが多い。市場経済では、利潤動機や価格というインセンティブが、希少資源を失わないために必要になる。

価格システム

1970年代の石油禁輸前、エネルギー価格は安く、そのためエネルギーは浪費されていた。石油危機によって価格が高騰すると、エネルギーに対する関心は高まる。自動車の燃費は向上し、住宅のエネルギー効率は高まり、産業全体がエネルギーの節約方法を考えるようになる。こうした行動によって、現存する再生不可能資源が枯渇するまでの期間は長くなり、新エネルギー源の開発が促されたのである。下記の例は、価格システムによって希少な資源の節約がどのように促進されるかを示している。

灌漑

農夫が農作物に水をやるために地下から水を汲み上げるとき、電気や天然ガスで動くポンプが利用される。揚水によって地下水面が下がると、そのコストは上昇する。このコストを吸収して農作物から利益が出ている限り、水をポンプで汲み上げるだろう。

水のコストが上昇すると誰もがそれを効率的に利用するようになるので、希少な資源は節約される。揚水によって地下水面が低下し続けると、いずれ浅い井戸には干上がるものもでる。その代わりに、深くてコストがかかる井戸が掘られる。ここで価格システムが再び関係してくる。深い井戸は、利益の上がる作物を収穫するために掘られ、井戸の掘削コストによって利益が上がらない作物は、耕作されなくなる。

結局は、価格システムが機能して、井戸の掘削コスト上昇と地下水面低下の間で均衡が達成される。農作物には生産されなくなったり、農地にも耕作されなくなったりするものも出てくるが、そうなるのは最も生産性が低いものだろう。それゆえ、実際の農産物の生産量が、現在と比べて大幅に減少するということはない。

天然ガスの規制緩和

天然ガスの価格が低かった1960年代には、その需要は旺盛だった。けれども、政府がその価格を規制したため、生産者には天然ガスを増産するインセンティブがあまりなかった。議会は、ガスの探索と生産を奨励しようと目論んで、**ディープ・ガス(deep gas)**──地下約4.5kmより深くに存在する天然ガス──の価格統制を解除した。この価格は、それより浅いところから採取される、規制で低く保たれた天然ガスの価格の3、4倍に達した。これによってガスの探索は活発になった。後に、すべてのガスの価格統制は廃止され、天然ガスの生産は増加した。

浅い所に存在するガスを採掘しようという関心が低くなるのは、供給の法則と一致している。すなわち生産者に支払われる価格が低いほど、市場に持ち込まれる生産物が少なくなるのである。統制価格が上がったディープ・ガスを生産しようという生産者の行動は、供給の法則と一致していた。

禁輸後の石油製品

1973年以降の原油価格高騰は、石油の生産に劇的な影響を与えた。原油価格が1バレルあたり5ドル足らずであったとき、多くの資源を割り当てて原油を生産しようという国はあまりなかった。価格が35ドルを超えると、多くの国がにわかに増産に動いた。

1981年には世界的な原油の**供給過剰(glut)**のため、価格下落が始まった。景気後退が引き起こした需要の減少も、世界的な供給過剰とともに価格下落に拍車をかけた。人々が省エネの習慣を身につけたことで、原油の需要はさらに減少した。供給増加と需要減少の影響によって、OPECは原油供給の支配力をいくらか失った。湾岸戦争の後、戦争で使い果たした資金を再び蓄えるために原油を増産する国がOPECの中から出てきたので、この支配力はさらに弱まった。

公害と経済的インセンティブ

公害(pollution)は有害物質の排出による空気、水、土壌の汚染である。公害は今日たいていの国が直面している問題である。

汚染のインセンティブ

川岸に位置しているある工場は、長い間河川に汚水を垂れ流していた。水辺から離れた所に位置している工場は、煙突から汚染物質を遠方まで飛ばしている。敷地内に廃棄物処理用の穴を掘り、有害廃棄物を埋める工場もある。

この3つの状況すべてにいえることは、工場の経営者は環境を巨大廃棄物処理システムとして利用することで、生産コストを下げようとしているということだ。経済的観点からは、そうする理由は明らかだ。企業は生産コストを削減すれば、利益が増加するからだ。最小のコストで最大の生産を行うものが、最大の利益を得る。

しかし、社会全体に対する公害のコストは甚大だ。例えば、**酸性雨(acid rain)**──水と濃度の薄い硫酸を作る二酸化硫黄の混合物──が北アメリカ一帯に降り注ぎ無数の河や小川に損害を与えている。堆積した化学肥料や未処理の下水流出によって、他の地域の生態系も汚染されている。

環境汚染によって生じる損害は大規模におよぶが、これは制御することもできる。汚染を制御する方法には、法律で定められた基準と経済的インセンティブがある。

法律

法律で定められた基準には、大気、水、自動車の排気ガスの最低浄化基準がある。例えば、議会はアメリカで販売されるすべての自動車が満たさなければならない公害基準を定めた。基準が満たされなければ、環境保護庁から販売許可はおりず、自動車はアメリカ国内で販売できない。

規制の影響を受ける業界はそれに反対してきたが、法律で定められた基準は非常にうまく機能してきた。自動車産業は、これ以上厳しい排ガス規制を満たすことはできないと長年大声で訴えてきた。しかし、実際に規制が導入されると、ほとんどの自動車メーカーが何とか基準を満たしてきた。なかには基準を満たせない企業もあったが、その企業は廃業を選択し、老朽化した資本ストックを更新するのに資金を使うことはなかった。

公害税

法律以外で公害を抑制する方法は、自社が排出した公害物質の量に応じて企業に租税を課す方法である。税額は、汚染の深刻さと排出される有害物質の量によって決まる。

ある地域が、4つの工場が大量に排出する石炭の粉塵による大気汚染を軽減したいと考えているとしよう。大気中に排出されている石炭の粉塵1トンにつき50ドルの税金が、それぞれの工場に賦課される。年間の税額は、排出トン数に応じて決まる。工場の煙突に取り付けられた装置によって、1週間に排出される粉塵の量が計測される。排出量が決まると、工場はその結果に従って課金される。

それぞれの工場では、税金を支払うか、それとも汚染物質自体を取り除くかの選択を行う。2つの工場が気体浄化装置を設置すると、石炭の粉塵は1トンあたり40ドルで除去でき——1トンあたり10ドル節約できることに気づいたとする。おそらく、この2つの工場はこのまま税金を支払うより、浄化装置の導入を選択するだろう。これで、その地域で大気を汚染する工場は2つだけになった。その地域の大気の状態が基準を満たせば、これ以上は何もしなくてよい。

しかし、大気の状態が望ましい水準に達していなければ、1トンあたりの税額を60ドルや70ドルに上げればよい。この増税によって、3つめの工場は気体浄化装置を設置するかもしれない。これでも大気汚染が改善しなければ、この装置が導入されるまで税金を上げればよい。

多くのエコノミストが指摘しているように、この税金による公害抑制アプローチは、公害を完全に取り除くものではない。しかし、これは個々の企業に選択の自由を与えている。この方法は法律には欠けている柔軟性を提供し、いくつかの工場が完全に閉鎖されてしまうのも阻止できる。

汚染をまったく行わないようにするより、税金を支払ったほうがよいと考える企業も存在するだろう。こういう企業は税金を支払うことで汚染浄化運動へ資金を拠出することになる。これによって消費者は自分の所得税、売上税、資産税からこのキャンペーンに資金を拠出する必要がなくなる。

排出許可証

環境保護局(Environmental Protection Agency)(EPA)は、酸性雨の主要な構成物質である二酸化硫黄の排出量を減らすために、類似した制度を採用している。EAPの最終目標は、二酸化硫黄排出量を年間900万トン程度まで削減することである。

EPAは1993年にこの制度を開始するために、二酸化硫黄**排出許可証(pollution permits)**を公益事業に発行した。排出許可証によって公益企業は大気中に汚染物質を排出することが許され、公益事業はこの許可証なしに営業することは許されなかった。必要以上の許可証を保有している公益企業は、1トン単位でそれを売却することができる。したがって、排出物浄化に資金を使いたい公益企業は許可証を売却し、排出物浄化にその資金を利用することができる。排出権を購入して利用したいものはそうすることができる。

排出許可証の第1セットは、1993年3月にシカゴ・ボード・オブ・トレードで取引された。1トンの許可証は、それぞれ122ドルから450ドルの価格で取引された。いくつかの環境保護団体は自己資金で排出許可証を購入した。彼らの目論見は、許可証を回収して、その希少性を高め、価格を上げることだった。

EPAは翌年追加の許可証を発行したが、時間が経つにつれて、追加で発行される許可証の数は減少していった。結局、公益事業は許可証に非常に高い対価を支払うか、追加の汚染防止装置を購入しなければならなかった。

資源を賢明に利用する

資源は、経済にとって重要な問題である。需要量が供給量を上まわったとき、資源は希少になる。市場経済では、価格システムが資源の分配に重要な役割を負っている。それは資源が希少になってきていることを消費者に教える。また、意思決定者がより賢明に資源を分配することも助ける。市場経済の機能を理解している経済学者は、価格機能が機能し、その役割をまっとうしている場合には、将来について楽観的である。

エネルギーの埋蔵量でさえ、価格によって変わってくる。つい最近まで、天然ガスの埋蔵量は、30年しかもたないと考えられていた。しかし、これは天然ガスの価格が低いときに予測されたものだ。価格が上昇すれば、天然ガスの需要は減少し、埋蔵量の枯渇までの期間は延びる。同時に、価格上昇が探査を増やし、発見される埋蔵量も増える。その結果、天然ガスの供給可能期間も延びる。

REVIEW　18−2　経済的インセンティブと資源

用語とポイント

1. 以下の用語を定義しなさい。
ディープ・ガス、供給過剰、公害、酸性雨、排出許可証

2. 規制緩和が天然ガス業界にどんな影響を与えたか述べなさい。

3. 公害税によって産業はどのように公害を止めようとするか説明しなさい。

クリティカル・シンキング

4. 法律と経済的インセンティブは公害防止においてどう異なっているだろうか。

経済概念の応用　市場と価格

5. 厳寒の冬には天然ガスの需要が急増するとしよう。天然ガス価格の上昇は、ガスの需要や天然ガス会社の調査にどんな影響をおよぼすだろうか。

3. 経済的思考法を実際に適用する

科学としての経済学は、人々が希少性を取り扱う方法に関心がある。希少性は普遍的な問題なので、経済学を学ぶことは誰にとっても重要だ。

意思決定のためのフレームワーク

経済の学習を通じて、選択がなされなければならないということを学んだ。問題のさまざまな分析方法や代替案も検討すべきだ、ということもわかってきた。今は亡き経済学者ケネス・ボールディングは、経済学は今では選択の一般理論になるまでに進化を遂げたと述べた。経済学は意思決定のフレームワークを提供し、人々がより優れた意思決定者になるのを助ける。

道理に適ったアプローチ

経済的意思決定は、問題解決に関する慎重で道理に適ったアプローチを要求する。アメリカの経済学の素養向上を目的とする国民経済教育会議は、経済的意思決定を行うための5つのステップを提言している。

1. 解決すべき問題を特定しなさい。
2. 達成されるべき個人的あるいは、社会的目標を決めなさい。
3. 目標を達成するための主要な選択肢を検討しなさい。
4. 問題の理解に必要な経済概念を選択し、それぞれの選択肢の長所を評価しなさい。
5. どの選択肢で多くの目標、または、最も重要な目標を達成できるか決定しなさい。

―基本概念を教育するフレームワーク、1996年

このステップは、意思決定の有益なガイドラインを提供している。我々は意思決定にあたって、さまざまなトレード・オフに直面する。直面する問題の分析方法を知っていれば、将来によりよく対処する準備になる。

限界概念を用いた意思決定

経済学者は、意思決定のために多くのツールを用いる。これらのツールには生産可能性フロンティア、供給・需要曲線、生産関数、国民所得・生産勘定等がある。

最も重要な意思決定ツールの1つは、限界分析という概念だ。例えば、企業が追加生産の決定をするときには、生産の追加コストとそこから得られる追加の収益とを比較する。収益が費用を上まわっていれば、企業は追加生産を行う。費用が収益を上まわっていれば、追加生産は行われない。

この過程では費用と収益とが比較されている――**費用対効果分析（cost-benefit analysis）**。企業が追加の資本設備を生産するか購入するときには、費用対効果分析を行う。多くの政府機関は、これに基づいてプログラムの評価を行う。個人も意思決定にこれを用いる。費用対効果分析は、経済目標の間の選択を行うためにさえ使われる。いくつかの選択は、ある経済目標には有利に働く一方で、別の目標には不利になることがあるが、それぞれの選択肢の費用と利益を評価することが、選択の手助けになる。

将来に対処する

将来の経済がどうなるかを、誰もが知りたい。経済は将来どの方向に舵を取っていくのだろうか。過去を分析することの中に答えの一端がある。

資本主義の勝利

1930年代、社会主義と共産主義が世界で勢力を伸ばしていたが、資本主義国は恐慌にあえいでいた。ソ連の共産主義は世界に少なからぬインパクトを与え、**社会主義（socialism）**はヨーロッパの植民地であるアフリカで勢力を拡大していた。

しかし、旧ソ連の共産主義は、その非効率性の重圧に耐え兼ねて崩壊した。それ以降、多くの社会主義国家は、資本主義と市場システムの規律を受け入れてきた。多くの発展途上国も、経済システムとして資本主義を採用している。多くの新興国――香港、シンガポール、韓国、台湾など――は資本主義の恩恵を受けて著しい発展を遂げた。

資本主義は現在の世界経済を支配しているが、過去の自由放任を旨とする資本主義とは異なる。カール・マルクスなどがかつて指摘したいくらかの短所を克服し、資本主義は変質してきた。

1930年代の資本主義は、生活必需品を購入できるだけの収入がある人にだけ供給を行っていたので、無慈悲であるが効率的であった。初期の資本主義は老人、病人、能力のない者に対してあまり寛容ではない。アメリカを含む現在の経済の多くは、**修正自由企業経済（modified free enterprise economy）**または修正私有企業経済を採用している。これは、資本主義に基づく経済であるが、自由、効率、平等、完全雇用、価格の安定性、経済成長という経済的目標が満たされるように修正された経済である。

市場と価格

我々の修正自由企業経済は、買い手と売り手がニーズと欲求を満たすために自由に決定を行うことができる経済である。需要と供給が作用して市場価格を決める。この価格はシグナルとして働き、生産者と消費者の意思決定を変更する。

ある市場の価格は、別の市場の資源配分にも影響する。1970年代の原油価格の高騰は、他のエネルギー資源に競争力を与えた。1980年代にはPCの値段が高かったことで、新規参入が起こった。競争によってまもなく価格が下がり、大衆がコンピュータを買うことができるようになった。

市場経済には多くの長所があり、それには政府の介入がなくてもゆっくりと変化に順応する能力が含まれている。需要と供給が機能している限り、生産者と消費者に資源を再分配するのに必要なシグナルを送ることになる。将来何が起こるか誰にもわからないが、今日まで資本主義は十分な適応力を示してきたといえよう。

REVIEW　18－3　経済的思考法を実際に適用する

用語とポイント

1. 以下の用語を定義しなさい。
費用対効果分析、修正自由企業経済

2. 意思決定の道理に適ったアプローチを説明しなさい。

3. 市場経済がどのように変化に対応するか説明しなさい。

クリティカル・シンキング

4. 価格が、買い手または売り手としてのあなたにどんなシグナルを送るか例をあげて説明しなさい。

経済概念の応用　費用対効果分析

5. ここ何日間かで行わなければならない意思決定について考えてみなさい。意思決定を行う上で、推定した費用と便益をどう使うだろうか。

経済学の基本用語索引

あ行

依存人口比率　dependency ratio…218
労働年齢（18歳から64歳）にある100人に対する子供と老齢者の割合。

移転支出　transfer payment………140
政府が支払っても見返りとして財もサービスも受け取らない支出。

インフレーション　inflation…208・243
物価水準の全般的上昇。

ECU　European Currency Unit……326
欧州通貨単位。欧州連合によって用いられていた通貨単位。

S&P500……………………………………189
スタンダード・アンド・プアーズ500を参照

欧州連合(EU)　European Union……325
マーストリヒト条約の発効によって1993年に設立されたヨーロッパ共同体の後継機関。

オートメーション　automation……241
労働者の必要性を低減する機械などを用いた生産。

オプション　options……………………191
現在決めた価格で将来のある時点で商品、株式、金融商品などを売買する権利を投資家に与える契約。

オプション市場　options markets…192
プット・オプションやコール・オプションが売買される市場。

か行

外国為替　foreign exchange…………299
外国で使用されている通貨。

外国為替先物　foreign exchange futures……………………………………………302
今日合意した価格で将来のある日に外貨を売買する契約。

外国為替市場　foreign exchange market……………………………………………299
取引で用いられる外貨が売買される市場。

外国為替レート　foreign exchange rate……………………………………………299
ある通貨に対する別の通貨の価格。

外部性　externality……………………122
ある経済活動に含まれない第三者に対して影響を与える経済的副作用。

価格協定　price-fixing…………………113
ある商品に同一の価格を設定する、通常は違法な取り決め。

価格戦争　price war……………………113
激烈な価格引き下げ競争。ときに価格は生産コストを下まわるところまで引き下げられる。

額面　par value…………………………180
債券の券面。満期に返済すべき金額。

家計　household…………………………204
1軒の家、アパートの1室などに住む人から構成される消費部門の基本単位。

下限価格　price floor……………… *100*
財やサービスに支払われる法定最低価格。

貸出統制　selective credit control……………………………………………… *164*
特別な商品と関連した貸出しの規則。

寡占　oligopoly………………………… *113*
少数の巨大な売り手が市場を支配し、価格に影響をおよぼすことができる市場構造。不完全競争の1つ。

家族　family…………………………… *205*
血縁、婚姻、養子縁組でつながった集団。

家族と関係ない個人　unrelated individual……………………………………… *205*
家族がいるにもかかわらず、1人暮らしをしている人や親族以外と同居している人。

加速度効果　accelerator……………… *271*
総支出の変化によって生じる投資支出の変化。

ガソホール　gasohol………………… *336*
90%の無鉛ガソリンと10%のエタノールの混合燃料。

価値　value………………………………… *25*
市場で決まる財やサービスの値打ち。

価値尺度　measure of value………… *143*
価値をはかる共通の物差しとしての通貨の3機能の1つ。

価値貯蔵手段　store of value……… *144*
将来まで価値を蓄積できるという貨幣の3機能の1つ。

価値の逆説　paradox of value……… *25*
非必需品が高い価値を持つ一方で、必需品の価値が低いという矛盾。

ガット　GATT…………………………… *295*
関税と貿易に関する一般協定を参照。

株式　equities…………………………… *186*
会社の所有権の割合を表すもの。

貨幣　money……………………………… *143*
交換手段、価値尺度、価値貯蔵手段となるすべてのもの。

貨幣数量説　quantity theory of money……………………………………………… *167*
長期ではマネー・サプライが物価水準に直接影響を与えるという仮説。

可変比率の法則　Law of Variable Proportions………………………………… *75*
短期では、ある1つの投入量が変化すると、生産量も変化するという法則。

加盟銀行　member bank……………… *148*
連邦準備制度に参加している銀行。

加盟銀行準備預金（MBR）　member bank reserves…………………………… *155*
預金準備率を満たすために加盟銀行が地区連銀に預けている準備預金。

カルテル　cartel………………………… *328*
ある生産物の価格を上げるために、生産協定を結び生産を制限する行動を共同で行う販売者や生産者のグループ。OPECなど。

関税　tariff……………………………… *291*
輸入品に課される租税。

関税同盟　customs union…………… *325*
メンバー国である複数の国家が関税や貿易障壁を廃止し、非メンバー国に統一的な関税を課す取り決め。

関税と貿易に関する一般協定（GATT）　General Agreement on Tariffs and Trade……………………………………… *295*
関税引き下げを推し進め、輸入割当を廃止するために1947年に23ヶ国で調印された協定。

間接事業税　indirect business tax… *204*
事業を行うコストとして企業が支払わ

なければならない税金。ライセンス料、資産税、関税など。

間接費 overhead……81
金利、賃借料、税金、役員報酬などを含む、固定費のより広範な概念。

完全競争 pure competition……108
独立し十分な情報を持った売り手と買い手が多数存在し、同一の商品を取引する市場構造。この市場への参入や撤退は比較的容易。

完全雇用 full employment……241
経済で可能と考えられる中で最も低い失業率。

機会費用 opportunity cost……20
ある選択をしたときに、もしその選択をせずに別の選択をしたら得られたであろう便益。

起業家 entrepreneur……15
利益を求めてリスクを取り変化の主体となる人。生産要素の1つ。

技術的失業 technological unemployment……241
技術開発やオートメーションによって労働者の技能がすたれせることから発生する失業。

技術的独占 technological monopoly……116
ある企業が生産方法、生産工程などの技術上の優位性を有しているか支配しているために独占が生じている市場状況。

基準期間 base year……209
物価指数などの統計で他の年との比較の基準となる期間。

希少性 scarcity……12
十分な資源を社会が持っていないことから生じる、すべての社会が直面する根本的経済問題。

季節的失業 seasonal unemployment……241
1年のある時期の天候やその他の条件によって生じる失業。

規模の経済 economies of scale…116
企業規模が拡大するにつれて、人員、工場、設備を使う効率性が高まる状況。

逆進税 regressive tax……135
所得に対する税金の割合が所得水準が上昇するにつれて低くなる租税。

ギャロッピング・インフレーション galloping inflation……246
年率100%から300%の激しいインフレ。

供給 supply……67
市場で生産物が販売される可能性のある価格すべてでの供給数量の一覧。

供給過剰 glut……340
ある商品の供給が超過していること。

供給曲線 supply curve……68
取引される可能性があるすべての価格での供給量を示すグラフ。

供給の弾力性 supply elasticity……72
価格変化に対する供給量の変化の度合。

供給の変化 change in supply……69
すべての価格で供給数量が変化すること。供給曲線が左右にシフトすること。

供給の法則 Law of Supply……68
価格が高いほど供給が増加するという法則。

供給表 supply schedule……68
取引される可能性があるすべての価格での供給量を示す一覧表。

供給量 quantity supplied……69
所与の価格で市場に供給される量。供給曲線上のある点。

供給量の変化　change in quantity supplied……69
価格の変化に対応して供給量が変化すること。供給曲線に沿った供給量の変化。

恐慌　depression……229
失業が大量に発生し、実質所得が減少し、需要が大幅に不足し、工場は膨大な過剰設備を抱えた経済状態。経済全般の困窮。

共産主義　communism……223
生産要素が国家によって集中して所有、管理される政治・経済システム。理論上は、万人が共通の利益のために尽くす階級のない社会。

競争　competition……40
売り手間でコストを引き下げながら消費者を引き付けようと競い合うこと。

共謀　collusion……113
生産者同士で価格を固定したり、生産量を制限したり、市場を分割したりする協定。

均衡価格　equilibrium price……96
供給量が需要量と等しくなる価格。余剰も不足も残さないで需給が一致する価格。

銀行持株会社　bank holding company……150
1行以上の銀行を所有している企業。

金融緩和政策　easy money policy…160
金利が低下したり、借入れが容易になる金融政策。マネー・サプライの拡大と関連している。

金融資産　financial assets……173
借り手の収入と資産に対する貸し手の請求権。

金融システム　financial system……173
貯蓄を投資に換えるための貯蓄者、投資家、金融機関のネットワーク。

金融資本　financial capital……15
生産に使われる道具や設備を購入する資金。

金融政策　monetary policy……155
マネー・サプライを増減することで、金利に影響を与えようとするFRBの行動。

金融仲介業者　financial intermediary……173
貯蓄を投資家の手に渡すための機関。銀行、保険会社、貯蓄貸付組合（S&L）、クレジット・ユニオンなど。

金融引締政策　tight money policy…160
金利高や借入れが困難になる金融政策。マネー・サプライの縮小と関連している。

勤労福祉　workfare……259
福祉の受益者がその給付と引き換えに労働を提供すること。

クーポン　coupon……180
社債、地方債、国債の所定の利子。

クラウディング・アウト効果　crowding-out effect……167
政府が金融市場での借入れを増加させたため、金利が上昇し民間部門の資金調達が減少あるいは制限されてしてしまうこと。

クリーピング・インフレーション　creeping inflation……246
通常年率1％から3％の比較的低いインフレ。

クレジット・ユニオン　credit union……150
預金受入れや貸出しなどの金融サービスを提供する非営利のサービス協同組合。

景気拡大　expansion……228
実質GDPが増加してゆく時期。景気後退期からの回復期。

景気後退(リセッション)　recession……228
少なくとも2期連続して四半期の実質GDPが減少すること。

景気循環　business cycle……228
景気の拡大と後退に特徴づけられる実質GDPの定期的な変動。

景気先行指標　index of leading indicators……234
経済全般の動きに先立って変動する10の経済統計の合成指数。

景気の谷　trough……228
実質GDPが減少から増加へ転じる点。

景気の山　Peak……228
実質GDPの増加が止まり、減少に転じる点。

景気変動　business fluctuation……228
景気の拡大と後退に特徴づけられる実質GDPの不定期な変動。

経済　economy……33
経済システムと同じ。

経済学　economics……16
比較的希少な資源を注意深く利用することで、一見限りがない、競合する欲望を満たそうとする人間の営みを研究する社会科学。

経済システム　economic system……33
人々の欲求やニーズを満たすための組織化された供給方法。

経済生産物　economic products……23
有用で、比較的希少で、譲渡可能な財やサービス。

経済的相互依存　economic interdependence……27
国内や海外で起こった出来事が、他の地域に経済的影響をおよぼすこと。

経済モデル　economic model……92
経済行動を説明するために用いられる、表に記入されたり、グラフで説明されたり、代数で表現される一連の仮定。

計量経済モデル　econometric model……233
経済行動の現状や将来を説明するために数式を用いるマクロ経済モデル。

ケインズ経済学　Keynesian economics……270
ジョン・メイナード・ケインズが示した経済を刺激するための政府支出政策や課税政策。

限界効用　marginal utility……57
ある生産物を追加で1単位取得することから得られる有用性や満足感。

限界効用逓減の原理　diminishing marginal utility……57
生産物を追加で入手するごとに、それから得られる満足感や有用性が減少していくこと。

限界収入　marginal revenue……84
生産物を1単位追加で販売することから得られる収入。

限界生産物　marginal product……77
投入量を1単位追加することで増加する生産量。

限界税率　marginal tax rate……135
追加で生じる課税所得に適用される税率。

限界費用　marginal cost……82
生産物を1単位追加生産したときに発生するコスト。

限界分析　marginal analysis……85
ある行動から生まれる追加利益と追加費用を比較する分析方法。

減価償却　depreciation……………………81
資本財の価値が生産によって徐々に損耗してゆくこと。

原材料　raw materials……………………77
生産に使われる未加工の天然生産物。

原始的均衡　primitive equilibrium…317
静的な経済発展の第1段階。

倹約　saving……………………………………172
他の活動や投資に使えるように支出を差し控えること。

硬貨　coins……………………………………153
1セント、5セント、10セント、25セントなどからなる金属の貨幣。

公害　pollution………………………………340
有害物質の排出による空気、水、土壌の汚染。

公開市場操作　open market operations………………………………………………162
債券市場で債券の売買を実施し、市中の資金を増減させる金融政策。

交換手段　medium of exchange…143
貨幣などの物質が支払い手段として一般に受け入れられること。貨幣の3機能のひとつ。

公共財　Public goods……………………123
国民全体で消費される経済生産物。高速道路、国防、警察、消防など。

公共部門　public sector………………139
中央政府、地方自治体から構成される経済の1部門。

構造的失業　structural unemployment
……………………………………………………240
労働者への需要が減少する経済の根本的変化によって引き起こされる失業。

構築物　structures…………………………196
国民所得のカテゴリーの1つで、住居用建築物、アパート、商業ビルを含む生産物の勘定。

公定歩合　discount rate…………………163
FRBが金融機関への貸出しに適用する金利。

効用　utility……………………………………25
誰かに有用な満足感を提供する作用。

効率的市場仮説(EMH)　Efficient Market Hypothesis……………………………186
投資関係者の多くが株価を注視しているため、株価はほぼ適正な価格で取引されており、割安株を探し出すのは困難であるという仮説。

コール・オプション　call option……191
将来のある時点で現在決めた価格で商品、株式、金融資産などを購入する権利を投資家に与える契約。

国際収支　balance of payments……294
外国からの受取額と支払額の差額。経常収支には財やサービスの取引が含まれ、貿易収支には財の取引だけが含まれる。

国際復興開発銀行　International Bank for Reconstruction and Development
……………………………………………………319
世界銀行を参照。

国内総生産(GDP)　Gross Domestic Product…………………………………16・196
1年間に一国の国内で生産された最終財・サービスの貨幣価値の合計。

国民純生産(NNP)　net national product…………………………………………203
GNP－固定資本減耗で計算される。一国の市民が提供する労働力と資産で生産される1年間の純生産額の物差し。

国民所得(NI)　national income……204
国民純所得－間接事業税。国民所得の物差しのひとつ。

国民所得勘定　national income accounting……196
1国の生産、消費、貯蓄、投資、所得の統計を記録するために使われる会計システム。

国民総生産(GNP) Gross National Product……202
生産がどこで行われたかに関わらず、ある国の居住者が提供する労働力や資産を使って1年間に生産された最終財、最終サービス、最終構築物の総価値。1国の所得の物差しで最大のもの。

誇示的消費　conspicuous consumption……25
他人に見せびらかすために財やサービスを消費すること。

個人可処分所得(DI) disposable personal income……204
個人所得ー所得税。所得税を支払った後に消費部門が使える総所得額。

個人消費支出　personal consumption expenditures……206
家計による消費部門の総支出。

個人所得(PI) personal income……204
個人所得税が支払われる前の消費部門の所得総額。

個人向け国債　savings bonds……183
連邦政府によって発行される額面の小さい、譲渡できない国債。通常、給与天引き貯蓄プランを通じて購入される。

固定為替相場　fixed exchange rate……300
ある通貨の価値が別の通貨の価値に固定されるシステム。1971年まで実施されていた。

固定資本減耗　capital consumption allowances……203
NNPを算出するためにGNPから控除される資本設備の価値低下額。

固定費　fixed cost……81
生産量が変化しても変わらない生産コスト。

混合経済　mixed economy……45
修正私有企業経済を参照。

混合私有企業経済　modified private enterprise economy……45
人々は経済活動を自由に営めるが、政府の介入や規制をいくらか受けることになる自由企業市場経済。

さ行

サービス　service……24
誰かのためになされる役務。散髪、家の修理、娯楽などの経済生産物。

財　good……24
有用で、比較的希少で、譲渡可能な手に触れることができる経済生産物。

罪悪税　sin tax……131
税収をあげることと、社会的に好ましくない商品の消費を抑制することを目的として賦課される比較的重い税金。

最恵国条項　most favored nation clause……295
アメリカが第三国と合意した関税削減を本協定締結国すべてに適用する条項。

債券　bonds……180
借入れた資金に対して将来定期的に金利を支払い、資金を返済する契約。

財政赤字　deficit spending……247
税収などの歳入を超える政府歳出。

再生可能な資源　renewable resources……224
水力、風力、太陽熱などの利用してもなくならない天然資源。

財政政策　fiscal policy……270
政府支出や租税の操作によって経済活

動に影響をおよぼそうとすること。

最低生存条件 subsistence……331
社会が何とか食べていける食料しかない状態。

最低賃金 minimum wage……100
労働者に支払われる最も低い法定賃金。

財やサービスの純輸出 net exports of goods and services……207
生産・支出モデルの外国部門の純支出。

先物 futures……191
商品や金融資産を現在決めた価格で将来の特定の日に受け渡す契約。

先物市場 futures market……191
先物契約が売買されている市場。

サプライサイド経済学 supply-side economics……273
総供給を増加させ、総供給曲線を右へシフトさせようとする経済政策。

産業 industry……108
市場で生産を行う企業群。市場の供給サイド。

酸性雨 acid rain……341
二酸化硫黄の混ざった雨水の汚染。

GDPギャップ GDP gap……260
生産可能な生産額と実際の生産額との差額。遊休資産の年間機会費用。

シート seats……188
ニューヨーク証券取引所のような証券取引所の会員権。

事業誘致地域 enterprise zone……258
事業を誘致するために政府の規制が一時的に解除された経済的に貧しい地域。

自己資本 net worth……155
負債に対する資産の超過額。バランス・シートの1つの大項目として記載される。企業価値の尺度のひとつ。

資産 assets……155
不動産、所有物、他人に対する請求権などで、通常バランス・シートに記載される。

市場 market……28
買い手と売り手が経済生産物を容易に交換できる場所や機能。市場は局地的、地域的、国家的、世界的であることがある。

市場均衡 market equilibrium……93
需要と供給が等しい価格が安定した状態。

市場経済 market economy……36
供給、需要、価格システムによって意思決定が行われ、資源が分配される経済システム。自由企業経済と同じ。

市場構造 market structure……108
企業の数、規模、商品、競争の程度に基づいて分類される市場の特徴。

市場との対話 moral suasion……164
FRBが議会証言やプレスリリースを使って金融政策を行うこと。

市場の失敗 market failure……120
競争的市場の条件―適切な競争、価格と機会に関する情報、資源の移動性―を欠いている市場状況。

自然独占 natural monopoly……115
企業が単独で生産物をすべて生産すると、平均コストが最小となる市場。

失業者 unemployed……237
前月に仕事を探す努力を行い、非家族経営事業で最近1週間の賃金労働が1時間に満たない人。

失業保険 unemployment insurance……272
失業者に対して支払われる保険。自動安定装置の1つ。

失業率 unemployment rate……237
失業者数を労働者総数で割ったもの。

パーセンテージで表示される。

実効為替レート trade-weighted value of the dollar……303
アメリカドルの他の外貨に対する価値を示す指標。

実質GDP real GDP or GDP in constant dollars……211
インフレ調整後のGDP。

自動安定装置 automatic stabilizer……272
人々の所得の減少を相殺するために給付金が自動的に提供されるプログラム。失業保険、連邦受給資格プログラムなど。

自発的交換 voluntary exchange……41
買い手と売り手が自由で積極的に市場取引を行う行為。資本主義、自由企業経済の特徴。

支払能力の原則 ability-to-pay principle of taxation……134
課税は、受け取る便益ではなく支払い能力に応じてなされるべきであるという考え方。

紙幣 currency……153
印刷局で印刷される額面1ドル、2ドル、5ドルなどの貨幣

資本 capital……15
財やサービスの生産に用いられる道具、設備、工場など。生産要素の1つ。

資本財 capital good……24
財やサービスを提供するために使われる道具や設備などの生産された財。生産要素の1つ。

資本主義 capitalism……40
生産要素が私的に所有されている市場経済。

資本逃避 capital flight……315
ある国の通貨や外貨を合法、非合法に国外に持ち出すこと。

資本労働率 capital-to-labor ratio……224
総資本を労働者数で割ることで求められる。

社会主義 socialism……345
政府が、生産要素のいくつかを所有し、何を、どのように生産するかを決める経済システム。

社会保障 Social Security……45
多くの労働者に適用される障害や退職給付のプログラム。

「ジャンク」債（低格付け債） junk bonds……183
投機的と一般的に格付けされており、債務不履行のリスクに見合う高いリターンを提供する債券。

収穫逓減 diminishing returns……79
可変投入量が追加されるのにつれて、総生産量は増加するが、徐々にその増加幅は減少する生産段階。

自由企業経済 free enterprise economy……30
私有企業が政府の介入を制限しながら自由に利益を求めることできる市場経済。私有企業経済と同じ。

私有財産 private property……41
人々が望み通りに制御する権利を所有している財産。資本主義、自由企業経済の特徴。

修正自由企業経済 modified free enterprise economy……345
政府がいくらか介入する自由企業システム。修正私有企業経済と同じ。

収入関税 revenue tariff……291
税収を上げるために輸入品に課される租税。

自由貿易地域 free-trade area……325
メンバー国間では貿易障壁削減に合意

していいるが、非メンバーに対しては一律の関税障壁を設けているわけではない国々。

州法銀行　state bank……150
営業する州から認可を受けた銀行。

受益者負担の原則　benefit principle of taxation……134
課税は、所得ではなく受け取る便益に応じてなされるべきであるという考え方。

出産率　fertility rate……216
女性1,000人あたりが生涯に出産する子供の人数。

需要　demand……50
商品を購入する望み、能力、意思の組み合わせ。

需要曲線　demand curve……52
それぞれの価格での消費者の需要量を示すグラフ。

需要の弾力性　demand elasticity……59
価格（独立変数）に対して需要（従属変数）がどれだけ変化するかを示す物差し。

需要の変化　change in demand……55
すべての価格で消費者が需要を変化させ、需要曲線が左右にシフトすること。

需要の法則　Law of Demand……54
価格が高くなるほど需要が減少し、価格が低くなるほど需要が増加するということを示す法則。価格と需要量が逆に変動する関係。

需要表　demand schedule……51
ある時点で市場で取引される可能性があるすべての価格の需要量を示す一覧表。

需要量の変化　change in quantity demanded……54
価格の変化による生産物の購入数量の変化を示す需要曲線に沿った動き。

純移民　net immigration……217
移民人口のネットの変化。

循環的失業　cyclical unemployment……240
景気循環の振れと直接関係した失業。

準備預金制度　fractional reserve system……155
金融機関が預金の一部を準備預金という形態で積み立てておくことを要求する制度。

商業銀行　commercial bank……150
小切手決済口座を提供する権利を1970年代まで独占していた預金受入れ金融機関。

上限価格　price ceiling……99
支払いを請求できる法定最高価格。

証券取引所　securities exchanges……187
売り手と買い手が証券を売買するために集う場所。

乗数　multiplier……271
投資の変化による総支出への影響。

譲渡性預金証書　certificate of deposit……158
投資家が金融機関に対して利子付きの貸付けを行ったことを示す証書。

消費　consumption……24
欲求やニーズを満たすために財やサービスを使う行為。

消費関数　consumption function…270
異なる所得水準で消費部門が示す比較的安定した支出パターンの関数。

消費財　consumer good……24
企業ではなく消費者が最終的に消費する財。

消費者 consumers……24
欲求やニーズを満たすために財やサービスを利用する人。

消費者主権 consumer sovereignty……43
どんな財やサービスが提供されるかを決めるとき、消費者が市場の支配者として果たす役割。

消費者物価指数（CPI） consumer price index……210
消費財としてしばしば用いられるマーケット・バスケットの価格の変動を計測するために用いられる指数。

商品貨幣 commodity money……144
商品としても利用できる貨幣。火薬、花、トウモロコシなどが用いられる。

商品差別化 product differentiation……111
競合商品間の実際上またはイメージ上の差異を作り出すこと。

食料切符 food stamps……257
食料と交換できる政府発行のクーポン券。

所得効果 income effect……55
生産物の価格が変わったときに消費者の実質所得が変化するために生じる需要量の変化。

所得貧困率 income-to-poverty ratio……255
家族の収入を貧困線で割って求めた割合。家族の人数の違いを調整して生活レベルを測るために用いる値。

所得分配 distribution of income……141
所得が家族、個人などに分配される方法。

指令経済 command economy……34
中央の当局者が重要な経済的決定のほとんどを行う経済システム。

新興産業保護論 infant industries argument……293
新興産業は外国の産業と十分に競争できるようになるまで、保護されるべきだという主張。

人口調査 census……214
人口の公式な勘定、居住地域の調査。

人口統計学者 demographer……216
人口の増加、密度などの特徴を研究する学者。

人口のゼロ成長 zero population growth……312
出生者数と死亡者数が均衡し人口が増加しない状態。

人口ピラミッド population pyramid……217
年齢と性別による人口の内訳を示す図。

人口密度 population density……329
1平方キロメートルあたりの人口。

真実貸付法 truth-in-lending laws……153
ローンに関する完全で正確な情報が消費者に提供されなければならないという連邦法。

人的資本 human capital……27
人間の技術、能力、健康、モチベーションを合わせたもの。

スタグフレーション stagflation……260
経済成長の停滞とインフレが同時に発生する経済状態。

スタンダード・アンド・プアーズ500（S&P500） Standard & Poor's 500……189
ニューヨーク証券取引所、アメリカン証券取引所、店頭市場の株価を表すための500銘柄の株価指数。

スポット市場 spot market……191
取引の決済が即座に現在の市場価格で

実行される市場。

生活水準　standard of living…29・222
生活を快適にする必需品や贅沢品の所有に基づく生活の質。

税基盤　tax base…222
政府、地方自治体が課税することが潜在的には可能な所得や資産。

請求書統合ローン　bill consolidation loan…175
現存の複数のローンを1つにまとめて支払うために用いられるローン。

税金の抜け道　tax loopholes…132
納税者が税金の支払いを避けることができる税法上の例外や不備。

生産　production…26
土地、資本、労働力、起業家を組み合わせて、財やサービスを作り出すプロセス。

生産可能性フロンティア　production possibilities frontier…20
すべての生産資源が完全に利用されたときに、ある経済が生産できる財やサービスのすべての組み合わせを表す曲線。

生産関数　production function…76
ある投入物を1単位変化させた場合、生産量がどれだけ変化するかを示す関数。

生産・支出モデル　output-expenditure model…206
消費、投資、政府支出、外国部門から構成される総需要を説明するマクロ経済学のモデル。GDP＝C＋I＋G＋F。

生産者物価指数　producer price index…210
国内生産者が販売する価格を表す指数。

生産性　productivity…26
生産資源の利用の効率性。労働力について論じられることが多いが、生産要素すべてと関係している。

生産段階　stages of production…78
収穫逓増、収穫逓減、損失発生の一連の生産局面。

生産物市場　product markets…28
財やサービスが売買される市場。

生産要素　factors of production…14
土地、資本、労働力、起業家という4つのカテゴリーから構成される生産資源。

生産理論　theory of production…75
生産要素と財やサービスの生産との関係を取り扱う理論。

成長の三角形　growth triangle…221
さまざまな期間の成長率を示す表。

正の外部性　positive externality…123
ある経済活動に関係のない第三者に有益な影響をおよぼす副作用。

政府独占　government monopoly…117
政府が事業体を所有し運営する独占。

世界銀行　World Bank…319
発展途上国に融資を行う国際機関。正式には国際復興開発銀行という。

接収　expropriation…323
何の対価もなく個人や外国が所有している財を政府が没収すること。

絶対優位　absolute advantage…288
ある国がある生産物を他国より多く生産できること。

潜在GDPデフレーター　implicit GDP price deflator…211
GDPの物価水準の変化を測るために用いられる指数。

総供給曲線　aggregate supply curve…265
さまざまな物価水準で生産される実質GDPの水準を示す仮定上の曲線。

総コスト　total cost……………………82
変動費と固定費の合計。生産に関連するすべてのコスト。

総収入　total revenue……………………84
総売上高。販売価格と販売数量を掛けたもの。

総需要曲線　aggregate demand curve
……………………………………………266
さまざまな物価水準で需要される実質GDPの水準を示す仮定上の曲線。

総生産量　total product…………………77
企業の総生産量。

粗出生率　crude birthrate……………308
人口1,000人あたりの出生者数。

損益分岐点　break-even point………85
企業がコストを賄うのに必要な生産量。総コストと総収入が等しくなる生産水準。

た行

対外債務　external debt………………313
ある国が外国や外国の銀行から借りた資金。

耐久財　durable good…………………24
定期的に利用して3年以上使うことができる財。資本財のことも消費財のこともある。

大恐慌　Great Depression……………229
1929年から1939年におよぶアメリカ史上最長の景気後退期。

帯水層　aquifer…………………………336
地下貯水岩層。

代替効果　substitution effect………55
商品の相対的な価格が変化したために生じる需要量の変化。

代替物　substitutes……………………56
互いに代用になる競合する商品群。ある商品の価格が上昇すると、需要が増加するという関係がある商品。

大統領経済諮問委員会　Council of Economic Advisers……………………281
経済戦略を案出したり、アメリカの大統領に経済問題に関するアドバイスを行ったりする3人の学者から構成される委員会。

ダウ・ジョーンズ工業株平均（DJIA）Dow-Jones Industrial Average…189
ニューヨーク証券取引所の株価の変化を表すために用いられる30銘柄からなる株価指数。

単位弾力的　unit elastic…………………61
独立変数（通常は価格）の変化の割合が、従属変数（通常は需要量か供給量）の変化の割合と等しいときの弾力性の属性。

短期　short run……………………………75
可変投入量だけが変化する短い生産期間。

担保　collateral…………………………163
ローンの支払いを保証する資産や証券。

弾力的　elastic……………………………59
独立変数（通常は価格）の変化の割合が、従属変数（通常は需要量か供給量）の変化の割合を超えるときの弾力性の属性。

地下経済　underground economy…200
GDP統計に現れない合法、非合法の経済活動。

地方債　municipal bond………………183
地方自治体が発行する債券で、非課税であることが多い。

中間生産物　intermediate product
……………………………………………198
GDPの最終生産物の計算に含まれているのでGDPの計算からは除外される生産物。新車に装着される新品のタイヤやラジオなど。

中古品の売買 secondhand sales…198

GDPの計算に含まれない活動の1つ。

長期 long run……75

変動投入量だけでなく固定投入量も調整できる生産期間。

直利 current yield……181

債券の年利率÷購入価額。債券のリターンの指標の1つ。

著作権 copyright……116

著者や芸術家に対して与えられる、生存中と死後50年間は作品を出版し、販売し、再生産できる独占権。

貯蓄 savings……172

誰かが支出を差し控えたときに投資家が利用できる資金。

地理的独占 geographic monopoly……116

立地条件によって、あるいは、市場の規模が小さいために、ある企業が独占を形成する市場。

賃金物価統制 wage-price controls……278

企業が労働者の賃金を上げたり、ものの販売価格を引き上げたりすることを違法とする政策や規則。

通貨切下げ devaluation……300

金や他国通貨に対して自国通貨の価値を引き下げること。

通商禁止措置 embargo……333

ある生産物の輸入や輸出を禁止すること。

DJIA……189

ダウ・ジョーンズ工業株平均（DJIA）を参照。

ディープ・ガス deep gas……340

地下約4.5kmより深くに存在する天然ガス。

定期預金 time deposit……158

必ずしも必須というわけではないが、引き出す前には事前の通知が必要とされる利子付き銀行口座。

定率税 proportional tax……135

所得水準にかかわらず、所得に対する税金の割合が等しい租税。

デフレーション deflation……244

一般物価水準の低下。

伝統経済 traditional economy……33

希少資源の分配などの経済活動が、儀礼、習慣、慣習に基づいて決定される経済システム。

店頭市場（OTC） Over-The-Counter market……189

ニューヨーク証券取引所のような組織化された取引所に上場していない証券の相対取引市場。

独占 monopoly……115

複数の生産者がいない市場構造。不完全競争の1つ。

独占的競争 monopolistic competition……111

商品差別化以外の点では、完全競争の条件すべてを満たしている市場構造。不完全競争の1つ。

独立価格 independent pricing……114

不完全競争企業が、他の生産者やいくつかの市場状況を無視する政策。

都市人口 urban population……215

2,500人以上の住人が住んでいる都市、街、村に住んでいる人口。

土地 land……14

人間が努力して作り出すことができない天然資源。「自然の恵み」。生産要素の1つ。

特化 specialization……27

労働者が限られた工程に集中して職務

を行うこと。分業と同じ。

特許 patent……116
新たな、技術・機械・製造物・組成物の販売や利用に関する政府から付与された独占権。

富 wealth……26
形があり、希少で、有用で、ある人から別の人に移転可能な財が蓄積されたもの。サービスは富に含まれない。

トレーディング・デスク trading desk……163
ニューヨーク地区連銀の債券の売買が実際に行われる場所。

トレード・オフ trade-offs……19
選択肢の中から1つが選択されれば、別の選択肢は諦めなければならないこと。

トレジャリー・ノート Treasury note……184
2年から10年満期のアメリカ政府の負債。

トレジャリー・ビル Treasury bill…185
1年以下の満期で、最低額面10,000ドルのアメリカ政府の負債。

トレジャリー・ボンド Treasury bond……184
10年超30年以下満期のアメリカ政府の負債。

トレンド・ライン trend line…228
景気の拡大期と回復期が交互に現れなければ経済がたどっていたはずの成長軌道。

な行

内部留保 retained earnings……204
株主に分配されるのではなく、企業が手元に残している利益。

NAFTA……297
北米自由貿易協定を参照。

ニーズ need……23
生存のために必要不可欠のもの。衣食住はその例。

年金 pension……176
一定期間働いた人、ある年齢に達した人、または、一定の障害に苦しんでいる人への定期的給付金。

年金基金 pension fund……176
年金が年金受給者へ給付されるまで、保険料を徴収し投資する基金。

農村人口 rural population……215
都市人口に含まれない人口。

ノンバンク金融仲介業者 nonbank financial institution……174
貯蓄を投資家へ仲介する非貯蓄受入れ金融機関。ファイナンス会社、保険会社、年金基金など。

ノンリコース・ローン non-recourse loan……104
返済できなくても、担保となっている農産物を差し出す以外の支払い義務を負わない農業ローン。

は行

配給 rationing……89
価格のない財やサービスの配分システム。

配給券 ration coupon……89
一定量の配給物資を受け取る資格を表すチケット。

排出許可証 pollution permit……342
公益企業が汚染物質を大気中に排出することが許される、連邦政府が発行する許可証。公害を抑制する方法の1つ。

ハイパーインフレーション hyperinflation……246
年率500%以上の異常なインフレ。通貨崩壊の最終段階。

発展途上国　developing country…307
1人あたりのGDPが先進国のほんのわずかしかない国。

パブリック・ディスクロージャー　public disclosure…125
企業に生産物や生産過程について情報公開を要求すること。

バランス・シート　balance sheet…155
ある経済単位の資産、負債、自己資本を示す要約された計算書。

非価格競争　nonprice competition…112
価格での競争ではなく、ある商品の外見、品質、意匠などを訴求することによる競争。

比較優位　comparative advantage…288
ある生産物を他国より比較的効率的に生産できること。他国と比べて低い機会費用で生産できること。

非課税　tax-exempt…183
債券などの投資から得られる収入に、国税や地方税が賦課されないこと。

非市場取引　nonmarket transaction…200
市場では行われない経済活動なので、GDPには含まれない。主婦の家事など。

非耐久財　nondurable good…24
定期的に利用して3年未満しか使うことができない財。資本財のことも消費財のこともある。

非弾力的　inelastic…59
独立変数（通常は価格）の変化の割合が、従属変数（通常は需要量か供給量）の変化の割合より少ないときの弾力性の属性。

1人あたり　per capita…138
総額を人口で割って算出する。

1人あたりの実質GDP　real GDP per capita…220
インフレを調整し、総人口で割ったGDP。ある国の国民1人あたり最終生産物の額にインフレ調整を加えたもの。

費用対効果分析　cost-benefit analysis…345
ある行動の費用と便益とを比較する分析方法。

貧困線　poverty threshold…254
家計が貧困水準にあるかどうかを評価するためのベンチマークとなる年間所得金額。

ファイナンス会社　finance company…175
消費者に直接ローンを提供したり、ローンで商品を販売した業者から分割払い契約を購入することに特化した企業。

不換貨幣　fiat money…144
政令によって定められた貨幣。

不完全競争　imperfect competition…111
完全競争の条件をすべて満たしているわけではない市場構造。独占的競争、寡占、独占がある。

不況紙幣　depression scrip…229
1930年代の恐慌時に町、郡、商工会議所、市民団体などによって発行された紙幣。

福祉　welfare…257
貧しい個人に対して経済的、社会的な支援を提供する政府や民間機関のプログラム。

負債　liabilities…155
借入れと他人に対する支払義務。通常バランス・シートへ記載されている。

不足　shortage…94
ある価格で供給量が需要量を下まわっ

ている状態。
不足金払い制度 deficiency payment……………………………………………………105
農産物の市場価格と目標価格の差額に対して現金を支給する制度。
普通預金 savings account…………158
預金を引き出す前に前もって銀行に通知する必要がない利子付きの銀行口座。
物価指数 price index……………………209
長期に亘る物価の変動を測定するために用いられる統計。
物価水準 price level……………………243
物価指数で計測されるある時点での価格の相対的な水準。
プット・オプション put option……191
将来のある時点で現在決めた価格で商品、株式、金融資産などを売却する権利を投資家に与える契約。
物々交換経済 barter economy……143
貨幣を使わないで、物と物との交換に依存する経済。
負の外部性 negative externality…122
ある経済活動に関係のない第三者に有害な影響をおよぼす副作用。
負の所得税 negative income tax…258
所得が一定水準を下まわった場合に、税金の払い戻しによって政府が現金を支払う租税システム。
プライス・リーダーシップ price leadership…………………………………………114
寡占状態の有力企業が行う独立価格政策で、一般に業界全体が同一の価格を設定する。
プライム・レート prime rate………167
商業銀行が融資先から徴収する最も低い金利。
ブルーカラー blue-collar worker…253
常雇いに支払われる固定給ではなく、肉体労働に対する時間給を受け取る労働者。
分業 division of labor……………………27
労働を多くの工程に分けて、その工程ごとに労働者が職務を遂行すること。特化と同じ。
分散投資 portfolio diversification………………………………………………………187
多くの対象に投資してリスク低減すること。
平均税率 average tax rate…………135
総税額÷総課税所得。
平均余命 life expectancy……………216
ある年齢に達した人が死亡するまでの期間。
ベビー・ブーム baby boom………217
アメリカでは1946年から1964までの出産率が高かった時代。
変動為替相場 floating or flexible exchange rate…………………………………301
通貨の価値を需給で決めるシステム。1971年以降実施された為替相場のシステム。
変動費 variable cost……………………81
生産量が変化するにつれて変わる生産コスト。労働力、エネルギー、原材料にかかるコスト。
貿易赤字 trade deficit………………294
輸入品に支払った金額が輸出品から受け取る金額より多いこと。
法定準備金 legal reserves…………155
支払準備率を満たすために用いられる現預金。
補完物 complements…………………56
ある生産物の価格が増減すると価値が変わる生産物。ある生産物の価格の上

昇によって、その生産物と補完物の需要も減少する。

北米自由貿易協定（NAFTA） North American Free Trade Agreement…*297*
アメリカ、カナダ、メキシコの間で関税を削減するために1993年に調印された協定。

保険料 premium……*175*
保険契約への月間、四半期間、半年間、年間の支払金額。

保護的関税 protective tariff……*291*
効率性の低い国内生産者を保護するために輸入品に課される租税。

保護貿易主義者 protectionist……*292*
関税、輸入割当などの貿易障壁で国内製造業者を保護すること。

補助金 grant-in-aid……*140*
政府から自治体などへ対価を伴わない移転支出。

補助金 subsidy……*71*
一定の経済活動を援助したり、保護したりするために政府が給付する資金。

ホワイトカラー white-collar worker……*253*
肉体労働に対する時間給ではなく常雇いに支払われる固定給を受け取る事務職、専門職の労働者。

ま行

マーケット・バスケット market basket……*209*
物価指数を構築するために用いられる代表的な財やサービスの集合。

マクロ経済均衡 macroeconomic equilibrium……*268*
一定の物価水準のもとでの実質GDPの水準。総供給と総需要の交点。

摩擦的失業 frictional unemployment……*240*
何らかの理由で職を離れ求職中の労働者の失業。

窓口貸出し discount window……*163*
FRBの窓口で金融機関に対して行われる貸出し。

マネー・マーケット・ファンド money market fund……*184*
小口投資家から集めた資金をプールして、借り手へ資金を提供し金利を受け取る投資信託。

マネタイジング monetizing the debt……*167*
国債発行に伴う資金需要を資金供給で埋め合わせ、金利上昇を防ぐこと。

マネタリズム monetarism……*277*
インフレを抑制し、長期の経済成長を促すためにはマネー・サプライの安定的な増加こそが重要だとする学派。

満期（償還期限） maturity……*180*
債券などが償還される日。

ミクロ経済学 microeconomics……*50*
個人や企業といった小さな経済単位の行動や意思決定を取り扱う経済学の領域。

ミザリー指数 misery index……*262*
月間のインフレと失業率の合計の非公式統計。

ミューチュアル・ファンド mutual fund……*175*
自社の株式を発行して調達した資金を使って、他社が発行する株式や債券で運用する会社型投資信託。

民間国内総投資 gross private domestic investment……*207*
生産・支出モデルで投資部門の総投資額。

民間部門　private sector……………139
個人や企業で構成される経済の１部門。
名目GDP　current or nominal GNP
……………………………………………211
インフレを調整しない名目値で計測される国内総生産。
目標価格　target price…………………104
農業所得を安定させるために政府が設定する農産物の下限価格。

や行

ユーロ　euro………………………………326
欧州連合単一通貨。
輸入割当　quota…………………………291
輸入できる財の数量の限度。
要素市場　factor market………………28
生産資源が売買される市場。
ヨーロッパ共同体　European Community………………………………………………325
12カ国のヨーロッパの国々から構成された旧関税同盟。1993年11月欧州連合に発展的に解消した。
預金準備率　reserve requirement…155
預金受入れ金融機関に要求される準備預金を計算するために用いられる預金に対する準備金の割合。
余剰　surplus………………………………94
所与の価格で供給量が需要量を上まわっている状態。
余剰準備　excess reserves…………156
現存のローンの準備預金とする必要がない金融機関の現金や準備金。新規貸付の潜在的原資。
欲求　want…………………………………23
ニーズを満たす手段。ニーズより具体的なものを指す。

ら行

ラッファー曲線　Laffer curve………275
税率を引き下げると税収が増加することを示すグラフ。
利益　profit…………………………………42
個人または組織が、取引前と比べて取引後にどれだけ豊かになったかを示す物差し。通常金銭価値で表される。
利益最大化生産数量　profit-maximizing quantity of output…………………85
限界費用と限界収入が等しくなる生産水準。
利潤動機　profit motive…………………42
個人や組織に物質的満足度の向上を促す原動力。資本主義、自由企業経済の特徴。
リスク　risk………………………………178
投資成果は確定できないが、その確率が推定できる状態。
リベート　rebate…………………………98
商品の元値の一部払い戻し。
流動性　liquidity…………………………158
現金や金融資産に容易に換えることができる可能性。
離陸　takeoff……………………………318
原始的均衡に見られる障害が克服される経済発展の第3段階。
累進税　progressive tax………………135
所得に対する税金の割合が所得水準が上昇するにつれて高くなる租税。
レギュレーションZ　Regulation Z…153
真実貸付法に基づく情報開示を消費者へ適用する規定。
レッセフェール　Laissez-faire………108
政府は企業活動に介入すべきでないという哲学。

連邦準備制度 Federal Reserve System……*147*
民間所有され、公的に管理されるアメリカの中央銀行。

労働生産性 labor productivity……*225*
労働投入量1単位の総生産の増加率

労働力 labor……*15*
あらゆる努力を行う能力と技術を備えた人間。起業家は含まれない。

ローレンツ曲線 Lorenz curve……*251*
所得が均等に分配された場合とその実際の分配とではどれだけ異なっているかを示す曲線。

ロス・リーダー loss leader……*96*
集客のために意図的にコストよりも低い価格がつけられている商品。

訳者あとがき

本書を訳出することになったのは、今から約２年半前にさかのぼる。私が所属する当時の大和証券商品企画部 中川秀登参与（現エヌ・アイ・エフ・ベンチャーズ執行役員）の発案により、広く投資家の方々に使っていただけるような本格的で分かりやすい経済学のテキストを作ろうという企画が立ち上がった。投資では情報がカギを握っているが、その情報を分析するための基本的な原理を紹介し、投資家の方々に役立てていただきたいというアイディアがその根底にある。

原著は、当初の企画意図に沿ったものであり、極めて平明でありながら経済学をある程度学んだことがある人にでも耐えうる内容を網羅している。訳出にあたっては原著の良さをできる限り伝えようと努めた。しかし、訳者の力不足のためそれが減殺されているようであれば、読者諸氏からご指摘いただければ幸甚である。

本書は、大和総研経営戦略研究所教育事業部の大澤静香次長、風間真二郎課長代理の両氏に監訳していただいた。訳者の非才を大いに補っていただき感謝にたえない。大澤次長には骨の折れる原文との照合をはじめ、様々な場面で細やかな心遣いをいただいた。コラムは風間課長代理に執筆していただき、アメリカ固有の事情と日本の場合を対比させることによって、本書がより豊かな内容となった。

両氏が所属する教育事業部の片瀬恵次郎部長には、適切な指摘と貴重なアドバイスをいただいたことに深甚な謝意を表したい。また、本書の企画段階で当時教育事業部の吉水弘之参与（現大和インベスター・リレーションズ取締役）には、様々なアドバイスをいただき大変お世話になった。この場を借りて心からお礼を申しあげたい。これらの方々の示唆によって本書の質は格段に向上した。

大和証券グループ本社CSR室、大和証券グループ本社経営企画部、大和証券商品担当 草場真也執行役員をはじめ商品企画部の諸氏には、本書の出版にあたり様々なご協力、励ましをいただいた。そのほかここでご紹介を控えさせていただいた方々を含め、本書の出版にご協力いただいたすべての方々に感謝の意を表したい。

最後に、本書の企画の趣旨に賛同いただいたWAVE出版の玉越直人代表取締役社長、ならびに根気強く編集の労を尽くしてくださった面代真樹氏に謝意を表したい。

2005年9月

大和証券株式会社
商品企画部 山﨑 政昌

著者紹介

ゲーリー E. クレイトン　Gary E. Clayton

ノーザン・ケンタッキー大学経済学部教授。ユタ大学経済学博士(Ph. D. in Economics)。教育・専門紙へ掲載論文多数。テレビ、ラジオへの出演も多い。経済教育に対する貢献が認められ、アーカンソー州からOutstanding Citizen Certificate of Recognitionを授与される。

訳者紹介

山﨑　政昌（やまさき まさあき）

大和証券 商品企画部課長代理　日本証券アナリスト協会検定会員

学習院大学法学部卒業。大和證券入社。支店営業を経て、米オハイオ州立大学マックスMフィッシャー経営大学院でMBA(経営学修士）を取得。現在に至る。

監訳者紹介

大澤　静香（おおさわ しずか）

大和総研 経営戦略研究所 教育事業部次長　日本証券アナリスト協会検定会員

東北大学経済学部卒業。日系証券会社、ノンバンク、外資系銀行プライベート・バンキング部を経て現在に至る。

著書／大和総研経営戦略研究所教育事業部著『投資を究める―これだけは知っておきたい株・債券・投資信託の基本』金融ブックス 2005年

風間　真二郎（かざま しんじろう）

大和総研 経営戦略研究所 教育事業部課長代理　日本証券アナリスト協会検定会員

慶應義塾大学総合政策学部卒業。事業会社勤務後、大和総研入社。

証券アナリストを経て、現在に至る。

Economics:Principles and Practices,6/E
by
Gary E.Clayton/McGrow-Hill

編集協力――――薫風社
カバーデザイン―日下充典
DTP――――――サンバリー企画

アメリカの高校生が学ぶ経済学――原理から実践へ

2005年 9 月25日第1版第1刷発行　　　定価（本体2,400円＋税）
2011年 5 月10日　　　第16刷発行

著　者　ゲーリー E. クレイトン
訳　者　大和証券　商品企画部
監訳者　大和総研　教育事業部
発行者　玉越直人
発行所　WAVE出版
〒102-0074
東京都千代田区九段南4-7-10　九段藤山ビル4F
tel：03-3261-3713　fax：03-3261-3823
郵便振替　00100-7-366376
E-mail info@wave-publishers.co.jp
URL http://www.wave-publishers.co.jp/

印刷・製本　モリモト印刷

ISBN978-4-87290-234-1